乡归

苏东坡的第二故乡之毗陵我里

吴振宇 著

江苏凤凰文艺出版社

图书在版编目（CIP）数据

乡归：苏东坡的第二故乡之毗陵我里 / 吴振宇著. -- 南京：江苏凤凰文艺出版社，2024.1
ISBN 978-7-5594-8231-0

Ⅰ.①乡… Ⅱ.①吴… Ⅲ.①散文集－中国－当代 Ⅳ.① I267

中国国家版本馆 CIP 数据核字（2023）第 249143 号

乡归：苏东坡的第二故乡之毗陵我里
吴振宇　著

出 版 人	张在健
责任编辑	孙建兵
责任印制	杨　丹
出版发行	江苏凤凰文艺出版社
	南京市中央路 165 号，邮编：210009
网　　址	http://www.jswenyi.com
印　　刷	常州市大华印刷有限公司
开　　本	880 毫米 ×1230 毫米　1/32
印　　张	10.25
字　　数	240 千字
版　　次	2024 年 1 月第 1 版
印　　次	2024 年 1 月第 1 次印刷
书　　号	ISBN 978-7-5594-8231-0
定　　价	68.00 元

江苏凤凰文艺版图书凡印刷、装订错误，可向出版社调换，联系电话：025-83280257

序

当我读到振宇的《乡归——苏东坡的第二故乡之毗陵我里》书稿时，感到由衷高兴。他的那种仰苏情怀、认真态度和刻苦精神，全都融入了本书朴实而优美的文字中。更重要的是，我曾读过一些写东坡先生的书，但总感觉好多书似乎缺点什么，而《乡归——苏东坡的第二故乡之毗陵我里》却弥补了这一缺憾，交待了东坡先生的身心归处："毗陵我里"（毗陵是常州古称）。这也是本书的价值所在。

每个人心中都有一个东坡形象，在他身上都有人们喜欢的地方或能找到自己的影子。东坡先生是一位能上能下的朝廷命官；是一位才华横溢的文化巨星。他爱国、爱民、爱生活，敢说、敢为、敢担当。直到今天，他仍拥有无数粉丝，人们对他敬仰和喜欢，或者说他的影响力，已经超越了时空、超越了地域、超越了阶层。千百年来，多少人被他的诗、词、文、书打动过、激励过；多少人被他的人格魅力吸引过、崇拜过；多少人被他的人生经历和人生态度感动过，震撼过。因此，要写好一本苏东坡的书也真不易。

苏东坡一生漂泊沉浮，自走出眉山，足迹十多个州县，不是被委任做官，就是被贬谪居住，皆为朝廷调遣。唯独定居常州、北归常州退休，是他自己的选择。自熙宁四年（1071）他第一次踏上常州的土地到靖中建国元年（1101）终老常州孙氏馆，整整三十年，与常州结下了不解的情缘。许多人问：苏东坡为什么会在常州买田定居，最后又北归常州退休并终老在常州？本书中用东坡的话回答："眷此邦之多君子"。

东坡先生虽一生漂泊，却随遇而安，走到哪里就把哪里当作自己的家乡。"此心安处是吾乡"就是他的心迹表述。《乡归——苏东坡的第二故乡之毗陵我里》的每一章都围绕"乡"字展开，由此让读者能透过本书的文学表达，观见东坡先生的内心世界。同时，也体现了作家振宇的用心、用情，特别是在以下几方面下了功夫：

第一是力求可读。阅读《乡归——苏东坡的第二故乡之毗陵我里》时会发现，本书在立足于历史事实的基础上，把可读性和趣味性放在了重要位置。振宇以朴素的文笔、流畅的叙述和娓娓道来的分析，从改变苏东坡人生命运的"乌台诗案"入手，再现了北宋新旧党争的尖锐矛盾，以及在这种尖锐矛盾下，一大批星光熠熠的人物（如欧阳修、王安石、司马光、张载、程颐、曾巩、黄庭坚、秦观等人）的不同选择和不同结局，表现了苏东坡在新旧党争之下跌宕起伏的人生和波澜壮阔的的精神世界。这种真实历史、真实矛盾的构建，既是苏东坡从"居庙堂之高"一步步走向"处江湖之远"、从而使其选择常州成为可能的客观原因，也是本书兼具可读性、故事性的原因所在。

第二是价值体现。在前人研究的基础上，振宇系统地梳理、整合和研究了苏东坡与常州的关系。并且将其放在北宋政治改革和文化繁荣的大背景下，与苏东坡的人生起伏、思想变化和文艺创作进行了紧密结合，形成了自己独到的见解。其价值主要体现在苏东坡人生旅途的最终圆满。《乡归——苏东坡的第二故乡之毗陵我里》客观地再现了苏东坡先后14次来到常州、两次上表乞居常州、在常州致仕并终老常州的情况；分析了苏东坡在当时常州宜兴县买田及其不少后人留居常州的原因；体现了苏东坡与常州友人、亲人的亲密关系和对常州人文精神的价值认同；不但身归乡，而且心也归乡的真实。在苏东坡人生的最后阶段，他在给章援的信中留下了"今且速归毗陵，聊自憩，此我里"的心声。在苏东坡的心里，他已经把常州当成了自己的第二故乡。

第三是悉心求证。对于相隔近千年的苏东坡，尽管历史久远，但其历史研究成果颇为丰厚。本书在采用时，作家尽量引用原著，尤其是尽量引用两宋时期靠近苏东坡年代的史料。在史实考证方面，书中一些看起来不起眼的细节，比如苏东坡被贬黄州时所走的路线，所用的方式，是骑马还是步行，到哪儿下了雪等等都作了深入研究。我知道振宇长期从事报告文学，先后出版过或者与他人合作出版过报告文学《超越》《永不褪色》《杨守玉评传》以及史实类人物评传《铁血伟人孙中山》，人物的真实和历史的真实是报告文学的生命，也是其创作的基本出发点。他在《乡归——苏东坡的第二故乡之毗陵我里》创作过程中，坚持了严谨的史实精神。

第四是知识普及。本书在引用苏东坡作品时，基本上都经过了反复的比较和选择。振宇笔下，力争把苏东坡对后世影响最大、文辞最优美的重要作品都录入进来，结合苏东坡创作该作品时的大环境、个人处境以及心境等，让读者深刻体悟特定情境下的特定情感，比如"西北望，射天狼"的壮志、"大江东去，浪淘尽"的豪迈、"一蓑烟雨任平生"的超然、"十年生死两茫茫"的思念、"只恐夜深花睡去"的孤独、"江海寄余生"的漂泊，以及前后《赤壁赋》《超然台记》和书法作品《寒食帖》等等，这些苏东坡创作的经典作品，在书中均力求还原当时的创作情境，融入了作家对苏东坡经典作品的深刻理解和深厚情感。这对苏东坡文学作品的普及以及对中小学生学习的辅导起到有益作用。

当然，学习研究苏东坡，还有许多课题需要大家不断探索解答。相信这本《乡归——苏东坡的第二故乡之毗陵我里》能给大家带来欢喜，能帮助大家了解东坡先生与常州的这份情缘，从而加深对东坡文化精神的理解。斯人已逝，风范永存。东坡那种豁达的人生态度和文化精神，正成为人们建设美好家园的精神力量。在新时代的征途上，愿我们更好地弘扬东坡文化，传承君子风范，增强文化自信，同心再创辉煌。

赵世平

（赵世平：中国苏轼研究学会副秘书长、常州市苏东坡研究会会长）

前　言

　　苏东坡的故乡在四川眉山，这是确定的，无可置疑的，但是他有没有第二故乡，如果有的话，又在哪里？历来有很多说法。

　　笔者以为，要解答这个问题，可以从苏东坡对家的认同程度来入手。苏东坡的一生，尽管四海漂泊，却一直都在追寻一个真正属于自己的家，这个家，既指现实层面的，也指精神层面的。如果从故乡的角度来理解，还应该包括传承层面。

　　这三个层面的家，最后都与常州有着很大关系。北宋时的常州，其地域包括下属的武进、晋陵、无锡、宜兴、江阴等五县，本书所说的常州，如无特别提示，均指的是北宋时期苏东坡生活年代的常州。

　　我们先来看现实层面，苏东坡从离开故乡眉山之后，真正安过家的地方有四处，分别是黄州、常州、惠州和儋州，其中黄州、惠州和儋州都是贬官之后的安置之地，在这三地他受朝廷监视，不能随便离开，换句话说，苏东坡把家安到上述三地是被动选择的，也必然会随着被动选择原因的消失而消失，海南的儋州实际上只是建了几间房，连家人都没有带过去。苏东坡真正主动选择的家，唯有常州一地而已。

　　我们再从精神层面来看，苏东坡真正中意的地方主要是杭州和常州两地。苏东坡喜欢杭州,这从他留存至今的许多优美诗句中都可以看出,他在《送襄阳从事李友谅归钱塘》一首诗中自谓:"居杭积五岁,自意本杭人。故山归无家,欲卜西湖邻。"他的侍妾兼红颜知己王朝云也是杭州人。但喜欢归喜欢,由于种种原因,苏东坡终其一生都没有在杭州置办田产房舍。而常州就不同,除了置有田产、建有房屋,一大家子还在这里生活了较长时间;他的许多诗文里也显示了他视常州为故乡的精神上的喜悦,比如"扁舟一棹归何处?家在江南黄叶村",比如"买田阳羡吾将老,从来只为溪山好",等等。为了在常州居住,他还先后两次向当时的皇帝宋神宗上书乞求在常州养老,终获恩准,这也是常州成为苏东坡第二故乡的重要原因。苏东坡晚年除了在常州购有田产,在精神上也已完全把常州当成了第二故乡,他在一封书信中写道:"今且速归毗陵,聊自憩,此我里。"毗陵就是常州的古称,能够被苏东坡以"此我里"相认的地方除了家乡眉山唯有常州。

我们再从传承层面来看,苏东坡的三个儿子中,大儿子苏迈和小儿子苏过两支都在常州有传承,其中长子苏迈一支的传承详细记录于1897年重修的《毗陵苏氏宗谱》(文海堂藏版),现有族人2000多,因大多分布在常州西北郊的新闸镇、薛家镇、安家镇,故称"西苏";幼子苏过一支的传承记录于《苏氏族谱》(聚星堂藏版),1608年苏东坡十八世孙苏国珍初次修谱,经多次续修,至1948年苏东坡第二十八世孙苏辛伯再次续修,一直延绵至今。现有族人2400余,因大多分布在城东武进境内的洛阳、崔桥、戴溪、运村,以及无锡境内的兰溪、东亭、黄巷、华社、阳湾等乡镇,故称"东苏"。苏东坡后人在常州的代代相传,从另一个侧面印证了常州作为苏东坡第二故乡的意义。

苏东坡为什么选择常州作为他的第二故乡呢?不少人认为是

当年他与同科进士蒋之奇的"鸡黍之约"。从狭义上来理解这个"鸡黍之约"的话，实际上它是起不了多少作用的，当年二十二岁的苏东坡与二十七岁的蒋之奇刚认识不久，对常州的了解仅限于蒋之奇的描述，并未亲临常州，谈不上有什么感情，这种没有感情认同的"鸡黍之约"，从某种意义上而言更像是朋友之间的一种赞许，也就仅此而已；但是，如果从广义上来理解"鸡黍之约"的话，它的内涵就不仅指琼林宴上的那次口头赞许，更包括此后苏东坡跌宕人生中与常州结下的深厚亲情、友情以及对常州的价值认同。他的外甥女嫁给了常州朋友单锡为妻，侄女（苏辙之女）嫁给了常州人胡仁修，侄孙苏彭则娶了常州人丁骘之女。他与常州蒋之奇、钱公辅、钱世雄、葛廷之等人还结下了深厚情谊。正因为此，他在《钱君倚哀词》中说："独徘徊而不去兮，眷此邦之多君子。"常州的"君子"总在苏东坡落难之时不离不弃，无论他成功也好失败也罢，总在其最寒冷的时候送来人性的温暖。

如果从上述广义的"鸡黍之约"来看，苏东坡选择常州作为他的第二故乡确实是有充分理由的。

但是，仅有这个还是不够的，苏东坡一生朋友遍天下，抛开常州的友人不说，他与北宋著名画家李公麟、文同、米芾，诗人黄庭坚、秦观，还有落难之时相交的知己陈慥、巢谷等都有着非同一般的感情，从亲情上来说，弟弟苏辙的地位更是谁也替代不了。所以，苏东坡选择常州还有更重要的原因，这个原因就是因王安石变法而引发的新旧党争。北宋中后期的朝堂上，拥护和继承王安石变法的官员被后世称为新党，他们与反对王安石变法的旧党水火不容，相互倾轧，包括苏东坡在内的许多大臣均深受其害。客观上来说，新旧党争使苏东坡选择定居京师成为不可能，甚至要离京师越远越好，偏在江南富庶之地的常州就有了可能。

新旧党争也使苏东坡曾居住过的许多地方，比如黄州 4 年、惠州 3 年、儋州 3 年等，这些曾经让苏东坡以为可以终老的地方，都非常明显地受到了政治影响，从而影响了苏东坡对终老之地的选择，也就是说，决定权不在苏东坡而在受到新旧党争影响的朝堂。

所以，笔者以为，探讨苏东坡把常州作为他的第二故乡，必须从新旧党争对他的影响，以及鸡黍之约背后所体现的亲情和友情这两个方面综合来看，而新旧党争最激烈的较量，当属攸关苏东坡一生命运的"乌台诗案"。本书故事即从"乌台诗案"开始。

目录

第一章 乡"缘"

第 一 节　乌台诗案起风雷 / 3
第 二 节　圣世岂可杀才士 / 10
第 三 节　是处青山可埋骨 / 16
第 四 节　那年星光满京城 / 22
第 五 节　琼林宴上鸡黍约 / 28
第 六 节　汴京城里有府宅 / 33
第 七 节　桑梓情深别眉山 / 40
第 八 节　沧海横流王安石 / 47
第 九 节　千古伯乐欧阳修 / 54
第 十 节　我花开后百花杀 / 65
第十一节　流民图里话沧桑 / 72

第二章 乡"寻"

第 一 节　风雪交加归何处 / 83
第 二 节　千秋海棠定惠院 / 86
第 三 节　临皋亭下江水急 / 92
第 四 节　躬耕东坡建雪堂 / 98
第 五 节　万古才情磨难时 / 107
第 六 节　永乐城中不永乐 / 116
第 七 节　黄州梦里别黄州 / 121
第 八 节　天涯何处觅吾乡 / 128
第 九 节　金陵丧子漂泊泪 / 135
第 十 节　从公已觉十年迟 / 141
第十一节　蒜山幸有闲田地 / 148
第十二节　仪真遇合命中人 / 154

第三章 乡"聚"

第 一 节　多谢残灯不嫌客 / 163
第 二 节　此邦君子多风范 / 168
第 三 节　归去来兮黄土村 / 175
第 四 节　两次乞表常州住 / 183
第 五 节　此去真为田舍翁 / 189

第四章 乡"望"

第 一 节　风雨京华志难酬 / 199
第 二 节　无家欲卜西湖邻 / 208
第 三 节　哲宗亲政引惊雷 / 217
第 四 节　歧路别离幸有家 / 224
第 五 节　惠州筑屋白鹤峰 / 232
第 六 节　天涯何处无芳草 / 239
第 七 节　儋州此去愿有期 / 250
第 八 节　沧海何尝断地脉 / 258

第五章 乡"归"

第 一 节　青山一发是中原 / 269
第 二 节　曾见南迁几个回 / 275
第 三 节　东归北去复徘徊 / 281
第 四 节　毗陵我里迎东坡 / 287
第 五 节　滚滚长江东逝水 / 295
第 六 节　千里归葬小峨眉 / 308

后　　记 / 315

第一章 乡『缘』

苏东坡有一首诗"人生到处知何似，应似飞鸿踏雪泥"，他的一生，恰似飞鸿掠过北宋沉沉的夜空，在他曾经生活过的城市，留下了缥缈的身影和优美的人生姿势，其中就包括终老之地常州。前言已经说过，苏东坡与常州结缘，除了蒋之奇、单锡等人与他的"鸡黍之约"以及"鸡黍之约"背后所体现的亲情、友情和价值认同，还有最重要的一个因素就是"乌台诗案"。"乌台诗案"并没有直接导致苏东坡走向常州，却是苏东坡命运的转折点。在此之前，苏东坡在官场上的路总体是顺畅的，没有什么大起大落，如果照这种趋势发展下去，苏东坡将会和其他官员一样，致仕之后最有可能的定居地就是北宋的都城汴京（今开封）或者老家眉山，毕竟这是大多数官员的选择，"乌台诗案"则改变了这一可能。发生于1079年的"乌台诗案"，不仅是北宋有史以来的第一场文字狱，更是通过文字狱这种惨烈的形式激化了王安石变法以来的新旧党争，从此以后，苏东坡被彻底卷入新旧党争之中，不管愿意或者不愿意，他都成了旧党的代表性人物，其命运已经不是个人所能决定的了，而是取决于新旧党争的结果，也必然随着新旧党争的成败而起伏。所以，从某种意义上来说，苏东坡结缘常州，既是情感选择，也是心向自由、回归田园的一种精神寄托和精神需要。

第一章 乡"缘"

第 一 节 乌台诗案起风雷

宋神宗元丰二年（1079年）七月，有两路人马倍道兼行地从北宋都城汴京赶往江南富庶之地湖州。这两路人马，一路是皇帝派来的，前往湖州缉拿时任湖州知州的苏轼（本书在苏轼被贬黄州躬耕东坡之前称"苏轼"，之后称"苏东坡"），另一路是驸马王诜派来的，赶往南都（今河南商丘）通知苏轼的弟弟苏辙，又由苏辙另派人马急赴湖州示警。两路互不相识的人马飞奔着抢时间，一场震惊整个北宋朝廷甚至影响和改变了北宋气运的"乌台诗案"徐徐拉开大幕。

两路人马急赴湖州，围绕的人物只有一个，那就是苏轼。

苏轼，字子瞻，号铁冠道人、东坡居士，世称苏东坡，眉州眉山（今四川省眉山市）人，祖籍河北栾城，北宋著名的文学家、书法家，同时也是美食家和画家。生于阴历1036年的十二月十九日（阳历1037年1月8日，本书根据《三苏年谱》以阴历计算年龄，比阳历计算的苏轼年龄大两岁），"乌台诗案"爆发的1079年，苏轼四十四岁，刚刚调任湖州知州。

对于这样一位刚刚上任的地方大员，有什么事让这样的两路人马采取了截然不同的态度呢？

先说第一路人马，这路人马是北宋的最高掌权者——皇帝派来的，代表了宋神宗的意思。宋神宗为什么要缉拿苏轼呢？其实说起直接原因的话，也不算什么大事儿。苏轼从徐州调往湖州，按照当时的规矩是要写一个谢表的，意思是感谢皇帝的信任和栽培，然后说说自己对辖区的印象，聊聊工作计划，再表表决心，偏偏苏轼在写这个谢表时发了几句牢骚：

> 知其愚不适时，难以追陪新进；察其老不生事，或能牧养小民。①

大致意思就是：臣知道自己迂腐不识时务，难以与新进之人共同进步，皇上知道臣年老不会多生事端，或许能保全一方百姓。

值得一提的是，"新进"和"生事"两个词，在当时是保守派攻击变法派的惯用词语，相当敏感。变法派认为："难以追陪新进"，就是看不起现在当差的这些官员；"察其老不生事"，就是说现在的官员喜欢惹是生非。

苏轼的这几句话算是捅了马蜂窝，尤其是捅了当时变法派新贵李定的马蜂窝。

李定当时担任权御史中丞职务，算是御史台的最高长官。当年的御史台，因遍植柏树，树上栖息着成千上万的乌鸦，给人一种肃杀的感觉，故被人称为"乌台"，苏轼的案子也因此被称为"乌台诗案"。实际上，李定本人与苏轼之间并没有什么个人恩怨，他们之间的恩怨更多的是新旧党争，在当时，新旧党争已经不仅仅是观点的对立了，更是个人利益甚至是团体利益的对立。"乌台诗案"后，这种对立甚至发展成了关乎政治生命乃至身家性命的博弈。作为能弹劾百官的御史台最高长官，李定的官职虽然只

---

① 苏东坡《湖州谢上表》。

有三品，但无疑是斩向旧党的最锋利的一把剑。

李定出手了，而且出手稳、准、狠。

所谓"稳"，是指时机的选择。实际上，有关苏轼反对新法、毁谤新政的说法六七年前就有了。最早是由宋代最出名的科学家沈括提出来的。沈括的代表作《梦溪笔谈》，内容涉及数学、物理、化学、生物等各个学科门类，价值非凡，被称为"中国科学史上的里程碑"，但就是这样一位赫赫有名的科学家，在官场上却留下了不太光彩的一笔。1073年，沈括曾作为宋神宗的钦差大臣，以两浙路察访使的身份视察杭州，当时苏轼任杭州通判，宋神宗有心起用他，嘱咐沈括："苏轼通判杭州，卿其善遇之。"① 沈括到了杭州后，看起来倒也对苏轼很好，与他交谊论旧，就像多年不见的知交好友，临别时还向苏轼要了手抄的近作诗集一本。哪知回到帝都汴京后，当着宋神宗的面，沈括一边大力称赞王安石推行的青苗法、助役法等，很受老百姓欢迎，绝无不便于民之处；另一边转手就把苏轼卖了，他把苏轼送他的诗作，逐首加以标注，签贴进呈，说苏轼"词皆讪怼"，也就是说苏轼的诗词大多都有讥讽朝政的意思。不过当年宋神宗未予理睬，李定等人也未作出任何反应。

到了1079年，此时的王安石变法已经推行了十年，遇到了很大阻力，由于用人不当且过于理想化，王安石变法在执行过程中出现了种种偏差，导致与民争利，怨声载道，变法以来水、旱、蝗、雹、地震灾害接连不断，坊间不断传言这些天灾是因变法不当而导致上天发出警诫，筋疲力尽的宋神宗好几次颁下了罪己诏，王安石本人也已挂印而去。就在宋神宗越来越累、越来越焦虑的情况下，李定出手了，这个时机的把握是建立在宋神宗即使意识

---

① 《续资治通鉴长编》引南宋王铚《元祐补录》。

到变法的种种弊端，也不能容忍来自臣下的直言批评，更不能容忍臣下的冷嘲热讽。苏轼的《湖州谢上表》以及深挖出来的旧时诗作，算是撞到枪口上了。

所谓"准"，是指突破口的选择。此时新旧党争到了白热化阶段，李定这样一群靠着变法上位的新贵，在王安石挂印而去、宋神宗犹疑不定之际，很担心旧党复辟，保守派回归，这样的话他们这些人可能连退路都没有，新旧党争已经发展到了不是你死就是我活的地步了，不把旧党彻底整垮，就意味着变法派随时面临灭顶之灾。而整垮旧党的突破口，李定选择了苏轼。为什么会是苏轼？一来苏轼名气很大，在反对变法的诸人中影响最大，对苏轼下手，起到的作用也非常大；二来如果把旧党核心排一下名次的话，在他们心目中，大概司马光排第一，苏轼排第二。彼时的司马光正潜居洛阳，两耳不闻窗外事，一心一意地只管编写《资治通鉴》，实在没有什么明显的"罪证"可以收集，而苏轼就不同了，他四处作诗、作词，而且北宋年间印刷术已经得到推广，刊印苏轼诗词是一件有利可图又比较容易的事情，那时也没有什么版权保护意识，所以要想搜集苏轼的诗词，再从诗词里深挖"罪证"非常容易，御史台收集的罪证材料中就有《元丰续添苏子瞻学士钱塘集》，就是刚刚印刷问世的新版苏轼文集。

所谓"狠"，是指打击的策略和范围。新党的策略是先扳倒苏轼，再沿着苏轼诗词唱和的范围深挖旧党群体，从而把旧党人物一网打尽。在扳倒苏轼方面也有一个策略，先由御史台小官——监察御史里行何正臣出面上奏，指责苏轼《湖州谢上表》里"知其愚不适时，难以追陪新进；察其老不生事，或能牧养小民"是愚弄朝廷、妄自尊大之语，接着又拓展开去，说苏轼一贯不满朝政："一有水旱之灾，盗贼之变，轼必倡言，归咎新法。"何正臣开了头，

第一章 乡"缘"

紧接着舒亶跟进,他也是一个监察御史里行,他的侧重点放在苏轼用诗词反对宋神宗上,其向宋神宗进札子说:

> 盖陛下发钱以本业贫民,则曰"赢得儿童语音好,一年强半在城中";陛下明法以课试郡吏,则曰"读书万卷不读律,致君尧舜知无术";陛下兴水利,则曰"东海若知明主意,应教斥卤变桑田";陛下谨盐禁,则曰"岂是闻韶解忘味,尔来三月食无盐"。其他触物即事,应口所言,无一不以诋谤为主。小则镂版,大则刻石,传播中外,自以为能。[①]

舒亶的这一纸奏状十分厉害,给人的感觉基本上就是宋神宗倡导什么苏轼就反对什么,无论是发钱,还是明法,或者兴水利、谨盐禁,只要是宋神宗鼓励的苏轼就统统反对。紧接着国子博士李宜之也来一手,指责苏轼"无尊君之义,亏大忠之节"。

作为御史台的最高长官,李定送上了"致命一击",他上札指责苏轼有可废之罪四项:

> 昔者尧不诛四凶,至舜则流放窜殛之,盖其恶始见于天下也。轼初腾沮毁之论,陛下犹置之不问,容其改过,轼怙终不悔,其恶已著,一也。
>
> 古人有言曰,教而不从,然后诛之,盖吾之所以俟之者尽,然后戮辱随焉。陛下所以俟轼者,可谓尽矣,而狂悖之语日闻,二也。
>
> 轼所为文辞,虽不中理,亦足以鼓动流俗,所谓言伪而辨;当官侮慢,不循陛下之法,操心顽愎不服陛下之化,所谓行

[①] 《续资治通鉴·宋纪·宋纪七十四》。

伪而坚;先王之法所当首诛,三也。

　　刑故无小,盖知而故为,与夫不知而为者异也。轼读史传,非不知事君有礼,讪上有诛,而敢肆其愤心,公为诋訾,而又应制举对策,即已有厌弊更法之意,及陛下修明政事,怨不用己,遂一切毁之,以为非是,四也。①

　　这三个奏折前后相接且有理有据,就连一开始还有心回护的宋神宗看了后都叹息说:"苏轼难矣!外放十年,顽劣跌荡不减当初。"等他翻阅《元丰续添苏子瞻学士钱塘集》,见到了苏轼写的《初到杭州》《和刘道原》《吴中田妇》《山村五绝》等诗词时,果然如李定所料,禁不住大怒道:"新法无一是处耶?"于是痛下决心,提笔御批:"诏知谏院张璪、御史中丞李定推治以闻。"同时批令:"御史台选牒朝臣一员,乘驿马追摄。"

　　至此,苏轼的案子完全落入了李定之手,这就有了本文开头的两路人马奔赴湖州的情况。

　　皇帝派出的那一路人马,领头的是太常博士皇甫遵,这个人是李定精心挑选的,他"忠于王命",一路快马加鞭,昼夜兼程,加上他走的是驿道,有驿站的马匹可以接力换乘,而苏辙派出的那一路人马非但没有马匹可换,还得休息喂马,且不敢大张旗鼓,情形十分被动,要想赶在皇甫遵之前赶到湖州,以便让苏轼有所准备,则变得十分困难。

　　怎么办呢?

　　也只能听天由命了。

　　老天爷在关键时候还是帮了苏轼一把。皇甫遵一行赶到镇江时,他的儿子竟然生病了,不得不停下来求医诊治,这一耽误就

---

① 《续资治通鉴·宋纪·宋纪七十四》。

第一章 乡"缘"

是大半天。也正是因为这大半天时间，苏辙的人马才抢先一步赶到了湖州。

可别小看这抢先一步的意义，他让苏轼提前得到了消息，提前做好了三件事：

第一件，虽然史料上没有明言，不过按常理推测，苏轼还是有时间来毁掉一些文字上的"罪证"的。后来查案的情况也印证了这一点，坐实苏轼文字狱的，大多都是之前他任杭州通判时写的一些诗词。

第二件，提前安排家事。苏轼接到通报后自知事态严重，凶多吉少，就写了一封信给弟弟苏辙，托他照顾一家老小。

第三件，提前安排州事。苏轼主动请假销职，让时任湖州通判的祖无颇代理湖州知州职务，并匆忙做了一些交接，以保持各项工作的顺利进行。

七月二十八日，苏轼与祖无颇刚刚交接完毕，皇甫遵一行就闯进了湖州州府衙门。为了使苏轼难堪，他做足了气场，带着两个公差站在大堂上，不发一言。在可怕的沉默中，没见过这种阵仗的苏轼以为必死无疑，于是开口请求在被赐死之前先回去与家人做个告别。皇甫遵这才冷冷地回答说："不至于如此。"之后就让两个公差把苏轼绑起来拉走，时人评议："顷刻之间，拉一太守，如驱犬鸡。"

八月十八日，苏轼被押解至北宋帝都汴京（今开封），锒铛入狱。

第二节　圣世岂可杀才士

1079年，也就是北宋元丰二年，八月，北宋御史台监狱迎来了一个特殊的犯人，他的名字叫苏轼。

之所以说特殊，是因为这个犯人名满天下且因言获罪，成为北宋文字狱的第一人。

对待特殊犯人就得有特殊"待遇"，御史台给予苏轼的特殊待遇是一间名叫"知杂南庑"的独居囚室。说是囚室，实际上就是一口深达百尺的天井，空间极其狭小，苏轼蜷缩在里面，一举手一投足都会碰到四周坚硬的墙壁，抬头也只能望见一小块天窗，从天窗透进些许光亮，阴晴变幻，可望而不可及。

苏轼的人生走到了最低谷，在这里，他终于看清了掩盖在歌舞升平之下大宋政坛的深度、阴暗、陡峭、寒冷。

没有任何来自外面的信息，只有日夜不停的审讯。御史们抓住苏轼诗文中的每一句话反复盘问，一定要苏轼承认其中包藏着攻击皇帝的深层含义，同时还逼着苏轼交待与他有过来往的每一个人，他参与的每一件事，不但追问他们之间的诗文来往，而且连相互之间送过什么礼物，也都要事无巨细地一一开列，无一遗漏。

情形已经很明显了，这不仅是要苏轼的命，更是要以苏轼为突破口，把与他交好的旧党势力一网打尽，以消除新党执政所面临的威胁。

一切都按照御史台的计划进行着。

李定很得意。

李定背后站着的是王珪，他时任右相，在新党核心王安石、

第一章 乡"缘"

吕惠卿相继去职后,王珪成为权倾一时的实力派。

王珪发出了致苏轼于死地的最后一箭,他抓住苏轼所写《王复秀才所居双桧》诗里的"根到九泉无曲处,世间唯有蛰龙知",说苏轼有不臣之心。宋神宗非常震惊,王珪就进一步说:"陛下飞龙在天,轼以为不知己,而求知于地下之蛰龙,非不臣而何?"[①]

王珪的意思是苏轼因为宋神宗不重用他而心生怨恨,已有"求知于地下之蛰龙"的谋反之意了。

从古到今,谋反都是十恶不赦的罪名,一旦坐实,不仅苏轼性命不保,他的一大家子也都要受牵连了。

杀人诛心,苏轼危如累卵。

幸亏新党里面也有一些不肯随意附和胡乱指证的,比如章惇,他和苏轼是同科进士,用现在的话说就是同学,两人曾经关系不错,只不过后来因为新旧党争愈演愈烈而走向了两个阵营,此时的章惇还是很正义的。他在一旁提醒宋神宗说:"龙者,非独人君,人臣俱可以言龙也。"章惇的意思是称龙的不一定都是皇帝,自古人臣称龙的也多,比如诸葛孔明就自称为卧龙。宋神宗立刻醒悟了过来。

事后章惇责问王珪:"相公乃欲覆人家族耶?"

诋毁未成的王珪把责任推给了御史里正舒亶,说"地下之蛰龙"这话是舒亶说的。章惇毫不客气,问他是不是舒亶的口水也可以吃。意思是你身为右相,仅凭舒亶一句话就要团灭人家整个家族,如此不辨是非不负责任是不是太过分了?

人生其实很无常,多年以后,当章惇也升为宰相时,他所做的事情却与王珪相似,将苏轼一贬再贬直至贬至几乎没有生还可能的海南。彼时的两人,一个是新党的核心,另一个是旧党的代

---

① 南宋蔡正孙《诗林广记·后集》。

表性人物，党争之祸让两人渐行渐远，再也没有了回头的可能。

实际上，自从苏轼进入监狱以后，声援和救援苏轼的行动也在同步展开，主要有这样四方面力量。

第一股力量来自苏轼的亲人。苏轼的同胞弟弟苏辙比他小两岁，相较于锋芒外露的苏轼，苏辙更加沉稳。当年两人的老爹苏洵给他们取名字时似乎有所预见，给苏轼取名"轼"而给其弟取名"辙"，"轼"是引人关注的车把手，而"辙"则是负重前行的车轮印。后来两人的人生仿佛也印证了这一点，每当苏轼遭遇危难时，第一个施以援手的往往都是弟弟苏辙。"乌台诗案"爆发时，苏辙先是千里报信，其后更是奋笔写下《为兄轼下狱上书》呈报宋神宗，愿以自身官职以赎兄罪。通篇文章情真意切，令人感动：

> 臣闻困急而呼天，疾痛而呼父母者，人之至情也。臣虽草芥之微，而有危迫之恳，惟天地父母哀而怜之！
> 臣早失怙恃，惟兄轼一人相须为命。今者窃闻其得罪，逮捕赴狱，举家惊号，忧在不测。臣窃思念，轼居家在官，无大过恶。惟是赋性愚直，好谈古今得失，前后上章论事，其言不一。陛下圣德广大，不加谴责。轼狂狷寡虑，窃恃天地包含之恩，不自抑畏。顷年，通判杭州及知密州，日每遇物，托兴作为歌诗，语或轻发。向者曾经臣寮缴进，陛下置而不问。轼感荷恩贷，自此深自悔咎，不敢复有所为，但其旧诗，已自传播。臣诚哀轼愚于自信、不知文字轻易，迹涉不逊，虽改过自新，而已陷于刑辟，不可救止。
> 轼之将就逮也，使谓臣曰："轼早衰多病，必死于牢狱。死固分也，然所恨者，少抱有为之志，而遇不世出之主，虽龃龉于当年，终欲效尺寸于晚节。今遇此祸，虽欲改过自新，

第一章 乡"缘"

洗心以事明主,其道无由;况立朝最孤,左右亲近必无为言者,惟兄弟之亲,试求哀于陛下而已。"臣窃哀其志,不胜手足之情,故为冒死一言。

昔汉淳于公得罪,其女子缇萦请没为官婢,以赎其父。汉文因之,遂罢肉刑。今臣蝼蚁之诚,虽万万不及缇萦,而陛下聪明仁圣,过于汉文远甚。臣欲乞纳在身官,以赎兄轼,非敢望末减其罪,但得免下狱死为幸。兄轼所犯,若显有文字,必不敢拒抗不承,以重得罪。若蒙陛下哀怜,赦其万死,使得出于牢狱,则死而复生,宜何以报?臣愿与兄轼洗心改过,粉骨报效,惟陛下所使,死而后已!

臣不胜孤危迫切,无所告诉,归诚陛下,惟宽其狂妄,特许所乞。臣无任祈天请命,激切陨越之至!

从苏辙的上书里可以看到,苏轼罪名不小,以致苏辙"欲乞纳在身官,以赎兄轼,非敢望末减其罪,但得免下狱死为幸",就是说以自身官职赎兄罪,不是让皇帝免了苏轼的罪过,只是希望免其一死。

拯救苏轼的第二股力量来自皇室。苏轼在"乌台诗案"爆发时就已经名满天下,其中光献太皇太后曹氏就是他的超级粉丝。太皇太后曹氏是北宋著名大将曹彬的孙女,宋仁宗的皇后,因宋仁宗无子,所以收养了时年三岁的赵曙为养子,赵曙就是后来的宋英宗,也就是宋神宗的父亲,因此太皇太后曹氏相当于是宋神宗的祖母,虽不是嫡传的,但皇位却是从宋仁宗传下来的。

其实宋仁宗并非生不出儿子,只不过因为遗传病或者其他原因,所生三子都没有活过一岁半,所生十三个女儿活下来的也仅有3个,不过也正因为有三个女儿活到了成年,让宋仁宗看到了希望，他一生都在努力生养自己的成年儿子。所以赵曙虽然早早就被收为养子，却一直没有被立为太子，不但无法被立为太子，还要胆颤心惊、诚惶诚恐、小心谨慎地活着，生怕一不小心触到了宋仁宗心中的隐痛，直到宋仁宗逝世前半年，赵曙才在大臣韩琦的犯颜直谏下被立为太子。宋仁宗死后，皇后曹氏（也即后来的光献太皇太后曹氏）亲自颁布遗诏，立赵曙为新的皇帝，是为宋英宗。

正是以上原因，让宋神宗对太皇太后曹氏十分敬重。公元1079年十月，曹氏病势日渐沉重，针药医治无效，宋神宗无法可想，打算大赦天下为曹氏祈福增寿。曹氏说不须赦免天下凶恶，只要放了苏轼就够了。这位老太太还流着泪跟宋神宗说："以作诗系狱，得非受了小人中伤……吾已病矣，不可再有冤滥致伤中和，宜熟察之。"①

十几天后，太皇太后曹氏崩逝，狱中的苏轼知道后伤痛不已，想起太皇太后对自己的好而自己身陷囹圄，未能当面致谢，只好沉痛作诗悼念：

> 未报山陵国士知，绕林松柏已猗猗。
> 一声恸哭犹无所，万死酬恩更有时。
> 梦里天衢隘云仗，人间雨泪变彤帷。
> 关雎卷耳平生事，白首累臣正坐诗。

声援苏轼的第三股力量来自旧党。当时为了深入推动王安石变法，凡是反对王安石变法的，不管是反对变法目的，还是认同变法目的但是不认同变法方式和变法手段的，统统都被认为是守

---

① 《宋史·慈圣光献曹皇后列传》。

第一章 乡"缘"

旧派，几乎都被宋神宗和王安石以及后来的吕惠卿等人清除出了朝廷，即使剩下几个，也大都在地方任职。旧党势力日渐式微，就是在这种情况下，仍旧有不少人不顾身家性命上疏，其中最重要的是张方平和范镇两人，这两人一个做到了吏部侍郎，一个做到了太子少师，但都因反对王安石变法而致仕，也就是退休在家，得悉苏轼因诗获罪后，在自身难保的情况下依旧为苏轼仗义执言。张方平当时在南都（今河南商丘），写好奏疏后附在公文中一并报送，但是负责京递的官员不敢接受，张方平无奈，只好让自己的儿子张恕亲赴京城去敲登闻鼓，张恕到了汴京后，在登闻鼓前反复徘徊，终因害怕连累家人而未敢击鼓投书，由此可见当年"乌台诗案"的形势严峻到了何等地步。后来"乌台诗案"结案，这些旧党大多都受到了牵连，比如张方平、李清臣等各罚铜30斤，司马光、范镇等各罚铜20斤，而前文所说过的驸马王诜，由于与苏轼诗文往来频繁，又为苏轼通风报信，所受到的惩罚竟然比苏轼更重，他以"收受轼讥讽朝政文字及遗轼钱物"和"狱事起，诜尝密属辙密报轼"两项罪名，被免去驸马都尉及绛州团练使两职。一年后，王诜的妻子魏国公主（宋神宗的妹妹）病逝，宋神宗认为是受到了王诜的牵连所致，一怒之下又把他贬为昭化军节度行军司马，均州安置。均州是武当山下的一个偏僻小城，北宋时比黄州更加偏远，可想而知自幼锦衣玉食的王诜因为苏轼的案子受到的牵连有多大，不过这也丝毫没有影响两人之间的交往。

　　第四股声援苏轼的力量来自新党。这股声援力量是最出人意料的，因为当时新旧两党的矛盾已经很深了。新党中的有识之士声援苏轼，至少说明了两点：其一是苏轼因诗获罪，理由确实不够服人，即使新旧两派政见不一，但公道自在人心，当时的政治环境仍然有理性的声音存在；其二是新旧两党的斗争还没有上升到党同伐异人身攻击的程度，虽然党争形势已经渐渐失控，但是北宋文人集团早期的政治人格和政治风骨还在，对党争之祸起到了一些平缓作用。王安石作为新党的核心，虽然不赞成苏轼的政治主张，甚至认为苏轼是新法推行的最大阻碍之一，但若因此而要了苏轼的命，则不是他内心所希望看到的。他对苏轼的态度正如他向宋神宗进言的，要"减乌秣，加笞扑，便其服贴乃可用"，也就是要减少恩惠，增加惩罚，让他敬畏服贴了才可以使用。所以"乌台诗案"事发，新党中的王珪、李定、张璪等人力主将苏轼定为死罪，此时已辞去相位赋闲在家的王安石则上书宋神宗，仅用一句话就动摇了宋神宗的念头，那就是"安有圣世而杀才士乎？"意思就是说，如果杀了天下第一才士苏轼，那老百姓以及今后的历史还会认为宋神宗执掌之下的大宋是"圣世"吗？对于一心想要变法图强、青史留名的宋神宗来说，这个确实是很有说服力的。

第三节　是处青山可埋骨

新旧两党的较量，让皇帝很为难，皇帝本来的意思是教训一下苏轼，但如今苏轼的诗文确实已经查明有不少讽刺朝政的内容，且确实有了不小的影响，如果不加惩处，这种风气一旦蔓延，则新法变革会遇到较大阻力，皇帝和朝廷的威信也将大打折扣。如果加以惩处，那就需要给苏轼定罪，类似于反对朝廷、反对皇帝这样的罪名在古代非同一般，一旦坐实基本上性命不保。

与右相王珪不同的是，时任左相的吴充是力保苏轼的。

第一章 乡"缘"

吴充是新旧党争中硕果仅存的旧党人物,在清一色的新党把持的朝堂之上,吴充显得有些"另类"。

实际上,吴充的"另类"并没有延续很长时间,因为他的上台,本来就是宋神宗的权宜之计。王安石因为变法遇到种种困难而自请去职后,新党内部斗争很激烈,经王安石一手提拔起来的"护法善神"吕惠卿虽有才学,但工于心计,过于狠毒,为了防止王安石重返朝政威胁到自身地位,他竟然连起大狱,阴谋倾轧王安石,甚至揭发王安石给他的私人书信中有"无使上知"的话,以此挑拨王安石与宋神宗的关系。公元1074年,吕惠卿又在王安石变法的基础上推行更加激进的"手实法",让百姓自报财产并以此为基准缴纳免役之钱。为了防止隐匿少报,竟然鼓励私人告发,把被告发者所隐瞒财产的三分之一作为对告密者的奖励,如此一来,人与人之间连最基本的信任都没有了,整个社会怨声载道。随着王安石的复职和二度罢职,吕惠卿也被迫离开了权力中枢,新党陷入群龙无首的内斗之中,无人可用的宋神宗只好另辟蹊径,临时起用了旧党人物吴充。

宋神宗在一众新党人员中起用旧党人物吴充,其实是有深谋远虑的:

第一个原因,安抚旧党。一方面,吴充是保守派大臣,起用吴充可以缓和打压旧党的一边倒局面,缓和变法阻力,另一方面,吴充的人脉关系非常广博,其兄吴育做过宋仁宗年间的副宰相,次子吴安持的夫人是新党领袖王安石的女儿,长女、次女和幼女都嫁给了曾经担任过北宋宰相或副宰相的人的儿子。除了王安石家族,其他的几家都是旧党的核心家族。

第二个原因,调和新党。由于新党内部已经分裂成了王安石和吕惠卿两派,王安石二度罢相后,如果再任命一位新党大臣为

17

宰相，对于内讧中的新党无疑是火上加油，加剧新党的分裂，不利于宋神宗后面还要大力推进的元丰改制，如果起用旧党老臣司马光等人，又会增加变法的阻力，选择保守派中态度相对温和的吴充，既能发挥鲶鱼效应，促使新党团结外，又能占据相位，让保守派无话可说。

吴充任左相后，确实让新党有了较大的危机感，尤其是右相王珪，这可能也是"乌台诗案"爆发的一个重要原因吧，新党希望借助"乌台诗案"把与苏轼有牵连的一众旧党人物拉下马，而吴充作为硕果仅存的旧党中坚，当然要反其道而行之，双方斗争得非常激烈。

就在朝堂中斗得不可开交之时，身陷狱中的苏轼也没有闲着。实际上，自湖州任上被御史台逮捕之时，苏轼就明白新党的险恶用心，也知道自己凶多吉少，所以一进狱中就做好了两手准备：一方面放低姿态争取宽大处理，对于已经查实的诗句予以认可，但尽量不认可御史台所强加的其他意思，实在被刑讯逼供得没有办法了，也尽量不牵扯别人；另一方面就是做好最坏打算，苏轼入狱时跟长子苏迈约定，平常由苏迈负责送饭，只送蔬菜和肉类，一旦获悉凶讯，就以送鱼为暗号。有一次苏迈盘缠用尽外出筹钱，将送饭任务委托给了一个亲戚，却忘了跟亲戚说鱼这件事。这个亲戚心想着苏轼受尽折磨，需要补充补充营养，于是精心做了一尾鱼送进去。不明真相的苏轼收到后，以为死期将至，他平静地接受了这个现实，开始安排后事，委托一个对他抱有极大同情心的狱卒梁成，帮他带两首绝命诗交给自己的弟弟苏辙，其中一首是这样的：

圣主如天万物春，

第一章 乡"缘"

小臣愚暗自亡身。
百年未满先偿债,
十口无归更累人。
是处青山可埋骨,
他年夜雨独伤神。
与君世世为兄弟,
更结来生未了因。

人之将死,苏轼没有怨天怨地,而是把责任归给了自己。他称颂生逢盛世圣主英明,自己却愚昧以致自蹈死地,不能寿终。一死还债不要紧,却连累了弟弟子由(苏辙),要帮着照看一家老小十多口人。人生在世,每一处青山都可以埋我这把骨头,只是再也无法履行当年夜雨时对床的盟誓,子由你只能一个人面对潇潇夜雨了。但愿生生世世都能与子由你再做兄弟,来生再续未尽的情缘。

这首诗感人至深且十分巧妙,大概因为担心这首诗同样会落入新党之手,自知必死的苏轼不想拖累别人,所以开篇就是称颂宋神宗的话,争取宋神宗以及新党的同情心,然后才将一家老小托付给弟弟,流露出与弟弟生离死别的深厚情谊。

当苏轼以必死之心迎接即将到来的审判结果时,朝堂上却陷入了泾渭分明的阵营纷争,如果说以前有新旧两种理念的话,"乌台诗案"则直接明晰了新旧两派各自不同的人员和各自不同的划分,从此北宋党争愈演愈烈,两党相互倾轧,不可控制,直至最后靖康之耻发生、徽钦二帝被俘,北宋亡于金朝。新旧党争对北宋的政治、经济和社会都带来了深远影响。但是此时此刻,处于权力中心的宋神宗,实际上也没有多少办法可想,一心希望变法图强的宋神宗决不允许任何人阻止变法，在收悉了苏轼的悔改表现以及太皇太后曹氏、王安石的说情之后，他最后还需要确定的一点就是苏轼是否真的对朝廷不满，他想知道苏轼是否诚心悔改。

据《春渚纪闻》记载，苏轼谈兵的好朋友、北宋杰出的兵学家何去非曾经回忆，宋神宗为了探听虚实，让一个小黄门伪装成犯人与苏轼同居一室，结果苏轼鼾声如雷，睡得很沉。宋神宗得报后很高兴，认为苏轼身陷牢狱命悬一线之时，按照以前他的诗里那么喜欢谤讪的性格，势必牢骚满腹，讥讽朝政，但事实却是睡得很沉，一点激愤都没有，这证明苏轼心里并没有对抗朝廷更没有对抗他。宋神宗确定了这一点后，这场高高举起的"乌台诗案"终于被轻轻放下，皇帝自禁中特遣冯宗道赴御史台复按本案，归报后处分如下：

一、苏轼责授检校尚书、水部员外郎充黄州团练副使，本州安置，不得签书公事。令御史台差人转押前去。

二、绛州团练使、驸马都尉王诜，追两官，勒停（勒令停职）。

三、著作佐郎、签判应天府判官苏辙，贬为监州盐酒税务。

四、正字王巩监宾州盐酒务，令开封府差人押出京城，督促赴任。

五、收受有讥讽文字而不申缴官司者，二十二人，各罚铜有差（宋制，犯罪官员可纳铜赎罪）：计张方平、李清臣各罚铜三十斤，司马光、范镇等二十人各罚铜二十斤。

六、收受无讥讽文字者，无罪。

苏轼被"责授检校尚书、水部员外郎充黄州团练副使，本州

第一章 乡"缘"

安置,不得签书公事",这一贬谪诏命,看似是贬,实则是救,把苏轼从乌台也就是御史台监狱里捞了出来。

苏轼于八月十八日入狱,于十二月二十九日出狱,整个"乌台诗案"期间搜集到的"罪证"共有诗歌117首,叙记、书札15篇,表启1篇。经历了生与死的种种考验之后,这场四个月又十二天的牢狱之灾终于落下了帷幕。

元丰三年(1080年)正月初一,家家户户都在欢度新年,漫天风雪之中,苏轼被御史台催逼着离开京城,一刻也不许停留,这是他人生当中第一次以被押解的方式离开大宋的权力中心,踏上了去往遥远的叫作黄州的地方之旅。

黄州在哪里?还有什么更坏的事情等着他吗?漫天风雪之中,彻骨的冷,没有人能够作答。

从后来的史实可以看到,苏轼走向黄州,正是他人生中走向常州的起点,苏轼与常州的缘分,冥冥中似乎从这一刻就已经注定了。

当然,苏轼与常州的结缘,除了"乌台诗案"所导致的巨大的人生变故,也就是说人生在这里转了一个方向,还有很重要的一点就是常州带给他的亲情,而这个亲情的开始,还要从公元1079年向前倒推二十二年,一直倒推到公元1057年的夏天——苏轼和他的弟弟苏辙第一次跟随父亲苏洵来到北宋的都城汴京,人生如梦,一切美好的故事才刚刚开始。

第 四 节　那年星光满京城

时光回到公元 1057 年，那一年还是宋仁宗时期，也就是宋神宗父亲的父亲当皇帝之时，仿佛来自上天安排一样，在这样一个看起来并不怎么特殊的时间点，北宋都城突然汇聚了后来影响北宋国运的一大批人，不过当时他们大都默默无闻，并不知道后来的自己能够大放异彩甚至青史留名。

是什么原因让这些精英人士齐聚京城呢？

公元 1057 年，宋仁宗嘉祐二年，北宋举行了一场注定要彪炳史册的进士考试，这场规模空前的考试，不但考中进士的人数多，达到了 388 人，而且产生了一大批后来星光熠熠、影响中国文坛甚至中国思想界的泰斗级人物，比如程颢、张载等，比如被后世称为"唐宋八大家"中的 5 位——欧阳修、曾巩、苏轼、苏洵、苏辙，同时还产生了后来影响苏轼一生命运的吕惠卿、章惇、曾布等 9 名宰相。据统计这场考试的考生中在《宋史》有传者达到了 24 人，这场考试也因此被后人誉为"千年科举第一榜"。

我们来看看这场考试的"牛人"名单吧。

先说最牛的吧，欧阳修是当时的文坛领袖，政治家，文学家，领导了北宋的诗文革新运动，我们所熟知的经典名篇《醉翁亭记》就是出自他手，此次考试他是以主考官身份出现的。而且"唐宋八大家"中的宋朝六大家，除了前面说到的 5 位，再加上王安石，此时都在京城，应该算是首次齐聚京城吧，而且时间非常紧凑。考试全部结束应该是 1057 年的农历三月份，王安石大概是农历四月份被任命为常州知州的，就算四月份离京的话，正好有一段短短的齐聚时间。

第一章 乡"缘"

我们在这里也看到了命运的巧合,作为后来苏轼仕途上最大的"苦主",在苏轼赴京参加进士考试的差不多同时,王安石却离开京城去了地方任职,而任职的第一站常州,正是数十年后苏轼的终老之地。

再说第二牛,嘉祐二年的进士还有程颢、张载两人。张载是程颢的表叔,这两人的学术成就对中国的传统文化影响深远。其中程颢和他的弟弟程颐师承濂学的开创者周敦颐,他们从儒释道三家学问中,抽离出哲学思考,提出"理"是万物之本、"存天理,去人欲"等主张,创立了新的思想流派——理学。南宋朱熹在"二程"思想的基础上,将理学体系进行了完善,史称"程朱理学",该思想体系影响中国古代统治思想长达数百年。而张载则是关学的开创者,他主张"气本论",代表了古典朴素唯物主义思想的最高成果。当然,张载最出名也为我们大家所周知的还是"横渠四句",即:"为天地立心,为生民立命,为往圣继绝学,为万世开太平。"这四句流传到今天仍旧有非常深远的现实意义。

我们再来看看第三牛。这轮进士考试高中的有一对叔侄,其中侄子叫章衡,他是唯一乡试、省试、殿试都排在苏轼前面的人,章衡是嘉祐二年的状元。不仅文章写得好,官当得也不错,西湖的治理方案就是章衡给苏轼出的,在苏堤建设过程中需要资金和人力的时候,章衡也予以了资助。苏轼称赞章衡为"百年第一"。

章衡的叔叔叫章惇,他也是嘉祐二年的进士,本来叔侄二人同中进士是天大的喜事,但是章惇觉得做叔叔的考不过侄子很没面子,他决定回去再考。不得不让人佩服的是,仅仅过了两年再次举行进士考试时,章惇考了个第五名,但是在开封府试中是第一名。

早中期的章惇与苏轼是非常好的朋友,他们经常一起交游。

苏轼在凤翔府为官时，有一次两人一起到了黑水谷，那里有一条深涧。深涧两侧绝壁万仞，道路断绝，下边湍流翻滚，只有一条横木为桥。章惇邀请苏轼到对面的悬崖上题字，苏轼不敢，章惇却若无其事地走过去在石壁上写下"章惇苏轼来游"，之后又若无其事地走回来。苏轼开玩笑地说章惇将来必会杀人。章惇问为什么？苏轼回答"能自判命者能杀人也"[①]。意思是连身家性命都不顾的人，还怕杀人吗？苏轼当年也许只是开个玩笑，没想到三十年后章惇当了宰相，他果然会杀人了，而要杀的对象中就包括苏轼和苏辙。

作为北宋历史上具有划时代意义的人物，章惇确实很有魄力，他是司马光废除王安石变法大概七八年后又强势恢复新法的核心人物，1094年他担任宰相主持朝政后，一改整个宋朝文人执政花钱买太平的孱弱外交形象，对外非常强硬，力主出兵西夏、吐蕃，收复失地，开疆拓土，迫使西夏臣服并以沙漠为界，为北宋取得对西夏战争的优势奠定了基础。

从后来的历史来看，章惇与苏轼友情的决裂可能更多的是受到了新旧党争的影响，其实在党争前期比如"乌台诗案"的时候，章惇还出力搭救过苏轼，苏轼被贬黄州时，当时已升任副宰相的章惇还经常与苏轼有书信往来。后来太皇太后高滔滔执政，起用司马光等一众旧党人物，苏轼和苏辙也回朝任职担任高官，这时章惇就倒霉了，他连遭弹劾被贬汝州。后来曾出任宰相的新党人物蔡确在被贬途中还爆发了"车盖亭诗案"，这是继苏轼"乌台诗案"之后北宋兴起的又一起文字狱，只不过这次掉了个个儿，变成了旧党打击新党，旧党以"车盖亭诗案"为突破口，把新党有重要影响力的人列为打击目标，于是章惇和蔡确、韩缜一起被

[①] 《宋史·章惇传》。

第一章 乡"缘"

列为"三奸",与他们亲近的新党人员被张榜公布,以示警告。蔡确后来被贬到了新州,也就是今天的广东新安,在当时,被贬过岭南,实际上如同被判了死刑,贫病交加的蔡确后来确实死在了岭南,再也没有回来。蔡确的死,可能对新党的触动非常大,这也是后来章惇再次执政后,不遗余力、不留情面地把旧党重要人物几乎无一例外都贬过岭南的原因。

欧阳修的爱徒曾巩及其弟曾布也是嘉祐二年的进士。曾巩位列唐宋八大家之一,在文学方面有着卓越的成就,曾布在王安石变法时得到了重用,后来官至宰相(右相)。曾布支持新法,在北宋后期的政治斗争中发挥了重要作用,最后在《宋史》中被划入了《奸臣传》之列。

跟曾布一起被划入《奸臣传》的还有吕惠卿,他也是嘉祐二年的同榜进士,后来也官至宰相。他开始跟曾布一样,都是王安石变法时的手下干将,几乎算是王安石的左膀右臂,凡事不分大小王安石必定和他商议。在吕惠卿担任参知政事,尤其在王安石变法失败的时候,为了争夺新党的领袖地位,给王安石致命一击的恰恰就是吕惠卿,后来吕惠卿代替王安石主持元丰改制,不过元丰改制很快也以失败告终。

嘉祐二年还有一个叫王韶的人,很多人估计都不知道这个人。北宋熙宁元年(1068年),他向朝廷上报《平戎策》,提出"收复河湟,招抚羌族,孤立西夏"方略,他的建议很快就被锐意进取的宋神宗采纳,王韶被任命为秦凤路经略司机宜文字(相当于机要秘书),在他的带领下,北宋军队击溃羌人、西夏的军队,取得了熙河之役的胜利,历史上称之为"熙和大捷",这也是宋神宗时期,北宋在西夏取得的唯一一次大胜。

公元1057年,那个写下"先天下之忧而忧,后天下之乐而乐"

的范仲淹离开了这个世界，从此"文正"两个字成了千百年来文官死后的最高荣誉。一代人杰范仲淹走了，但是另一个更加威武的人即将登上历史舞台，他在1057年星光熠熠的那一届考生中脱颖而出，成为最牛的那一个，这个人就是苏轼。

最先发现苏轼的，是一个名叫梅尧臣的考官。梅尧臣也是一位北宋著名的诗人，他与欧阳修等人一起，高举北宋诗文革新运动的大旗。他于一堆试卷当中，发现了一篇名为《刑赏忠厚之至论》的文章，此文脱尽五代以来浮靡艰涩的文风，文辞简练而平易晓畅，说理透彻，与他们所提倡的诗文革新运动不谋而合。于是梅尧臣立即将此篇文章推荐给主考官欧阳修，欧阳修读了后十分佩服，本想擢为第一，但又一想能写出此等文章的，估计只有自己的弟子曾巩了。为了避嫌，他犹豫了半天才把它列为第二名。那时候的科举考试已经实现了糊名制，也就是考卷与考生姓名分开，阅卷的人根本不知道考卷是谁的，这才有了苏轼的从第一名到第二名。这篇被欧阳修和梅尧臣一致看好的《刑赏忠厚之至论》全文如下：

尧、舜、禹、汤、文、武、成、康之际，何其爱民之深，忧民之切，而待天下以君子长者之道也。有一善，从而赏之，又从而咏歌嗟叹之，所以乐其始而勉其终。有一不善，从而罚之，又从而哀矜惩创之，所以弃其旧而开其新。故其吁俞之声，欢忻惨戚，见于虞、夏、商、周之书。成、康既没，穆王立，而周道始衰，然犹命其臣吕侯，而告之以祥刑。其言忧而不伤，威而不怒，慈爱而能断，恻然有哀怜无辜之心，故孔子犹有取焉。

《传》曰："赏疑从与，所以广恩也；罚疑从去，所以慎

第一章 乡"缘"

刑也。"当尧之时，皋陶为士。将杀人，皋陶曰"杀之"三，尧曰"宥之"三。故天下畏皋陶执法之坚，而乐尧用刑之宽。四岳曰"鲧可用"，尧曰"不可，鲧方命圮族"，既而曰"试之"。何尧之不听皋陶之杀人，而从四岳之用鲧也？然则圣人之意，盖亦可见矣。

《书》曰："罪疑惟轻，功疑惟重。与其杀不辜，宁失不经。"呜呼，尽之矣。可以赏，可以无赏，赏之过乎仁；可以罚，可以无罚，罚之过乎义。过乎仁，不失为君子；过乎义，则流而入于忍人。故仁可过也，义不可过也。古者赏不以爵禄，刑不以刀锯。赏之以爵禄，是赏之道行于爵禄之所加，而不行于爵禄之所不加也。刑之以刀锯，是刑之威施于刀锯之所及，而不施于刀锯之所不及也。先王知天下之善不胜赏，而爵禄不足以劝也；知天下之恶不胜刑，而刀锯不足以裁也。是故疑则举而归之于仁，以君子长者之道待天下，使天下相率而归于君子长者之道。故曰："忠厚之至也。"

《诗》曰："君子如祉，乱庶遄已。君子如怒，乱庶遄沮。"夫君子之已乱，岂有异术哉？时其喜怒，而无失乎仁而已矣。《春秋》之义，立法贵严，而责人贵宽。因其褒贬之义，以制赏罚，亦忠厚之至也。

欧阳修对苏轼赞不绝口，提携有加。他从不掩饰自己对苏轼才学的欣赏，曾对外说："读轼书，不觉汗出，快哉快哉！老夫当避路，放他出一头地。"作为当时的北宋文坛领袖，同时又是礼部侍郎兼翰林侍读学士，欧阳修的加持，让苏轼刚一出道即声名鹊起，在当时的许多人看来，这个来自眉山小城的苏轼从此官运亨通，前途无量。

第 五 节　琼林宴上鸡黍约

在嘉祐二年（1057年）苏轼的同学当中，与后来大名鼎鼎的曾巩、曾布、程颢、张载、吕惠卿、章惇等人相比，来自常州的蒋之奇就没那么引人注目了。如果说前面这些人以众星环绕又相互斗争的方式衬托出了苏轼的不同凡响的话，那么从后来的结果来看，蒋之奇似乎从一开始就担负起了神圣的引导之责，仿佛上天把蒋之奇派到苏轼身边，在苏轼刚刚踏上仕途之时，就告诉了他远在千里之外的江南还有一个城市在等着他，这个城市就是常州。

从后世的推测来看，大概是公元1057年的那次进士考试后，礼部代表皇上宴请了考中的人。如果按照388名录取规模测算的话，这个琼林宴仅酒席就摆了40桌左右。当时苏轼大概与蒋之奇坐在一起，席间蒋之奇谈到了江南常州的风土人情，比如北枕长江、东临太湖、山秀洞奇、竹海茶香等等，这些都让苏轼心仪不已。在喝酒的过程当中，蒋之奇邀请苏轼去常州做客和定居，一向豪爽的苏轼慨然应诺，这便有了苏轼与蒋之奇的"鸡黍之约"。当时在座的，还有一个常州人单锡，这个人在后来使"鸡黍之约"变成现实中起到了很大作用。

应该说，苏轼与蒋之奇订立"鸡黍之约"，刚开始可能就只是两个年轻人的一时兴起，毕竟苏轼那时从未到过常州，对常州也没有很深的了解，当然也就不存在多少感情。如果说去常州做客，这个可能性倒是有的，但是如果谈到定居，第一选择也应该是当时北宋的都城汴京，再不行那也是四川眉山，无论如何轮不到千里之外连去都没有去过的常州。

第一章 乡"缘"

命运的神奇之处在于,这种在当时看来是多么不可能的事情,兜兜转转之下,后来竟然都变成了可能。这也是"鸡黍之约"不可思议的魅力之所在。

公元1057年的琼林宴上,时年二十七岁的蒋之奇在二十二岁的苏轼面前,第一次打开了常州的大门,让苏轼从一开始就对常州有了一个良好的印象。尽管如此,苏轼第一次靠近常州,已经是十四年后的1071年。那一年,三十六岁的苏轼沿运河南下,经常州赴杭州上任,担任杭州通判一职。又过了两年,苏轼再次途经常州,依旧没有上岸,于除夕的鞭炮声里,在常州城外的一条小船上熬过了一夜,留下了《除夜野宿常州城外二首》,其中一首表现了他对故乡的思念,但这个故乡指的是眉山,而跟近在眼前的此时还不熟悉的常州无关。

不知这一夜的船上,苏轼作这首诗时,是否想到了蒋之奇和当年的"鸡黍之约"。从他除夕夜路过常州大门而不进常州的情况来看,尽管有人解释说是怕扰民或者说公务繁忙,这些原因可能也是有的,但毕竟恰逢农历的大年三十,路过而不登岸,最深层次的原因恐怕还是此时的常州城里既没有什么朋友,也没有什么亲人吧。

这一情况在一年后发生了根本性的转变。公元1074年,苏轼终于踏上了常州这片热土,留下了七律诗句"惠泉山下土如濡,阳羡溪头米胜珠。卖剑买牛吾欲老,杀鸡为黍子来无。地偏不信容高盖,俗俭真堪着腐儒。莫怪江南苦留滞,经营身计一生迂",流露出了"卖剑买牛吾欲老"的归隐之意。之所以这次有了这么大的转变,估计也与苏轼对当年的"鸡黍之约"有了新的认识,这种宿命般的神奇在于:

第一,苏轼发现了伯父苏涣写给当年的眉州通判蒋堂的墨宝,而这个蒋堂竟然是同窗好友、当年订下"鸡黍之约"的蒋之奇的伯父。事实上,蒋之奇在很小的时候就过继给了伯父蒋堂,并且在北宋皇祐五年(1053年)蒋堂被加封为安乐伯、吏部侍郎之时,受恩荫做了一阵子名不见经传的小官,由此可见蒋堂与蒋之奇的关系有多深。

我们无法得知苏轼发现这幅墨宝时的震惊:琼林宴上结识的一个常州进士蒋之奇,其伯父或者说是养父竟然早就在他的家乡眉州眉山为官,竟然早就对他的伯父苏涣青睐有加,而自己竟然在两人去世十多年后(蒋堂1054年去世,苏涣1063年去世)因为"鸡黍之约"而来到了蒋堂的家乡,无意之中发现了这幅墨宝。关于这件事,苏轼在《题伯父谢启后》一文中有详细记载:

> 天圣中,伯父中都公始举进士于眉,年二十有三。时进士法宽,未有糊名也。试日,通判殿中丞蒋希鲁下堂,观进士程文,见公所赋,叹其精妙绝伦。曰:"第一人无以易子。"公力自言年少学浅,有父兄在,决不敢当此选。希鲁大贤之,曰:"君子成人之美。"乃以为第三。明年登乙科。此则其亲书启事谢希鲁者也。公殁后十三年,得之宜兴人单君锡家,盖希鲁宜与人也。又八年,乃躬自装缥,而归公之第二子子明兄,使宝之以无忘公之盛德云。元丰五年七月十三日,第六侄责授黄州团练副使轼谨志。①

文中的蒋希鲁就是蒋堂,蒋堂既是蒋之奇的伯父,更是其养父,而且他们家族是北宋时期常州宜兴的望族,在宜兴的始祖最早可以追溯到汉代的蒋澄、蒋默,他们分别被封为亭乡侯和云阳

---

① 《苏东坡全集》正文·补遗。

亭侯。蒋澄的五个儿子都当上了州牧以上的官,时称"一门五牧",连他们住的村庄也被命名为"五牧村",五牧之一的蒋义次子蒋伸官至刑部尚书、中书门下平章事(宰相)。唐代宜兴有八人中进士,其中蒋氏子孙就有六人。至宋代又有蒋之奇的伯父蒋堂中进士,先后在眉州、许州、吉州、楚州任通判,后又以太常博士任泗州知州,还迁任过江南转运使、杭州知州等职,蒋之奇比伯父更胜一等,早期曾担任过江西、河北、陕西等地的转运副使,因政绩突出,被晋升为天章阁待制、潭州知州、广州知州、河北转运使,后被召为中书舍人,任开封知州,进龙图阁直学士,拜翰林学士兼侍读,苏轼死后一年,他出任相当于副宰相的知枢密院事一职。

第二,苏轼发现这幅墨宝竟然不是在蒋之奇家,而是在单锡家。单锡就是前文说到过的琼林宴上与蒋之奇坐在一起的人,明明是苏洵和蒋堂之间的事情,这幅墨宝如果要珍藏保留下来的话,也应该是这两家的后人,怎么就到了单锡那儿呢?这也是当年"鸡黍之约"的第二个神奇的地方,作为参与者之一,单锡似乎从一开始就注定了需要扮演的角色,那就是与苏轼的亲戚关系。

单锡与苏轼是同年进士,此前两人互不认识且相距千里之遥,又是哪门子亲戚呢?没关系,不是亲戚可以变成亲戚。大概在公元1072年的年初,单锡得知苏轼出任杭州通判,就匆匆雇舟前往拜访;苏轼夫人王闰之生第三子苏过时,单锡又亲往杭州"送汤"。多次来往之后,苏轼觉得这个同学既真诚又热情,交谈中还得知这个老同学依旧单身,于是就把自己的外甥女介绍给了他,大概在公元1073年成婚。为了送结婚礼金,手头拮据的苏轼还向驸马都尉王诜借钱200贯。

单锡在历史上声名不显,有关他的记录非常少。《咸淳毗陵志》卷十七提到了几句,称他"嘉祐二年第,明阴阳图纬星历,读书无不该贯。与东坡为同年进士,坡爱其贤,以女兄之子妻之。来宜兴每寓其家"。由此可见,单锡之妻为苏轼的外甥女是确定无疑的。只不过这个外甥女,到底是苏轼的姐姐苏八娘所生,还是苏轼的堂姐也就是苏涣的女儿所生却不清楚。我们知道,苏轼和苏辙共有三个姐姐,但前面两个早夭,只有苏八娘活到了十八岁,因嫁与其表兄程之才受到虐待,产下一子后不多久便逝世了,这个"子"是不是单锡所娶的老婆?也即《咸淳毗陵志》所提到的"女兄之子"?目前尚未有人深入研究。笔者认为,以常理推之,程之才一家虐待苏八娘致死,导致苏程两家从此断了来往,那么程之才和苏八娘的女儿,程家是不大可能交由苏家抚养的,如果她长大了,作为舅舅的苏轼很难有发言权,也就不太可能将之与单锡牵线搭桥。相反,如果是苏涣的女儿就不同了,苏涣和苏洵相继死后,苏家的顶梁柱实际上就是苏轼,苏轼对苏家的影响非常大。

  当然,这些都只是推测,具体史实是怎样需有识之士进一步考证了,但是单锡在苏轼结缘常州这件事上发挥的作用确实非常大。作为苏轼在常州的亲戚,苏轼每次来常州基本上都要到他家小住,后来苏轼在常州买田买地,也在很大程度上得益于他的帮助。

  也就是说,在公元1057年的琼林宴上,三个本来不太熟悉的年轻人很偶然地坐到了一起,他们充满理想地交流着未来,谁也无法预知今后的人生路会走向哪里,仿佛冥冥中早已注定一样,苏轼与常州的结缘,竟然就是从这时开始的。

第一章 乡"缘"

第 六 节 汴京城里有府宅

三年后，苏轼又迎来了人生的一次巨大飞跃。因为按照北宋惯例，无论你在进士考试中考得有多好，都得从小官做起，而且由于宋代进士太多，官员职位空缺比较少，经常出现三个进士等着一个职位空缺的情况，这也是宋朝冗官情况的一个原因。苏轼人生中被授予的第一个官职是福昌县主簿，弟弟苏辙是绳池县主簿，两人都是最小的品级——从九品，这个主簿类似于今天的县长秘书或政府办副主任，主要管一些政府印鉴和公文起草之类的事情，如果照这样的趋势走下去，苏轼不知要熬到猴年马月才可以在官场上大显身手。好在北宋除了有一套常规的科举考试和晋升机制，还有一套非常规的制举考试，这个制举考试是由皇帝亲自举行的，时间不固定，一般要相隔很多年甚至十几年，皇帝有意识地从最基层的官员中选拔人才（也有面向社会广纳贤才的）。能进入选拔范围的，必须要有德高望重的大臣荐举，录用名额不多，每届基本不超过五人。

宋仁宗嘉祐五年（1060年）八月，宋仁宗下诏举行制科考试。由于参加制科考试需要有一定地位的大臣举荐，名额十分珍贵。不出所料，对苏轼青睐有加的礼部侍郎兼翰林侍读学士欧阳修举荐了他，天章阁待制、知谏院杨畋举荐了苏辙，兄弟二人均得以进入制科考试名单。

从公元1060年八月到1061年八月，这场考试整整持续了一年，其间经历了缴进辞业、秘阁六论和殿试策问三个阶段，可见相比于常规的进士考试，制科考试有多难，苏轼曾形容制科特考之难："特于万人之中，求其百全之美，又有不可测知之论，以观其默识之能，无所不问之策……"比如第一个环节缴进辞业，应试的人需要在一个月内提交五十篇策论，每篇策论不少于一千字，而且这50篇策论内容不能重复，针对不同领域的国家大政方针或者实际问题进行分析，提出解决办法，考官一般都是当朝的翰林学士，这些饱学之士极其严苛，能够通过这个环节的不多，往往会淘汰掉一大半的人，甚至全部劝退。第二个环节秘阁六论，要求考生在一天之内完成秘阁考试命题的六篇论文，每篇文章五百字以上，这第二轮是公认的最难的环节，难在时间紧迫，很多人仅能完成意思表达，没有多余的时间讲究文辞工拙，当然也就没有时间打草稿了，苏轼文如泉涌，不仅有时间打草稿，而且书法又漂亮，让人耳目一新。第三个环节是皇帝亲自出题，亲自阅卷，一般是一篇三千字左右的策论。

经过层层筛选，最终能够胜出的一般不超过五人，整个宋朝（北宋和南宋）一共三百多年，皇帝下诏大概举行了二十多次制科考试，平均算起来十几年才举行一次，累计通过考试的只有四十一人，平均算起来每次制科考试能够通过的大概两人。制科考试筛选出来的人才一共分为五个等级，每个等级又分上下两等。有宋一代，一、二等级的从未产生过，获得三等级的仅四人，苏轼制科考试的成绩是三等上，也就是说，苏轼是两宋三百多年制科考试中成绩最好的。

能够通过制科考试的人必然会引起上至皇帝下至各级官员的高度关注，在仕途上的机会要比别人大得多。两宋四十一个通过考试的人，后来大多都当了宰相。

公元1060年至1061年的这次制科考试一共有三人通过，除了福昌县主簿苏轼以三等上的最好成绩通过，他的弟弟渑池县主簿苏辙和著作郎王介均获得四等。

第一章 乡"缘"

苏氏一门有两个通过制科考试，苏氏兄弟名满京城，就连当时的皇帝宋仁宗也说："吾今日又为子孙得太平宰相两人。"也就是说，经过制科考试后，当时的皇帝宋仁宗已经把他们两人纳入宰相的后备人选进行培养了。两人的起点也不错，苏轼被任命为大理评事、签书凤翔府判官，苏辙被任命为秘书省校外郎。大理评事是苏轼的本官，大概是从八品，比福昌县主簿高了一个等级，签书凤翔府判官则是苏轼的职务，也就是苏轼是以京官的身份到凤翔府这个地方上任职的，任职期限为三年，如果用今天的官职来套用的话，相当于从中央派了一个官员到地方锻炼，职务大致相当于地级市里的政府办主任，对于一个年纪刚刚二十六岁的年轻人而言，这样的起点已经非常不错了。

一切顺风顺水，二十六岁的苏轼踌躇满志，他准备在官场上大干一场了。也许认为将来必然要在京师发展，那么在京师买房也就显得十分必要了。中国苏轼研究学会理事、平顶山学院客座教授刘继增对此进行过深入研究，他提出苏轼买房前在开封的寓居地大概有五处，这里提一下其中最主要的三处：

第一处是兴国寺浴室院。嘉祐元年（1056年）五六月间，苏轼和苏辙跟着父亲苏洵一起来到京师参加科举考试，他们暂住在兴国寺浴室院。那年苏轼二十一岁，苏辙十八岁，这是他们第一次来到京师，人生地不熟，一切基本上都是由父亲苏洵安排。兴国寺的浴室院其实也是一些普通僧舍，主要为羁旅之人提供住宿，位置大概在当年皇宫御路的南侧，相当于今天的大梁门一带，《苏轼文集》卷二十一曾有记载"予嘉祐初举进士，馆于兴国浴室老僧德香之院"。

第二处是怀远驿。北宋嘉祐六年（1061年），苏轼和苏辙曾长期寓居于此准备制科考试。怀远驿是京师四驿馆之一，大概位于丽景门（今天的开封市宋门附近）河南岸，又名崇德坊、兴道坊。当时的苏轼兄弟俩生活十分清苦。据《曲洧旧闻》卷三记载，苏轼曾与刘贡父说："某与舍弟习制科时，日享三白，食之甚美，不复信世间有八珍也，谓一撮盐一碟生萝卜一碗饭。"通俗地说就是一碗饭就着一撮盐和一碟生萝卜吃完。

也就是在怀远驿这个埋头苦读的地方，兄弟俩有一天读到了韦应物的"宁知风雨夜，复此对床眠"诗句，感慨不已，两人相约将来老的时候一起归隐田园，就像年轻时在怀远驿苦读一样，一起"夜雨对床"，共话到天明。"夜雨对床"在苏轼和苏辙的诗句中出现过多次，可见两人的兄弟感情有多深。只是人生的很多变故往往无法预测，当年时时刻刻都可以相聚在一起，到了老的时候却相隔万里，连见一面都难，"夜雨对床"最终成了永远的遗憾。

第三处是雍丘，位于今天的杞县县城一带，是北宋畿内十六县之一。北宋嘉祐五年（1060年）苏轼和苏辙服母丧期满，随父亲苏洵返回京师，一大家子曾短暂寄住于京城的西岗，不久可能因为京师房租昂贵，全家搬至距开封东南四十里的雍丘，直到1061年正月两人赴怀远驿备考，但是父亲苏洵和苏轼的妻子王弗、儿子苏迈等人还住在此处。他们住的地方有可能是伯父苏涣提供的，当年苏涣官至都官郎中、提点利州路刑狱，在杞有产业。苏辙曾经回忆说"辙生九年始见公于乡，其后见公于杞"，也就是说苏辙九岁那年在老家眉山第一次见到伯父，第二次见伯父就是在杞县（雍丘）了，苏轼也应该类似。在离家乡数千里之遥的雍丘，他们一家与伯父苏涣有过差不多一年的相聚时间，这在当时是十分难得的。苏轼很小的时候就对伯父怀有一种崇仰之心，大概就在此次相聚时还跟伯父求教了为官之道。一年后（1062年）八月

第一章 乡"缘"

苏涣病逝，已经赴任凤翔签判九个月的苏轼闻讯十分伤心，作了一首祭奠苏涣的挽诗：

> 挥手东门别，
> 朱颜鬓未霜。
> 至今如梦寐，
> 未信有存亡。
> 后事书千纸，
> 新坟天一方。
> 谁能悲楚相，
> 抵掌悟君王。

苏轼回忆在东门相别的时候，伯父依旧精神抖擞，一点都没有老态龙钟的样子，如今却天各一方，做梦的时候都不敢相信伯父已经离开了自己，永远见不到了。

北宋嘉祐六年（1061年）七月，文名远扬却屡试不中的苏洵经欧阳修、韩琦推荐，被任命为霸州文安县主簿，主要工作是与项城令姚辟一起修撰《礼书》，其兄苏涣赴利州任。此时苏轼、苏辙还在怀远驿准备制科考试，苏洵携同苏轼一大家子再待在杞县显然是不现实了，在京师租房又太贵，于是买房被提上了议事日程。八月，苏轼、苏辙制科考试结束，朝廷任命苏轼为大理评事、签书凤翔府判官。大概就在苏轼赴任前后，一大家子就在宜秋门里购得了一处名叫南园的住宅。宜秋门位于京师内城的西门，是皇帝御路经过的地方，而南园就位于御路一侧。

这个南园面积比较大，四周有高槐古柳，四面有围墙。园子里有堂、斋，庭前还有比较大的花圃，种植有翠竹、石榴、芦笋以及一些向日葵、牵牛花之类的，还有一个水池，一座木假山。木假山是别人赠送的，苏洵特别喜欢它，因为老家眉山也有，总能让他想起老家。苏辙还帮父亲把木假山放在池子中，然后穿墙引水，水从池子中溢出，再浇灌园中的花草树木。当年的苏洵上班编《礼书》，下班或者为《易经》作注，或者就在南园里侍弄花草，一辈子都在奔波的苏洵，晚年总算安定了下来，有了几年难得的休闲时光。

  当年的苏辙，制科考试后被朝廷授以秘书省校书郎充商州军事推官，但他在送走哥哥苏轼后却没有赴任，而是向朝廷说明情况后留在南园照顾年迈的父亲。这样平和而又安详的岁月，在苏辙的一生中也是不多的，他在南园陪伴父亲生活了三年零十个月，一直到父亲苏洵于1066年病逝。

  有关南园的这段往事，之所以隔了900多年还能被人知道，也是因为当年的苏辙把这些小事作成诗寄给苏轼，然后苏轼又唱和，比如苏辙作有《木山引水二首》，苏轼就回复有《和子由木山引水二首》。兄弟两个，一个在河南开封的南园作诗，一个就在陕西的凤翔唱和，这一唱一和就积累了不少的诗，后来二人合著《岐梁唱和集》，苏轼兄弟一生唱和之作很多，但亲自编辑成书的只有这一部。《苏轼诗集》第5卷也收录了苏轼于治平元年（1064年）四月写给苏辙的11首《和子由记园中草木》，全是他们兄弟在来往书信中描写新购住宅的唱和之作，诗后有小注："南园在京师宜秋门内，公在京所置业也，时子由奉宫师居其中。"

  之所以要详细地介绍苏轼一家在开封府买南园的经历，是因为南园跟本书的主题有很大的关系。今天我们看南园购房这件事情，很自然地就会有两个疑问，第一，钱是从哪里来的？现在比

第一章 乡"缘"

较主流的一种说法是购买南园大概花了八百余千。①苏轼的父亲苏洵一生除了求官也没做过什么赚钱的职业,直到买房子前一年左右才被推荐当上了从九品的文安县主簿,就算他不吃不喝一年各项收入折合起来也只有一百五十余贯,很显然这个钱苏洵是出不起的,不少人推测这笔钱很可能是找他的二哥苏涣借的,也有人说是范镇这个对苏轼有提携之恩的人借给他们的。据说南园买了之后,苏轼一直都在替父亲还债。这个说法应该还是比较靠谱的,苏轼在"乌台诗案"之前最高做到了太守,这个职务收入不低,但是他被贬黄州之时,身上居然没有什么积蓄。

  第二个疑问是南园这么好的宅院,又位于京师繁华地段,后来去哪儿了?这就要从苏轼在常州买田买地找原因了。当年的苏轼被贬黄州之时,因为是罪官,基本上没有什么俸禄,为了维持一家的生计,最后不得不在东坡开荒种地。日出而作,日落而息,这才诞生了苏东坡这个名垂千古的名字。东坡这个名字,对很多人来说是一种敬仰,而于当年的苏轼而言,则是一种生活的艰辛和无奈。为了严控开支,苏轼不得不节衣缩食,把每月需要支出的钱分成三十份,挂在房梁上,每天用画叉从房梁上取下一份后,就赶紧把画叉藏起来,以免忍不住了又去用钱。这一份钱大概是一百五十文,须养活一大家子人,如果略有节余的话,苏轼就把它攒起来,攒得多了,还可以买点酒,解解酒瘾。公元1084年,四十九岁的苏轼结束了在黄州的贬官生活,为了解决一家人的生计问题,他来到常州所辖地宜兴买了一处房子和田地,以当时苏轼的贫困状况,这笔钱他是出不起的,找苏辙借也不太现实,那时苏辙也在贬官之中,比苏轼好不到哪儿去。

---

① 《苏东坡全传》中《答范蜀公四首之二》记载:"然京师尚有少房缗,若果许为指挥从者干当,卖此业,可得八百余千,不识可纳左右否?"

钱从哪儿来的？买田买地又买房，这可不是一笔小数目。比较靠谱的一种说法是苏轼委托对他有提携之恩的范镇帮忙处理了远在汴京的南园，①用卖南园的钱才解决了这个问题。如果这个情况属实的话，苏轼卖掉汴京的宅院而到常州宜兴买田买地，至少说明了两点：第一，原来以京师为重点的努力方向已经发生了变化，代表了他思想上从"居庙堂之高"向"处江湖之远"的重大转变，从而使他一步步走向常州变成了可能；第二，常州在他落难之时接纳了他，必然也会成为他后来每逢落难之时常常想起的地方。

第 七 节　桑梓情深别眉山

苏洵在南园度过了三年零十个月的快乐时光，这其中也包括苏轼从凤翔回来后陪着他度过的一年零三个月时间。然而快乐的时光总是短暂的，1066年四月二十五日，苏洵在汴京病逝，终年五十八岁。

此前的一年，也即1065年的五月二十八日，苏轼的结发妻子王弗，在苏轼从凤翔返回京师后不到5个月因病逝世，年仅二十七岁，留下了一个儿子苏迈，此时还不满七岁。王弗是眉山青神县乡贡进士王方的女儿，她十六岁时嫁给苏轼，陪伴苏轼走过了人生中成家立业最关键的十年，这十年中，苏轼从眉山开始走向全国，从一介布衣学子到官居五品，从一个默默无闻的文学

---

① 见《苏东坡全传》中《答范蜀公四首之二》："然京师尚有少房缗，若果许为指挥从者干当，卖此业，可得八百余千，不识可纳左右否？"

第一章 乡"缘"

青年到名满京师的大才子，实现了人生的飞跃，王弗在其中功不可没。尤其是苏轼进京赶考时，王弗在家侍奉婆婆程夫人。彼时程夫人生病，苏洵带着苏轼、苏辙远在千里之外的汴京，音信不通，王弗一直精心护理着程夫人直到她逝世，算是替苏轼尽了一份孝心。

苏轼人生中最深情的一首悼亡诗就是写给王弗的。那是王弗逝世十年后，苏轼刚到密州担任太守不到三个月，大概正月二十的晚上梦见了王弗，醒来后挥笔写下了这首传诵千古的《江城子·十年生死两茫茫》：

> 十年生死两茫茫。
> 不思量，自难忘。
> 千里孤坟，无处话凄凉。
> 纵使相逢应不识，
> 尘满面，鬓如霜。
>
> 夜来幽梦忽还乡。
> 小轩窗，正梳妆。
> 相顾无言，惟有泪千行。
> 料得年年肠断处，
> 明月夜，短松冈。

苏轼在诗中说和妻子别离已经十年了，假使她还活着，见到我这幅憔悴、衰老的样子也应该不认识了。夜里忽然梦见妻子在窗户边梳妆打扮，终于见面了，彼此间却没有说一句话，只有眼泪流个不停。故乡那埋葬她的地方呵，在短松冈上，在每一个月明之夜，都是我肝肠寸断的地方。

埋葬妻子王弗的那个短松冈位于眉山市下属的彭山县安镇乡可龙里，也即今天的眉山市东坡区富牛镇，与苏轼父亲、母亲的坟墓仅有七八步距离。当年苏轼的妻子王弗和父亲苏洵死于汴京后，苏轼决定和苏辙一起扶柩回老家安葬。这次归葬得到了当时皇帝宋英宗的帮助，皇帝让朝廷用官船送他们，还诏赠苏洵为光禄寺丞，这让一生求官到死也只是个从九品的苏洵终于可以安心了。

自从1056年三月苏轼离开眉山进京赶考后，他一生只回过故乡两次：一次是奔母丧，一次是奔父丧。奔父丧的这次在老家待了两年零六个月左右，一直到1068年年底才离开。眉山的三苏祠里有一株并蒂丹荔，在它的介绍中提到了这件事：

熙宁元年（1068年）苏轼三十三岁，在居父丧期间，曾与三老（王庆源、杨君素、蔡子华）游。苏轼将离眉山时，在家中手栽荔枝树，与三老约定，树长成即归眉山。但世事难料，苏轼这一去，便再也没有回眉山。

这株苏轼亲栽的荔枝树后来活了下来，不仅活了下来而且活得很好。22年后苏轼还为此写了一首怀念家乡的诗："故人送我东来时，手栽荔子待我归。荔子已丹吾发白，犹作江南未归客。"令人称奇的是，这株等着苏轼归来的荔枝，一直等了900多年，直到上世纪90年代才枯死。

荔子已丹吾发白，犹作江南未归客……

故乡眉山的这株荔枝丹了一年又一年，直到900多年后方才老去，而苏轼这个心心念念一直想着故土的游子，依旧是"江南

第一章 乡"缘"

未归客"。苏轼病逝于江南的常州,那里有随他一起因为不断贬官而辗转于各地的子女亲人,有他亲自购置用于归养的田地和宅院,也有他落难之时不离不弃的常州好友,他在那里度过了生命中的最后两个月,那时饱经磨难的他已经把常州当成了"此我里"的第二故乡。

苏轼的另外一次回乡是1058年,当时是和父亲苏洵、弟弟苏辙一起回乡为母亲程夫人守制的。

程夫人在历史上没有留下名字,无论是网络上,还是《宋史·苏轼传》《三苏年谱》《苏轼年谱》等有分量的文献中都未发现其真名,但恰恰是这个没有留下名字的程氏夫人,却是站在"唐宋八大家"其中三家背后的最伟大的女性。

程夫人生于1010年,比苏洵小一岁。她来头不小,父亲是大理寺丞程文应,祖父为摄录参军程仁霸,当时的程家是眉山首富,而苏家虽然也是当地望族,但自从先祖苏味道当过宰相之后就未再出过贵人,家道逐渐中落。司马光在为程夫人所写的墓志铭中说"程氏富,苏氏极贫"。程夫人以极富之家嫁极贫之人,心里的落差可想而知。苏家后来因为苏洵的哥哥苏涣考中进士后慢慢好转,但苏洵年轻时与哥哥相比差了一大截,他不思进取,成天在外游荡。程夫人极要面子,她从苏家搬了出来,现在的三苏祠所在的地方,就是当年程夫人搬出来后在眉山城南纱縠行租的房子。她在这里操持家务,抚养儿女,靠经营布匹丝线养活一家子。

对于这段经历,苏洵在《祭亡妻文》中回忆道:"昔予少年,游荡不学,子虽不言,耿耿不乐。我知子心,忧我泯没。感叹折节,以至今日。"意思就是说当年我游荡不学,夫人你虽然没有半句怨言,但我知道你心里苦闷,怕我的才华被埋没了。到今天我依

43

旧感叹你当年的辛苦和不易。

当年纱縠行是一条专门进行蚕茧贸易的街道，程夫人举家迁到这里后，经营着丝织作坊与商铺，又在城外田庄上雇人栽桑养蚕，专门经营普通官吏和中上等人家喜欢的绫罗绸缎和细布等。不到几年时间，苏洵一家就富裕起来了。程夫人心地善良，品性高洁，光明磊落，富裕起来后就不断赈济族人、姻亲，帮他们成家立业，乡人有急难时，她也时常帮忙。

程夫人的善良和温柔慈爱影响了苏轼的一生。苏轼曾作《记先夫人不残鸟雀》一文回忆程夫人的慈爱：

> 吾昔少年时，所居书堂前，有竹柏杂花，丛生满庭，众鸟巢其上。武阳君恶杀生，儿童婢仆，皆不得捕取鸟雀。数年间，皆巢于低枝，其鷇可俯而窥也。又有桐花凤四五百，翔集其间，此鸟羽毛，至为珍异难见，而能驯扰，殊不畏人。闾里间见之，以为异事。此无他，不忮之诚，信于异类也。有野老言："鸟巢去人太远，则其子有蛇、鼠、狐狸、鸱鸢之忧，人既不杀，则自近人者欲免此患。"由是观之，异时鸟雀巢不敢近人者，以人为甚于蛇鼠之类也。

武阳君是苏轼出仕后为程夫人请的封号。苏轼说，他少年时的书房之前庭院中，翠竹、青柏和鲜花丛生，很多鸟儿都在树上筑巢。程夫人厌恶杀生，不许家中的儿童和仆人捕捉鸟雀。几年间，鸟雀越来越多，筑巢的位置越来越低，经过的人低下头可以看到巢里的幼鸟。又有桐花凤四五百只在庭院的树丛间飞翔盘旋，这种鸟因羽毛绚丽珍贵而难得一见，但在苏家的庭院里却不怕人而且温顺可爱。邻居们十分惊奇。乡里老人解释说："鸟巢

第一章 乡"缘"

离人太远的话,幼鸟容易遭到蛇、鼠、狐狸、鸱鸢这些天敌的侵扰,现在既然不会被人捕杀,鸟儿自然愿意亲近人,以此来免遭天敌之害。"

程夫人知书达理,丈夫苏洵年轻时常常外出巡游,有时甚至一两年都看不到他的影子,教导儿子苏轼、苏辙的重任就落到了她身上。《宋史·苏轼传》开篇即云:

> 苏轼,字子瞻,眉州眉山人。生十年,父洵游学四方,母程氏亲授以书,闻古今成败,辄能语其要。程氏读东汉《范滂传》,慨然太息,轼请曰:"轼若为滂,母许之否乎?"程氏曰:"汝能为滂,吾顾不能为滂母邪?"

范滂是东汉诤臣,被很多人敬仰。督邮拿着诏书奉命到县里捕人,因不愿逮捕他而把自己关在驿舍伏床痛哭,县令也解下自己的官袍印绶要带着范滂一起逃亡,范滂不想连累他人而自投罗网,得到了母亲的支持。最后死于狱中,时年三十三岁。

程夫人读《范滂传》后感慨良久。对这样一位慷慨赴正道、舍身取大义的英雄,十岁的苏轼也十分佩服,他问母亲要是自己做了范滂这样的人,母亲你允许吗?程夫人回答,你既然能做范滂,我当然就可以做范滂的母亲。

程夫人一生育有六个子女,两个女儿和一个儿子早夭,第四个孩子苏八娘嫁人后因受婆家虐待,只活到十八岁就早早过世了。经历4次丧子之痛的程夫人,将自己全部的爱都给了苏轼和苏辙,抚育他们长大成人,同时不断鼓励、帮助苏洵浪子回头,苏洵二十七岁时终于幡然醒悟。《三字经》中说"苏老泉,二十七。始发愤,读书籍",这位二十七岁才开始发愤读书的苏老泉就是

45

程夫人的丈夫苏洵，他这一发愤，终成一代文豪。

春蚕到死丝方尽，蜡炬成灰泪始干。

程夫人燃烧了自己，成就了三苏。她含辛茹苦抚育苏轼、苏辙，希望有一天他们能金榜题名。可真等到兄弟两人金榜题名时，她却驾鹤西去了，到死都不知道兄弟两人高中的消息。不是她没有等到那一天，而是等到了那一天却不知道，古时路途遥远，交通不便，兄弟俩三月十四日同时中榜，而她四月初八过世，那时报喜的信息尚在路上，远在西南边远之地的她还不知道。

只有一声叹息了。

时间回到1056年农历三月，四川眉山城南类似于《清明上河图》的街道上，纱縠行旁边一处老宅院门口，时年四十七岁的程夫人与十八岁的王弗，一起站在门口目送苏洵、苏轼、苏辙进京赶考，那时春光明媚，杨柳依依，生机无限。而此时的苏轼并不知道，这是他人生中最后一次见到母亲。

1068年的农历十一月，天气已经有些冷了，站在纱縠行旁边老宅院门口送他们的，已经没有了程夫人和王弗，同行的人中，也少了一个苏洵。以前每次出去，都是苏洵带着兄弟俩，从此以后只剩下兄弟两人闯江湖了。

从此以后，位于岷江之畔的眉山，再也没有等到苏轼和苏辙的归来。

对于苏轼和苏辙而言，父母亲都已不在了，妻子（苏轼新娶王弗堂妹王闰之外加苏辙妻子史氏）和儿女都已随行，老家只剩下了一个空壳，再也没有至亲的人了，或许，这也是他们后来没有再回眉山的重要原因吧。

眉山不再回，那么第二故乡的寻找和安置也就变得很有必要了。

第一章 乡"缘"

第八节 沧海横流王安石

1068年十二月，苏轼、苏辙返回朝廷，此时的朝廷形势跟他们离开时已经完全不同了。山雨欲来风满楼，一个属于王安石变法的新时代即将来临。

故事还得从苏轼签书凤翔府判官三年期满返京时说起，那是1065年的正月，苏轼被任命为判登闻鼓院。当时的皇帝是宋英宗，他久闻苏轼大名，大概认为这个官职有点委屈苏轼了，于是按照超常规提拔优秀人才的先例，打算把他召入翰林院，担任起草诏书的知制诰，这个官职在元丰改制时属于正三品，可见职务有多高。只可惜皇帝的这一想法遭到了当时的宰相韩琦的反对，他认为苏轼年轻，资历浅，骤然委以重用，不但没有好处反而会害了他。最后商量的结果是依照一般通例，召试学士院后授予馆职。

苏轼以"三等"的最好成绩入职殿中丞直史馆。这个官职大概是从五品，虽然比正三品差了一大截，但是苏轼当时才三十一岁，如果按照我们现在通行的阳历来算的话，实际上才二十九岁，对于这个年纪的人来说，这个官职已经非常高了。

此时的苏轼顺风顺水，年纪轻轻就已经身居高位，上有皇帝赞许，一有机会就想把他任用到更高的职位上去；中有恩师欧阳修扶持，通过自己的人脉关系为他铺路；下有父亲苏洵力挺，虽然官位不高却颇有文名，影响很大。拥有这么好的政治资源，又有那么高的才气，苏轼看起来前程似锦，似乎不会有什么力量可以影响到他的发展。

然而苏轼不知道的是，一股影响他甚至后来改变他一生命运的力量已经在悄悄积蓄中了，这股力量就源于王安石。

王安石可以说是苏轼一生的"苦主",这个人后来当了宰相,在全国推行变法。为了变法成功,王安石大量起用新人,由此形成了以王安石为核心的变法派,历史上把他们称为新党,而反对变法的,或者对王安石变法的激进措施和方法不赞成的被称为旧党,新旧党争在全国愈演愈烈,为了确保变法成功,朝廷上逐渐形成了排挤旧党甚至打压旧党的局面,很不巧的是,苏轼恰恰是反对王安石变法激进措施中比较有代表性的人。

当然,王安石变法也不是一蹴而就的,它有一个从酝酿到实施的过程。早在1058年苏轼考上进士的第二年,王安石第一次上书皇帝,系统地提出了变法主张,建议对宋初以来的法度进行全盘改革,革除宋朝存在的积弊,当时的皇帝宋仁宗没有采纳,王安石的变法主张真正被采纳实施的是1069年,与1065年苏轼被任命为殿中丞直史馆的时间相差四年。也就是说,如果我们来假设一下历史的话,苏轼其实是有四年时间可以做准备,与王安石角逐一下的,毕竟苏轼也是主张变法的,只不过他的变法思路与王安石不一样。

我们回到1065年苏轼刚刚被任命为殿中丞直史馆的时候,此时的王安石在做什么呢?

此时的王安石还没有什么威胁,他待在老家为母亲服丧,一直要到这一年的十月份才解除母丧,复职为工部郎中、知制诰,此时的苏轼与王安石两人地位大致相当,均为从五品,也就是说两个人其实还是处在同一个起跑线上,甚至苏轼的优势还要比王安石大,原因是当时的皇帝宋英宗非常欣赏他,差一点就把他任命为正三品的翰林学士了。不过后来的历史结果大家都知道,苏轼终其一生最高也就做到了正三品,而王安石却成了权倾一时的宰相,手掌生杀大权。王安石及其继任者,使苏轼的人生轨迹发

第一章 乡"缘"

生了根本性的转变,把他一步步推离了权力中心汴京,一步步推向了后来在困境时接纳他、温暖他的常州。

也许有人会问了,不是说苏轼拥有很好的政治资源吗?这些政治资源为什么没有发挥作用?它们去了哪里?

首先说苏洵,前文已经说过,他在1066年四月二十五日病逝。苏洵的死,不仅让苏轼失去了一个可以依靠的人,更重要的一点是,在王安石服丧回到京师的关键时期,苏轼却不得不离开京师,和弟弟苏辙一起回到老家眉山守制。

再说宋仁宗和宋英宗这两位对苏轼赏识有加的皇帝。当年制科考试苏轼和苏辙均取得优异成绩时,宋仁宗曾说"吾今日又为子孙得太平宰相两人",把他们两人作为宰相的后备人选进行培养。宋仁宗于1063年三月逝世后,继任的宋英宗基本上保持了宋仁宗的国策,对苏轼、苏辙两兄弟非常看重,着意培养,对苏洵也是礼遇有加。1066年四月苏洵辞世后,宋英宗还诏赠其为光禄寺丞,让朝廷用官船送其归葬。苏轼、苏辙兄弟俩扶柩还乡时,达官贵人各致厚赐,一时风光无比。可惜好景不长,苏洵死后仅仅过了8个月,宋英宗就病逝了,时为1067年的正月。这位对苏轼青睐有加的皇帝,因苏轼在家守制,到死也没有进一步把他提拔到更高的位置。

赏识苏轼的两位皇帝先后过世了,苏轼失去了最大的靠山,而新上任的皇帝,宋英宗的儿子宋神宗,尽管早就听说过苏轼的大名,但是直到1068年十二月苏轼、苏辙守丧期满后,他才以皇帝的身份见到了两人,此时正处在王安石变法启动的前夜,一切都已准备就绪,即使宋神宗同样欣赏苏轼,但如果要在苏轼和王安石两个人之间选择的话,毫无疑问宋神宗会选择王安石。

从1067年到1069年,在苏轼服丧三年的时间里,原本没有什么政治资源的王安石，怎么突然就跟宋神宗走得这么近了呢，以至于宋神宗对他言听计从？根本的原因还是北宋中期外患严重，内部冗兵、冗官、冗费的"三冗"现象日益突出，导致国家财政紧张，国库空虚，宋神宗迫切需要通过变法改变现状。就在"国难思良将"的关键时刻，特立独行的王安石进入了宋神宗的视野。1068年王安石再次上书提出变法主张，认为"大有为之时，正在今日"。宋神宗亲自召见了他，与他促膝长谈，颇有相见恨晚的感觉。从宋神宗与王安石的谈话中可以看出皇帝当时的心情，宋神宗说："唐太宗必须有魏徵，汉昭烈必须有诸葛亮，然后可以有为。但魏徵、诸葛亮，都不是随时可有的人物。"言外之意是已经把王安石提升到可以与古代贤相魏徵、诸葛亮相提并论的地位了，由此可见皇帝对王安石有多么器重。

皇帝如此看重王安石，那么王安石这个人到底怎么样呢？

不可否认的是，王安石这个人确实有才，而且这个才，不仅仅是文学之才，他确实是一个有思想，有主张，又有基层一线实践的人物。

王安石，字介甫，号半山，江西临川人，北宋著名的思想家、政治家、文学家、改革家。1042年，苏轼年仅七岁时，二十二岁的王安石以全国第四名的成绩高中进士。他其实应该是当期科举考试的状元，只是到了皇帝那一关时，被皇帝从第一名上拿下来了。当时的皇帝正是宋仁宗，据史料王铚《默记》记载，王安石写的试卷中有"孺子其朋"四字，大概是触碰到了宋仁宗对"朋党"的忌讳，所以才把第四名的杨寘与第一名的王安石进行了对调。

不得不说历史真的很奇妙，宋仁宗似乎有先见之明，他的这个忌讳竟然就在王安石当宰相后变成了现实，北宋中后期的新旧两党互相倾轧，实际上就是从王安石变法开始的，尽管党争之祸

第一章 乡"缘"

并非王安石的本意。宋仁宗的先见之明似乎还不仅仅体现在"朋党"这个忌讳上,他对王安石1058年上书提出的变法主张也采取了冷处理方式,要不然北宋的党争之祸很可能要提前二十年。

不管宋仁宗态度如何,王安石有才这一点是不可否认的。王安石不仅有才,而且还坚忍、实干。王安石的第一个职务是签书淮南节度判官公事,扬州是节度州,因此判官带淮南节度,实际就是扬州判官。在这个基层部门,王安石明显与众不同,他一边工作一边撰写《淮南杂记》,总结积累改革思想,而且通宵达旦读书,常常坐着打个盹就上班去了,有时连脸都不洗,再加上他不修边幅,不怎么注意形象,给人十分另类的感觉。前文说到过的不赞成超常规提拔苏轼的韩琦,当年因为与范仲淹等人发起"庆历新政"遭到了失败而被贬到扬州,成了王安石的顶头上司。韩琦误以为王安石沉迷歌舞酒楼,提醒他要努力读书,不能自暴自弃。面对上司的完全误解,王安石居然能够做到不辩一词,依然潜心撰写自己的《淮南杂记》,由此可见其坚忍。

王安石任满三年后,照常理可以回京师担任京官,这样在皇帝身边工作,机会比较多,但是王安石放弃了,他选择了到浙江鄞县做知县。《宋史》明文记载其"起坡堰,决陂塘,为水陆之利;贷谷与民,出息以偿,俾新陈相易,邑人便之"。我们可以看到,这里"贷谷与民,出息以偿",已经有了后来王安石变法中"青苗法"的雏形。

王安石后来又相继担任了舒州通判、常州知州等职务,在地方上做出了不少政绩,朝臣中的文彦博、欧阳修等人,曾多次推荐他到京任职,他都不为所动。在长期的地方官任职经历中,王安石积累起了极大的官声人望,不仅深受老百姓爱戴,在士大夫中还被视为奇才,就连他后来最大的政敌司马光当时也评价说:

"介甫不起则已,起则太平可令致,生民咸被其泽。"当然这是以前说的话,等到王安石推行种种变法措施时,司马光大失所望,不仅不认为"生民咸被其泽",就差一点认为"生民咸被其害"了。后来司马光当政时,以近乎极端的方式全部废除了王安石变法。

不管怎么样,在公元1068年末苏轼返回京城时,朝廷的局势已经跟他三年前离开时完全不同了,发生了翻天覆地的变化。不是苏轼不够有才,而是苏轼遇到了同样有才且有实干经验的王安石,"既生瑜,何生亮?"宋神宗在一众人才当中选择了王安石。1069年二月,宋神宗提拔王安石为参知政事,一场由王安石全力推动的变法,就在苏轼返回京城两个月后轰轰烈烈地启动了。

宋神宗选择了王安石,实际上并不意味着他一定要放弃苏轼。至少在王安石变法的初期,宋神宗一直很努力地想把苏轼纳入到王安石的变法体系当中,使其人尽其才。可惜的是,这两人似乎永远都走不到一起。1069年二月王安石推行新法,其中最重要的一条就是改变科举考试内容,废除诗赋明经诸科,专以经义论策取士。在王安石看来,诗词歌赋之类的大概属于文字游戏,陶冶陶冶情操可以,用于录取人才则会导致一些只会高谈阔论或者赏风吟月的人混进官员队伍,对实干兴国没有好处。不赞成这个观点的苏轼当即作了《议学校贡举状》进行反驳,理由是诗词歌赋不妥,那么经义策论也高明不到哪儿去,诗词容易取轻狂之人,那么经义也容易取迂腐之士,而且策论还容易模仿,考不出真实水平。两者其实都是手段,谁也不比谁高上一等,之所以用它们作为考试手段,其实考的是学习能力,一个称职的官员能不能与社会接轨,很重要的一点就是有没有学习和适应社会的能力。苏轼的这篇上疏引起了宋神宗的高度关注,当天就予以接见,然后又准备起用苏轼修中书条例,王安石竭力阻拦并力荐了吕惠卿,

第一章 乡"缘"

在王安石的栽培下吕惠卿后来也做到了宰相；宋神宗又想让苏轼修起居注，王安石也认为不妥……

王安石自视甚高，个性很强，原也不是心胸狭窄之人，甚至私下里也认为苏轼的诗词歌赋写得不错，那为什么非要跟苏轼过不去呢？其实这也是一个政治家推行改革时不得不采用的自保手段，因为苏轼的影响实在太大，一旦让苏轼上位，则自己辛辛苦苦推行的改革有可能半途而废。事实上苏轼也确实差点儿影响到了他的改革，在《议学校贡举状》之后，苏轼又接连写了《上神宗皇帝书》和《再上神宗皇帝书》，其总结历史、分析时事时纵横捭阖、雄辩滔滔，富有极强的感染力，以至于宋神宗的改革决心都差点为之动摇。这还不算，1070年，苏轼担任开封府试官，有感于王安石辅助宋神宗时独断专行，于是给考生出了一道这样的策论题目：

晋武平吴以独断而克，苻坚伐晋以独断而亡，齐桓专任管仲而霸，燕哙专任子之而败，事同而功异。

意思就是说：晋武帝平吴因独断而成功，苻坚进攻东晋因独断而灭亡，齐桓公专任管仲而成就霸业，燕哙专任子之而失败，事情相同而效果相反。这样指向明显的考题，当年参加进士考试的考生，明眼人基本上都能看得出来影射的是谁。而不管他们政治态度如何，都要以这道考题为中心作答，相当于天下学子都必须给出答案。其对变法派尤其是对王安石的冲击力可想而知。

王安石已经忍无可忍了。

在王安石看来，苏轼站在自己的对立面，已经成为反对变法的旧党急先锋，必须要拔掉这面反对变法的重要旗帜了。《宋史·苏轼列传》记载："安石滋怒，使御史谢景温论奏其过，穷治无所得，轼遂请外，通判杭州。"谢景温弹劾苏轼的事情是：三年前苏轼遭父丧时，没有接受韩琦等赠送的赙金，却利用运丧的官船贩卖苏木入蜀赚钱，此事人所共知。不过谢景温"穷治无所得"，也就是没有找到证据。苏轼大概是从这件事情上看到了自己潜在的危机，于是请求外任。大概宋神宗看到这种情况，也知道苏轼与王安石之间无法调和了。为了推进变法，他只好舍弃苏轼，御批调任外地知州，中书省认为受弹劾而没有搞清楚情况的人是不能提拔的，最多只能平级调任，于是建议改为到颍州当通判。宋神宗无奈之下，只好给苏轼挑了一个比较好的城市——位于江南的鱼米之乡杭州，御批改为通判杭州。

1071年四月，苏轼以太常博士、直史馆通判杭州，时年三十六岁。

到杭州，就要经过常州。苏轼与常州的缘分，至此才徐徐拉开大幕，此时距1057年苏轼与蒋之奇的"鸡黍之约"已经过去了十四年。

第九节 千古伯乐欧阳修

如果说王安石是苏轼仕途上的"苦主"，属于天然的打压派的话，那么欧阳修就是苏轼仕途上最好的伯乐，对他有知遇之恩，多次提携他。

欧阳修不仅提携了苏轼，还提携了不少其他人。

"唐宋八大家"中，韩愈和柳宗元因为是唐朝人，欧阳修提携不了,其他六人,除了自己,每个人都或多或少受过他的提携。

最早的是曾巩,曾巩生于1019年,比欧阳修小十二岁。曾巩年少时就已经有些名气了,但他考运不佳,跟苏洵一样屡试不中,直到1057年快四十岁时才考中进士。在此之前,欧阳修因为欣赏曾巩的才华而将其纳入门下,悉心教导,为了帮助曾巩扬名,欧阳修还专门写了一篇《送曾巩秀才序》,曾巩后来位列"唐宋八大家"之一,离不开欧阳修的帮扶。

"唐宋八大家"中,欧阳修最欣赏的人是苏轼,不过在苏轼之前,他最欣赏的其实还有另外一个人,这个人就是王安石。

王安石跟曾巩关系非常好,两人是江西抚州的同乡,又有亲戚关系,也因为这个原因,曾巩自然而然成了欧阳修与王安石相识的中间人,他曾两次写信给欧阳修,向其推荐王安石。1045年,欧阳修因为"庆历新政"失败而被贬滁州,曾巩来滁州拜访恩师,特意带了王安石的文章。欧阳修看了后大有相见恨晚之感,于是曾巩写信给王安石:"欧公悉见足下之文,爱叹诵写,不胜其勤。至此论人事甚众,恨不与足下共讲评之,其恨无量。"意思表述得很清楚,就是欧阳修很欣赏你,希望你能过来见面谈谈。

当时欧阳修已经是北宋文坛的大人物了,虽然从京城被贬到地方担任滁州太守一职,但这个职务也不低,而王安石此时还在淮南节度判官任上撰写《淮南杂记》。照常理,此时的王安石在文坛上籍籍无名,淮南节度判官又只是一个从八品的小官,能够得到欧阳修这样大佬级别人物的垂青,一般人是趋之若鹜的。

很可惜,王安石不是一般人,他不为所动,只安心于没日没夜地搞自己的创作,没有前去赴约。

王安石是"唐宋八大家"中最怪的一个。

不过欧阳修并没有生气,他依旧赏识王安石。1054年,被贬在外将近十年的欧阳修终于调回京城了,甫一回朝,他立即向朝廷举荐王安石为谏官,但是他的这一做法显然没有事先与王安石沟通,竟然遭到了王安石的拒绝,相当于热脸贴上了冷屁股。

王安石确实怪得可以。

欧阳修真不愧是千古第一伯乐,即使热脸贴上了冷屁股也不在乎,爱才的他又以王安石需要俸禄养家为理由,再次推荐他为群牧司判官。可能王安石确实需要这笔比地方官高出很多的俸禄,终于同意从地方来京任职了。

比王安石年长两岁、少时就有砸缸救人美名、后来又编撰了鸿篇巨著《资治通鉴》的司马光此时也是群牧司判官,他们共同的上司是那个电视剧上经常提到的包青天——包拯。

由此可见当年的王安石有多牛,别人都是想尽办法往京城里调,他倒好,差不多是被别人求着来京城任职的,而且一来就是跟历史上那么有名的两个人共事。

王安石的特立独行引起了北宋朝廷的注意。不少人都认为他扎根基层、不慕权贵,口碑出奇地好,京城里还有一些人甚至把他当作一股清流来看待。

但是有人喜欢就有人反对,反对的这个人厌恶王安石到了极点,这个人就是同样被欧阳修提携过的苏洵。

苏洵一生都在努力求官,但在考运上比儿子差远了,他一生都未能考中进士,直到四十六岁那一年他遇到户部侍郎出知益州的张方平。

张方平读了苏洵所写的《权书》《衡论》等文章后,认为他是一个不可多得的人才,于是向朝廷推荐苏洵做成都学官,但是没有收到音信。无可奈何的张方平想到了以爱才著称的文坛领袖欧阳修,两人因为政见不同还有些芥蒂,但是张方平不想埋没人

第一章 乡"缘"

才,还是给欧阳修写了推荐信。

1056年,苏洵在汴京见到了欧阳修,欧阳修也被他的才华所折服,于是就写了一篇《荐布衣苏洵状》,连同苏洵所作的20篇文章一起上奏朝廷。有了欧阳修的加持,苏洵文名迅速崛起,朝廷中有身份的人比如宰相富弼、文彦博等人都先后知道了苏洵。也就是说,早在1057年苏轼、苏辙参加科举考试之前,苏洵的文名就已经在京师中传开了,等到苏轼、苏辙考中进士时,他俩得到了来自欧阳修的比苏洵更高的赞誉,说是"读轼书,不觉汗出,快哉快哉!老夫当避路,放他出一头地",还说苏轼比自己厉害:"你们记得,更三十年,无人道着我也。"欧阳修作为当时的文坛领袖,一言一行都有极大的影响,他如此毫无私心地欣赏和推荐苏轼,苏氏一门三人迅速崛起,声震朝野,想不走红都难了。

苏洵没有活到王安石变法的时候,但他似乎很有先见之明。王安石回京担任群牧司判官时,欧阳修劝苏洵结交这位名士,但是苏洵说他知道这个人,凡是不近人情的,很少有不为天下之患的。

相传苏洵还写了《辨奸论》一文,痛骂王安石"误天下苍生者,必此人也"。苏洵于1066年逝世,当时的皇帝还是宋英宗,没有任何征兆表明王安石会上位,更没有任何迹象显示今后会有王安石变法。从后来的历史事实看,直到宋神宗即位后王安石才开始得到重用,这才有了后来引起巨大争议的王安石变法,不管王安石的主观想法如何,客观上王安石变法确实引起了北宋中后期的党争之祸,而党争之祸也确实是北宋灭亡的重要原因。如果《辨奸论》真是苏洵所写,则其眼光不是一般的深远。

《辨奸论》里面有不少影射咒骂、进行人身攻击的内容,比如其中有不少虽未点名但大家都知道影射王安石的句子:"夫面垢不忘洗，衣垢不忘浣，此人之至情也。今也不然，衣臣虏之衣，食犬彘之食，囚首丧面，而谈诗书，此岂其情也哉？凡事之不近人情者，鲜不为大奸慝，竖刁、易牙、开方是也。"意思就是说：衣服和脸脏了要洗，这是人之常情，但是有人却穿着奴仆的衣服，吃着猪狗的食物，头发蓬乱得像囚犯，表情哭丧着像家里有人去世了，却在那里大谈《诗》《书》，这难道是人的真实表现吗？苏洵的意思是说这既然不是人的真实表现，那就是故意伪装出来做给别人看的，那么这样有毅力的人就太可怕了。苏洵因此认为：凡是办事不近人情明显异于常人的，很少有不成为大奸大恶之辈的，竖刁、易牙、开方就是这样的人。

《辨奸论》虽然语言过激，但因其文辞优美、雄辩滔滔而入选了《古文观止》，现全文辑录如下：

事有必至，理有固然。惟天下之静者，乃能见微而知著。月晕而风，础润而雨，人人知之。人事之推移，理势之相因，其疏阔而难知，变化而不可测者，孰与天地阴阳之事。而贤者有不知，其故何也？好恶乱其中，而利害夺其外也。

昔者，山巨源见王衍曰："误天下苍生者，必此人也！"郭汾阳见卢杞曰："此人得志，吾子孙无遗类矣！"自今而言之，其理固有可见者。以吾观之，王衍之为人，容貌言语，固有以欺世而盗名者，然不忮不求，与物浮沉。使晋无惠帝，仅得中主，虽衍百千，何从而乱天下乎？卢杞之奸，固足以败国，然而不学无文，容貌不足以动人，言语不足以眩世。非德宗之鄙暗，亦何从而用之？由是言之，二公之料二子，亦容有未必然也！

今有人，口诵孔、老之言，身履夷、齐之行，收召好名之士、

第一章 乡"缘"

不得志之人，相与造作言语，私立名字，以为颜渊、孟轲复出，而阴贼险狠，与人异趣。是王衍、卢杞合而为一人也，其祸岂可胜言哉？夫面垢不忘洗，衣垢不忘浣，此人之至情也。今也不然，衣臣虏之衣，食犬彘之食，囚首丧面，而谈诗书，此岂其情也哉？凡事之不近人情者，鲜不为大奸慝，竖刁、易牙、开方是也。以盖世之名，而济其未形之患。虽有愿治之主，好贤之相，犹将举而用之。则其为天下患，必然而无疑者，非特二子之比也。

孙子曰："善用兵者，无赫赫之功。"使斯人而不用也，则吾言为过，而斯人有不遇之叹。孰知祸之至于此哉？不然。天下将被其祸，而吾获知言之名，悲夫！

《辨奸论》最早见于张方平所著的《文安先生墓表》，其中有一句话："安石之母死，士大夫皆吊，先生独不往，作《辨奸》一篇。当时见者多为不然。"除此之外似乎仅有苏轼的《谢张太保撰先人墓碣书》提到这篇文章，从苏洵逝世到北宋末年这段时间，其他北宋文人的文章、笔记当中似乎无人提起，这不能不说是一件怪事。就算王安石胸襟宽广不予计较，追随王安石的新党成员当中有不少是投机分子，他们难道不会反击吗？所以后世又有了《辨奸论》系旧党人物邵伯温伪作的争论。

我们且不管《辨奸论》到底是不是苏洵所作，但这至少说明了王安石面临的改革压力之大。王安石后来为了把改革推行下去，已经到了排斥异己、六亲不认的程度，很多意见哪怕是善意的提醒他都听不进去了，或者即使听进去了也已经覆水难收，只能硬着头皮上了，这是苏轼1071年被排挤出京的重要原因。

苏轼被排挤出京，作为苏轼的老师，对苏轼有知遇之恩且曾经提携过王安石的千古伯乐欧阳修去了哪里呢？他怎么没有站出来说话？

实际上，欧阳修此时已经提前一步离开了京城。

欧阳修离开京城倒确实怪不上王安石，如果真要怪的话，应该跟御史台的一件弹劾案有关。弹劾就弹劾吧，御史台本来就是做这个事的，关键是他们还没证据，只是道听途说。

这个道听途说可害惨了欧阳修，因为他们弹劾的内容竟然是欧阳修与儿媳吴氏有染，说他"帷薄不修"，意思就是家庭生活混乱。

可以想象，作为文坛领袖，这种名誉上的伤害，简直比判处死刑还要难受。

欧阳修当时是参知政事，也就是副宰相，为人也宽宏大量，几乎不跟任何人有过节，而且还提携了不少新人。那么御史台为什么非要跟他过不去呢？

原因就是宋英宗当上皇帝后爆发的"濮议之争"，当时的朝堂已然分裂成了两派，而欧阳修偏偏属于少数派，比较孤立。

"濮议之争"又是个什么情况？

前面已经说过，宋仁宗无子，过继了堂弟濮王赵允让的第十三子赵曙为皇嗣子，作为继承皇位的候选人。1063年三月赵曙即位，是为宋英宗。这个宋英宗什么都好，对时为参知政事的欧阳修非常不错，爱屋及乌对苏轼也不错。不过好归好，宋英宗还是有所图谋的，他心心念念的要为已经过世的亲生父亲赵允让争取历史地位。这里面就有问题了，宋英宗是过继给宋仁宗的，这才得以以皇嗣子的名义即位，从礼法上讲宋仁宗就是他的嫡父，曹太后就是他的嫡母，如果追封已经过世的赵允让为皇考，那么宋仁宗算什么？

第一章 乡"缘"

宋英宗这么做,也不仅仅是想孝敬自己的亲生父亲和母亲,帮他们争一个名分,更深层次的原因还是防备当时尚健在的养母曹太后。英宗皇帝得到这个皇位十分不容易,早年因为宋仁宗无子,三岁的他就离开父母被抱养到了宫里,由曹皇后(即上文的曹太后)抚养,但是只过了四年,宋仁宗的亲生儿子豫王赵昕出生了,七岁的赵曙立即被撵出宫回到生父身边。七岁的孩子其实什么都懂了,因为没有安全感,担心有一天被替代,早熟的他刻苦读书、乖巧听话、严守宫规,只为了讨好养父母,然而还是因为不是亲生的就被抛弃了,这对他的打击该有多大。但也许是老天爷对他特别垂青,在他走后,宋仁宗前前后后生养的三个儿子相继夭折,没一个活到成年。到了宋仁宗去世前的一年,因为宋仁宗病重又没有储君,大宋帝国的接班人问题成了朝臣们议论的头等大事,宋仁宗也觉得天意要让他生不出子嗣来,这才把赵曙立为皇子,重新接进宫来,此时他已三十岁,也早已断绝了当皇帝的梦想,却突然又必须当了。即位后差不多一年时间,曹太后还在垂帘听政。中国历史上的垂帘听政大多发生在小孩子身上,而宋英宗却已三十一岁了。一直到1064年曹太后才撤帘还政。所以这次"濮议之争",表面上是亲生父母和养父母之争,实际上还关联到皇权之争。

让宋英宗没有想到的是,他虽然争取到了当时的宰相韩琦、副宰相欧阳修的大力支持,却遭到了群臣几乎一边倒的反对。群臣们倒也不是站在曹太后一边,而是大多数人觉得这与礼法不合,他们大多都是宋仁宗时期提拔上来的干部,认为既然宋仁宗把你过继来了,让你当了皇帝,那他就是嫡父,这个无论如何改变不了,你做皇帝的也不能忘恩负义。比如司马光就上奏道:

今陛下亲为仁宗之子以承大业，若复尊濮王为皇考，则置仁宗于何地乎？

设使仁宗尚御天下，濮王亦万福，当是之时，命陛下为皇子，则不知谓濮王为父为伯？若先帝在则称伯，没则称父，臣计陛下必不为此行也。①

此疏可以说道出了大部分反对者的心声，如果仁宗和濮王都还活着，仁宗以英宗为皇子，陛下还会称濮王为父亲吗？现在仁宗没了，陛下就急着称濮王为父亲，是该干的事吗？

"濮议之争"前前后后持续了18个月，到了后期，台谏御史们见无法撼动宋英宗的决心，于是转变方向，把矛头转向了支持宋英宗的韩琦和欧阳修，不断地上奏要求罢免这两人。宋英宗为了达到目的，先后把吕诲、范纯仁、吕大防等一批老臣贬到地方任职，同知谏院傅尧俞、侍御史赵鼎、赵瞻也被贬出朝廷，贾黯被外放陈州，蔡抗调任国子监，双双被罢去言职，司马光升任龙图阁直学士兼侍读，同样被调离谏院。

经过一系列操作后，御史台几乎被驱逐一空，欧阳修不失时机地举荐一些支持濮议的人进入御史台，担任监察御史里行一职，占领舆论高地。

宋英宗终于得偿所愿，曹太后在重压之下或是被说服，或是迫于无奈，终于同意宋英宗的父亲赵允让称"皇"，赵允让的三位夫人，包括宋英宗生母在内并称为"后"。

然而造化弄人，1067年正月初八，宋英宗病逝，死前还未来得及给父母上谥号。年仅二十岁的宋神宗即位，不同于自己的父亲，宋神宗对曹太后十分孝顺，濮王不再称亲，其谥号仍为"王"，

---

① 《续资治通鉴·宋纪·宋纪六十三》。

第一章 乡"缘"

濮王的三位妻妾则并称"王夫人",濮议之争也就不了了之了。

只是苦了韩琦、欧阳修,就像做了场梦一样,一切归于零,唯一不同的是他们把朝臣几乎都得罪光了,哪怕曾经多么德高望重,从此也将跌落高台。

对于德高望重的欧阳修而言,被人以与儿媳通奸这样带有侮辱性的罪名弹劾,任谁都受不了,欧阳修都快气疯了,他在一个月里给宋神宗连写了九道奏章,强烈要求彻查,帮他洗去这个奇耻大辱。

宋神宗调查御史中丞彭思永,彭思永明确说是风闻的,问他从哪儿风闻的,彭思永说对不起,朝廷有规定御史可以风闻,为保护线人,这个名字不能说,并且还说"帷薄之私,非外人所知,但其(欧阳修)首建濮议,违典礼以犯众怒,不宜更在政府"。

整了半天,彭思永根本不在意欧阳修有没有跟儿媳私通,而是想利用传闻,把濮议之争中激起众怒的欧阳修赶出朝廷。

案子查不下去了,宋神宗一气之下,把御史中丞彭思永等人贬出朝廷。为了安抚欧阳修,还张榜朝堂,公开批评说是"空造之语,皆狂澜而无考""苟无根之毁是听,则谩欺之路大开。上自迩僚,下逮庶尹,闺门之内,咸不自安"①。

这起弹劾案最终以这样一种糊里糊涂没法查清的方式收尾了,尽管欧阳修一再要求彻查,但是按照御史有责任保护线人的规定,彭思永不说也就没有任何办法。欧阳修的声名还是受到了很大影响,而且很难自辩。心灰意冷的欧阳修明白在朝廷里是没法再待下去了,于是连续上了六道奏章请求马上离开京城,宋神宗一再挽留,实在留不住了就把他派到安徽的亳州做知州。从这时开始,欧阳修的命运就发生了一个很大的变化,他从此基本上

---

① 宋代江少虞编辑的史料辑《宋朝事实类苑卷》。

远离了朝政。

王安石变法时,欧阳修在青州任上,因为在地方任职,他对变法有了更清楚的认知。出于对老百姓负责的态度,他向朝廷上过两次奏书,分别为《言青苗钱第一札子》和《言青苗钱第二札子》。青苗法本身的出发点是好的,如果实施得当的话,确实可以增加朝廷的财政收入,减轻百姓负担,抑制土地兼并,但在实际执行时出现了问题,地方官员强行让百姓向官府借贷,而且随意提高利息,加上官吏为了邀功,额外还有名目繁多的勒索,百姓苦不堪言。这样,青苗法就变质为官府放高利贷收利息的苛政。正是因为看到了这些无法改变的弊端,欧阳修才站出来提意见,不过此时他的影响已经大不如前了,圣眷正隆的王安石也听不进他的任何建议。心灰意冷之下,1071年,也就是苏轼被贬出京的头一年,欧阳修申请致仕被获准,从此退出了朝政。

《宋史》记载:修以风节自持,既数被污蔑,年六十,即连乞谢事,帝辄优诏弗许。及守青州,又以请止散青苗钱,为安石所诋,故求归愈切。熙宁四年,以太子少师致仕。五年,卒,赠太子太师,谥曰文忠。

随着欧阳修的致仕和辞世,老一代风流人物包括富弼、韩琦等,也因为不赞成王安石变法而相继退出了历史舞台。

江山代有才人出。支持变法和反对变法的斗争还将持续下去,只是换了另一种更激烈的形式——以文字狱为手段的"乌台诗案"。

第一章 乡"缘"

第 十 节 我花开后百花杀

欧阳修虽贵为千古伯乐,一生识人无数,但从后来的历史事实来看,他在最关键的识人用人上却犯了大错误。当然,这里的欧阳修,并不仅仅是指欧阳修本人,而是以欧阳修为代表的北宋老一辈文人集团,或者说士大夫群体。

欧阳修的大错误就是大宋帝国的接班人问题,这个接班人,不是指皇位的继承人,而是指国策的继承人,这个国策,很大程度上取决于辅佐皇帝的大臣。

历史给予大宋帝国选择接班人的时间并不是很多,应该说就是集中在宋英宗至宋神宗初期,这个时间段,正是老一辈大臣文彦博、富弼、韩琦、欧阳修、张方平、范镇等渐渐老去,时代呼唤新一代人出现的时候,而这个时间段的宰相是韩琦,副宰相恰恰就是欧阳修。

从后来的种种情况来看,当时走进他们视野的,最杰出的中青年人才主要有三位,即司马光、王安石和苏轼。三人中,苏轼最小,比王安石整整小了十六岁,比司马光小了十八岁。

苏轼是欧阳修最中意的,但他吃亏在年龄上,到1066年时也才三十一岁,资历浅,阅历少,需要磨炼。如果再给他六七年成长时间的话,大宋帝国的接班人,倒真有可能落到他头上。只可惜历史还是把他错过了,主要原因:第一,是宋英宗太短命了,从1063年继位到1067年逝世,在位时间不到四年,这位宋英宗如果长寿一点,能够多给苏轼一点成长时间,哪怕多活两年,情况都有可能不一样。第二,就是韩琦的问题了,当时宋英宗要把苏轼提为翰林学士兼知制诰,韩琦认为太快了不好,不利于他的成长。当时的韩琦以为，以后会有大把的时间来培养苏轼，却没有想到错过了以后，许多事情就没有下次了。第三，就是苏洵的死。苏轼回老家守制三年，结果正好是这三年，让他完美错过了最欣赏他也最想提拔他的宋英宗，直到宋英宗1067年正月过世，苏轼还待在老家一步都不能离开，一直到1068年十二月，此时宋英宗墓门前的草都黄了两茬了。

只能说是天意如此了，不是欧阳修他们不想选苏轼，而是时机未到，万般皆不由人。

天时不在苏轼，那么司马光如何呢？

司马光可是个地地道道的猛人。七岁就知道砸水缸救人，我们小学课本里的"司马光砸缸"讲的就是他的故事，在这件事里，他表现出了非同一般的智慧。而且他这个人，也完全不是"小时了了，大未必好"，反而长大了之后更猛。十九岁中进士，比苏轼都早了三年，其代表作《资治通鉴》更是经典，是历朝历代治国者必读的书目。

这么一个猛人，关键是他还很有后台，他的父亲生前做到了天章阁待制、杭州知州。父亲死后，又有一个把他当亲儿子一样看待的庞籍，这个人当官当到了副宰相、枢密使、太子太保，一直都对他提携有加。

他的人品也好，跟王安石一样，忧国忧民，不纳妾，不贪财；做人似乎比王安石靠谱，虽然勤俭节约，但至少不会让人觉得不修边幅，不懂变通。相传他和王安石、包拯三个人一起喝酒，那时他们还没什么名气，面对着顶头上司兼誉满天下的清官包拯，他虽然不喜欢喝酒，但还是端起酒杯陪两杯，而王安石说好了不喝就不喝，哪怕对面坐着的是包青天也不行。

王安石能够得到朝廷的赏识，很重要的一个原因是他长期在基层为官，而且政绩不错，司马光同样也是从基层一步一个脚印干上来的，从最小的华州判官干起，历任权知丰城县、郓州典学、郓州通判、并州通判等等，前前后后干了十二年。除此之外，他比王安石更胜一筹的是几乎在中央系统的各个部门都干过，从大理评事、国子直讲，到殿中丞、集贤校理、开封府推官、起居舍人、天章阁待制兼侍讲、龙图阁直学士、翰林学士、御史中丞等等。总之在1067年宋神宗刚刚即位之时，无论从哪个角度来讲，司马光的赢面都不比王安石差。

但是历史最终还是选择了王安石。

什么原因呢？

主要还是司马光实在太"牛"。

前文已经说过，"濮议之争"中司马光作为一个谏官，是跟宋英宗对着干的，虽然获得了大多数大臣的支持，却和宰相韩琦、副宰相欧阳修闹得不开心。后来不少谏官火大，直接把德高望重的韩琦、欧阳修两人做作为弹劾的对象，司马光有没有参与不太知道，但估计少不了他的份。弹劾就弹劾吧，韩琦、欧阳修也不是那种小家子气的人，但他的"牛"还在于不依不饶，一道奏章接着一道奏章地上，始终坚持宋英宗不能称自己的亲生父亲为"皇考"，一旦称了就与礼法不合。搞得宋英宗最后没有办法，采取升官的方式，把他调离了谏官位置。

作为宋英宗的亲生儿子，宋神宗虽然对"濮议之争"兴趣不大，但不能不考虑"濮议之争"带来的影响。司马光的"牛"估计也让他印象很深：这人太固执了，抱着个古代的礼法不放，是不是太守旧了？这与宋神宗希望采取的改革不在一个频道上。

最后也就只剩下一个王安石了。

王安石其实比司马光更"牛"，后来的历史事实证明，为了坚持变法，他比谁都固执，几乎听不进任何反对意见。只不过这是后话，至少在1067年，他的这个"牛"还没有多少人看出来。

1067年，韩琦、欧阳修以及一众大臣都能够认可的人是王安石，而不是司马光；1067年，除了欧阳修，其他老一辈大臣曾公亮、韩维推荐的可为宰辅之才的人是王安石，而不是司马光。

他们推荐王安石，是因为他们不了解，王安石长期在地方埋头苦干，他们获得的一切信息都来自于听闻。

王安石上台时，朝中几乎所有大臣都满怀希望，然而变法仅仅推行了不到两年，几乎所有老一辈大臣都反对，王安石一不做二不休，凡是反对的，或者凡是对变法有不同意见的，统统都是一个"贬"字送出朝廷。

待到秋来九月八，我花开后百花杀！

从1069年二月宋神宗提拔王安石担任参加政事也就是副宰相开始，王安石以秋风扫落叶之势席卷朝廷，创造了北宋辉煌历史的文人集团全面崩塌，属于北宋士大夫集团的"百花杀"时代来临了。

1069年十月，富弼宰相职务被罢免。

1070年一月，张方平被贬知陈州。

1070年二月，司马光辞去枢密副使职务离开京城。

1070年三月，范镇被贬官，十月致仕。

1070年四月，吕公著被贬知颍州。

1071年三月，韩绛被罢免。

1071年四月，苏轼被贬出朝堂。

1071年六月，欧阳修和富弼双双回家养老。

……

朝中大臣大量被贬，腾出了很多空位，这些空位迅速被新人

第一章 乡"缘"

占领。王安石变法仅仅两年后,坐在皇帝宝座上的宋神宗放眼往下一看,几乎看不到几个老人,几乎全部都换成了新面孔。

这些新面孔基本都是王安石为了推进变法提拔的,从上到下,王安石起用了大量变法派。

王安石是怀着理想,怀着忧国忧民之心,以"千万人吾往矣"的决绝勇气来推动变法的,但他提拔的这些新人却未必了。

整个大宋帝国官员体系的更新,对王安石来说是破除障碍,排除万难,但对于那些新人来说,则意味着巨大的晋升资源。所有人都明白,帝国最大的事情就是变法,凡是变法最起劲的,成绩最好的,获得晋升的资源、优势也就更大。

各种各样的投机分子出现了,他们中的大多数人,不是像王安石的对手——反对王安石变法的那些人那样心怀天下,忧国忧民,而是把个人晋升当作目的,套用现在的话来说,把升官发财当成了目的。为了尽快地升官发财,不少人在变法过程中急功近利,急于求成,甚至为了达到目的不择手段。

史上最奇怪也最可悲的一幕出现了,与王安石理想相同的一群人全都离他而去,根本就没有也不太可能与他走在同一条道路上;而与他走在同一条道路上的,大多都有私心,没有也不太可能与他怀揣着同样的理想。

这样的改革如何能够成功?

王安石是孤独的。

于是我们看到了这样一幕:在900多年前的中华大地上,才华横溢的王安石站在帝国的中央,一次又一次地发号施令,一项又一项地推出充满智慧、充满理想的改革举措,然而新法到了地方却变了味,一群又一群的执法者手拿律条蝇营狗苟,争权夺利,媚上欺下:原意为农民提供资金支持的青苗法,变成了地方官员和地主的高利贷盘剥；原意为老百姓减轻差役负担以养农时的免役法，变成了以免役为名向老百姓勒收钱财的方式；原意为解决商户货物需要、增加商品流通的市易法，变成了插手商业活动、从中取利的手段，导致大量商贩破产……

新法的实施遭遇挫折，倔强的王安石却认为是地方上的守旧派在阻挠变法，故意危言耸听，于是又一次的罢免旧官员起用新人开始了……到最后官场上只剩下了投机钻营、逢迎拍马的"变法派"了，他们处处粉饰太平，讴歌新法，即使有敢说真话的也已经无法上达天听了。

粉饰太平的人里面就有一个李定，这人后来是苏轼身陷"乌台诗案"的罪魁祸首，此时他还只是一个从八品的小官——秀州军事推官。因为少年时曾经做过王安石的学生，来到京城后就去拜访王安石，跟王安石说老百姓对青苗法的态度是"民便之，无不喜"。王安石听后非常高兴，立即引荐给宋神宗，皇帝二话不说就把他提拔成了正七品的京官——权监察御史，因这种破格提拔未经过有关程序而破坏了法制，知制诰宋敏求、苏颂、李大临坚决反对，他们因此而先后落职，史称"熙宁三舍人"。没过几年，李定就当上了监察百官的御史中丞这一要职。

朝堂上只剩下一片歌功颂德声了。

只是苦了老百姓。

司马光实在看不下去了，跑到洛阳去修他的《资治通鉴》，一修就是十五年。

变法派在整个帝国里面取得了压倒性优势，他们当中的许多人非常年轻，在变法这杆大旗下，像火箭发射一样飞速晋升，不少人被提拔到五品甚至三品以上的高官。

这里面最典型的有三个人，一个是吕惠卿，一个是章惇，后

第一章 乡"缘"

来还有一个蔡京。章惇前面说过,本来与苏轼关系很好,随着新旧党争的不断升级,到最后反而成了迫害苏轼最厉害的一个。蔡京则是苏轼逝世前后的事了,他靠着巴结宦官童贯得到了当时皇帝宋徽宗的重用,北宋灭国、"靖康之耻"都与他有很大的关系。

这里重点提一下吕惠卿。

吕惠卿是1057年跟苏轼一起考中进士的,按现在的说法就是同学,只不过苏轼属于同学中的学霸,并且早早地就因为才气而名震京师,成为皇帝眼前的红人,而吕惠卿什么都不是,如果不是因为变法,他或许永远都只是一个历史的小角色。

变法让他跟王安石走到了一起。

吕惠卿这个人非常有手段,应该就是善于投机钻营、趋利避害、工于心计的那种吧,他为什么能够取得王安石的信任,为什么能够成为王安石的心腹?这应该跟他的权谋手段有很大的关系。王安石的变法本来就很孤独,刚开始实行变法时遭到了朝中大臣们几乎一边倒的反对,大概就只有这个吕惠卿从最开始时就表达了对他的坚定支持。

知己啊,千载难逢的知己!

吕惠卿内心是不是真的支持变法,也许这个对于吕惠卿本人来说根本不重要,他认为重要的就是大宋皇帝宋神宗要变法,大宋皇帝为了变法几乎毫无保留地信任和支持王安石,这就够了。

凡是王安石喜欢的,那就是他的喜欢,凡是王安石反对的,那就是他的反对。司马光那样的老唱反调,岂不是傻吗?

吕惠卿迅速成长为王安石变法集团的第二号人物,号称"护法善神"。

第十一节 流民图里话沧桑

公元1074年三月，一幅《流民图》送到了宋神宗手里。如果从蝴蝶效应的角度来看的话，这幅《流民图》间接改变了两个人的命运，一个是王安石，一个是苏轼。

这幅《流民图》究竟是怎么回事呢？

进献《流民图》的，是一个名叫郑侠的看门小吏。相传为了让这幅《流民图》能够送到宋神宗手上，他还假冒边关急报，做好了被砍头的准备。

《流民图》绘制的是百姓流离失所、扶老携幼、身无完衣的情况。饥民情况好的买麦麸吃；差的只能以草根充饥；没有办法的卖田卖地偿还到期的青苗钱；实在卖无可卖的，只好任由官吏把他们关进大牢严加拷问，催逼到期的青苗法贷款本息。随同《流民图》一起上报的，还有一份《论新法进流民图疏》，文中称：

> 窃闻南征北伐者，皆以其胜捷之势、山川之形，为图来献。料无一人以天下之民质妻鬻子、斩桑坏舍、流离逃散、遑遑不给之状上闻者。臣谨以逐日所见，绘成一图，但经眼目，已可涕泣，而况有甚于此者乎？如陛下行臣之言，十日不雨，即乞斩臣宣德门外，以正欺君之罪。[1]

意思就是，大凡献图的，内容基本都是南征北战、山川地形之类的，反映老百姓卖妻卖子流离失所的估计没有。我把自己所见所闻绘制成图，看到的人都要落泪，何况真实情况比这图上更

---

[1] 《宋史·列传卷八十》。

第一章 乡"缘"

惨。皇上如果按我建议（废除新法）去办，十日之内如果不下雨，就把我斩首示众，以正欺君之罪。

当时天旱，河南、河北一带赤地千里，从1073年夏天到1074年春天连续七个月滴雨未下，老百姓无以为生，都说是王安石变法导致了天怒人怨，处在深宫之中的宋神宗也听到了这些传言，内心惊恐不安。

这个郑侠也算是拼了，为了阻止王安石变法，他把自己的身家性命都赌上了，就赌皇帝下诏停止变法后，老天爷会大发慈悲，十天内一定下雨。

《宋史》记载，"疏奏，神宗反复览图，长吁数四，袖以入，是夕寝不能寐。"第二天，宋神宗命开封府酌情削减免役钱，让三司考察市易的情况，司农负责开仓放粮，三卫将熙河的用兵情况，各路将百姓逃亡流散的情况等一一向上汇报。青苗钱、免役钱暂停征收，方田、保甲之法尽都停罢，这样所施行的新法废除了十之八九。此外宋神宗又下达了罪己诏。

郑侠所呈的《流民图》以及奏疏终于发挥作用了，这是王安石变法以来的第一次，此前任何人上疏反对变法都没有用，也许是郑侠拿自己的性命赌十天内下雨的结果吧。宋神宗也想看看，老天爷到底是不是因为王安石变法在惩罚自己。

十天内下不下雨一下子变得十分重要了，帝国内凡是知道的人都万分紧张，他们都在等待着老天爷给出一个说法。如果下，说明传言是真的，王安石有可能去职；如果不下，则王安石变法很有可能还会继续下去。

也是天意如此，仅过了三天就下了一场大雨，郑侠的命保住了，而王安石却走到了人生的十字路口。

新法暂停，王安石知道自己不走不行了，为了保全颜面，他主动提出了辞职。1074年四月十九日，宋神宗准其所请，于是王安石罢相，改任观文殿大学士，知江宁府。

从1069年王安石启动变法开始，一直到1074年四月王安石罢相，长达五年的时间里，那么多反对王安石变法的人都被贬官或免职，独有郑侠这个看门小吏取得了成功。郑侠也因此被列入了《宋史·郑侠列传》。

只可惜新法并没有停止多长时间，宋神宗心心念念还是要推进变法，王安石去职后不久，宋神宗又在吕惠卿等人的劝说下恢复了新法。

作为变法派中仅次于王安石的二号人物，吕惠卿被宋神宗起用为参知政事也即副宰相，继续推行变法。吕惠卿擅长弄权，当时的宰相韩绛作为被重新起用的老一辈大臣，在朝堂之上孤零零的，根本不是他的对手，为了阻止吕惠卿的肆意妄为，万般无奈的韩绛只好请宋神宗重新起用王安石，以约束新党这群脱缰的野马。

王安石如果回朝，新党也就是变法派中的大多人估计都会很高兴，因为这意味着他们的胜利。不过凡事都有例外，有一个人无论如何都高兴不起来，这个人就是吕惠卿。

此时的吕惠卿羽翼已丰，再也不用看王安石的眼色行事了，只要王安石不在，他就是新党的旗帜，一切唯他马首是瞻。

吕惠卿不想让王安石回来，使尽了各种招数阻止，他甚至上奏皇帝说"安石尽弃所学，隆尚纵横之末数，方命矫令，罔上要君。此数恶力行于年岁之间，虽古之失志倒行而逆施者，殆不如此"。还揭发说王安石给他的私人书信中有"无使上知"这样的话。只可惜他低估了宋神宗对王安石的感情，他的这些小动作，宋神宗都剧透给王安石了。王安石这才明白，自己辛辛苦苦一手提拔

第一章 乡"缘"

上来的亲信，原来竟是这样的小人。

1075年二月，王安石复相。

王安石的这次复相，只能用四个字来形容，那就是回光返照。为什么这么说呢？原因还是《流民图》事件带来的蝴蝶效应。

蝴蝶效应一，王安石变法的霸气没了。当初推行变法时，那是见神杀神，见鬼杀鬼，谁也不能阻挡，谁也无法阻挡，这种威压之下，才保证了基层的政令贯通，虽然政策实施过程中走了样，但至少还是畅通的。这次《流民图》导致变法暂停，让人们对皇帝支持变法的信心产生了动摇，尤其是政策暂停三日之内下了雨，更让人觉得推行变法是在与天作对，再次推行新法也就没有了以前的那股积极性了，反对的人也更加能找到理由了，一句话，人心散了，队伍不好带了。

蝴蝶效应二，新党内部发生了分裂。王安石去职又复职，对于王安石来说只是去南京休息了一下，但对于二号人物吕惠卿来说就不是这样了，等于把他捧到云里又把他摔了下来。王安石与吕惠卿的矛盾公开化了。1075年十月，吕惠卿被贬知陈州。吕惠卿走了，也带走了一部分新党成员的心，他们的离心，相当于砍掉了王安石的一条臂膀。王安石顿时觉得四顾茫然，面临无人可用的窘境，如果重新培养新人，又要重头再来，时间和精力都已经不允许了。

蝴蝶效应三，宋神宗对变法的支持度问题。如果说以前宋神宗为了推进改革几乎毫无保留地支持变法，但经过了《流民图》事件后，他自己都对改革产生了怀疑，一方面希望变法自强，改革也确实让国库收入充盈了不少，但另一方面国库收入是多了，老百姓的伤害却大了，天灾人祸始终是他心里面过不去的槛。

1076年十月，王安石第二次罢相，这次罢相的直接原因是帮他推行新法的儿子王雱突发背瘟而死，伤心不已的王安石万念俱灰，力请解职，皇帝也知留他无用，于是让他以使相身份判知江宁府。

王安石走了，这次再也不会回来，留下了一批群龙无首的新党和一个纷乱的朝局，而这个纷乱的朝局，恰恰是《流民图》蝴蝶效应间接改变苏轼命运的开始。

为什么这么说呢？苏轼不是好好地在地方上为官吗？此时应该在密州太守任上，这个蝴蝶效应跟他哪门子都搭不上边吧？

确实还真有点关系。

主要是朝局纷乱，宋神宗起用了吴充、王珪为相。这两个人都与王安石是同学，但对待变法的态度不一样，一个基本反对，一个基本赞成，宋神宗这样的布局，实际上正好体现了《流民图》事件后皇帝的矛盾心态。

不太赞成王安石变法的是吴充，他跟王安石私人关系不错，也是受到了王安石的栽培才做到了这个职位。但在政治主张上他却跟王安石不太一致。他开始推荐保守派也就是反对王安石变法的一批元老重臣了，比如司马光、吕公著等等。

吴充要实现这个目的，面临两个困难：

第一就是司马光本人要愿意。司马光此时已俨然成为保守派的核心了，他虽仍在洛阳编书，但影响力无时无刻不在。敦请司马光出山的重任就落到了苏轼和范镇这两个人头上。当时范镇因反对王安石变法已经罢官了，就住在京城开封城外一个名叫东园的宅子里，而苏轼回京面圣不成，被挡在开封城外，无处可去的他就来到了好朋友范镇的东园。这应该是苏轼被贬出京后两人的第一次见面，时为1077年的二月。东园会面后不久，范镇即前往洛阳面见了司马光。

第二就是皇帝要愿意。尽管吴充做了很多工作，宋神宗却一直摇摆不定。估计那年"濮议之争"中司马光的"牛"给他留下了太深印象。皇帝确实需要一个能臣来主持局面，但不是要一个反对派，司马光来了，如果坚持一定要废掉新法怎么办？这可不是皇帝所能接受的。新法既是皇帝的脸面，更是皇帝治国强兵的理想，修补修补可以，废掉万万不行。从这一点上来看，倒是略显圆通的苏轼更合适些。

应该说，当年的宋神宗一定想到过苏轼。这从1076年底至1077年三月皇帝对苏轼的职务任免上可以看出一些端倪。近四个月里皇帝对苏轼的职务任免可以用四个字来概括，那就是朝令夕改。

正如前文所说，苏轼回京面圣而被挡在开封城外，理由是外臣非奉诏不得入京，苏轼又不傻，他会不知道这一点？千里迢迢地从山东密州的太守任上赶过来，就为了听这一句话？

其根源就是宋神宗的朝令夕改。

1076年的十二月，苏轼接到的职务任免是由密州太守调任河中府。河中府是军事重镇，按惯例，军事重镇的太守在就职前需进京面圣，接受皇帝的指示，而且开封又在密州前往河中府的途中，所以就有了苏轼的这次赴京之行。

应该说，这次职务任免的时机非常微妙，王安石十月份去职，仅仅两个月不到，苏轼新的职务任免就出来了，虽然仍在地方任职，但改成了军事重镇，而且最关键的是，苏轼有了一次直面皇帝的机会。

这个机会是苏轼1071年离开京城后，时隔六年来的第一次，意义非同一般。

但是这个机会最终还是没有给到苏轼，就在苏轼于1077年二月份风尘仆仆地赶到开封，来到陈桥门时，门吏却告诉苏轼不得进京，理由是他的第二份职务任免又来了，这次是由知河中府改为知徐州，徐州并非一线对敌作战的军事重镇，这个面圣的惯例也就不需遵守了，你苏轼还是赶紧去徐州上任吧。

看来是有人怕苏轼见到皇帝。

按一般人理解，苏轼见见皇帝又有什么要紧的，至于这么紧张吗？其实不然，当初宋神宗起用王安石来主持变法，也是进京面圣一席长谈后确定的，这段历史对于新党骨干成员来说不可能不知道。作为才华如此出众的苏轼，在如此敏感的时间，谁能确保他与宋神宗之间会不会达成一致意见。如果那样的话，新党将来何以立足？

新党内部确实有高人啊。

这个高人是谁，采取了什么手段改变了这一任命，这段历史已很难考证了。不过当时的宰相除了吴充还有一个王珪，这个王珪，正是后来新党发起"乌台诗案"的幕后主使。

司马光没有得到任命，苏轼也没有得到面圣机会，1077 年保守派的机会就在时光匆匆地流逝中与他们擦肩而过了。

从后来的历史事实来看，1077 年和 1078 年这两年，对于新党也就是变法派来说是举步维艰、心惊胆战且度日如年的。变法派的两大核心王安石和吕惠卿先后离开，反对王安石变法的旧党又在蠢蠢欲动，司马光和苏轼虽然没有被起用，但谁能确保将来一定不会被起用呢？尤其是苏轼，从皇帝这次看似漫不经心的职务任免上，从苏轼在王安石去职后的多次上书中，都能看出"山雨欲来风满楼"的迹象。

与其坐以待毙，不如先下手为强！这就有了 1079 年苏轼"乌台诗案"的爆发。借助"乌台诗案"，新党打击了大量反对变法的人，巩固了他们在朝堂中的地位。而苏轼的人生却发生了翻天覆地的变化，也正是从"乌台诗案"开始，苏轼从以前的追求政治，逐步转向了面向内心的自省、面向生命的豁达和体悟，终于在黄州完成了由苏轼向苏东坡的转变，中国少了一个政治家，却多了一位名垂千古的文学家、书法家和画家。

如果当年的《流民图》事件没有发生，王安石依旧在朝堂上的话，以王安石的品性和他对朝政的强势把控，新党的这种上不了台面的文字狱方式，王安石百分之百是不会采用的，如此，"乌台诗案"还会爆发吗？苏轼的命运还会发生如此巨大的转折吗？这也是郑侠上呈《流民图》所万万没有想到的。

他没有想到的是，扳倒了一个王安石，却放出了一群脱缰的野马，他们从此以后越来越不受限制，越来越没有底线，为了在新旧党争中不被历史淘汰，他们中的许多人再也没有了欧阳修时期的那种士大夫精神和士大夫骨气，为达目的可以不择手段甚至丧心病狂，在北宋中后期发挥着影响政局的巨大作用。新旧党争的互相倾轧由此开始，而第一个被倾轧的对象，就是本书的主人公苏东坡。

第二章 乡『寻』

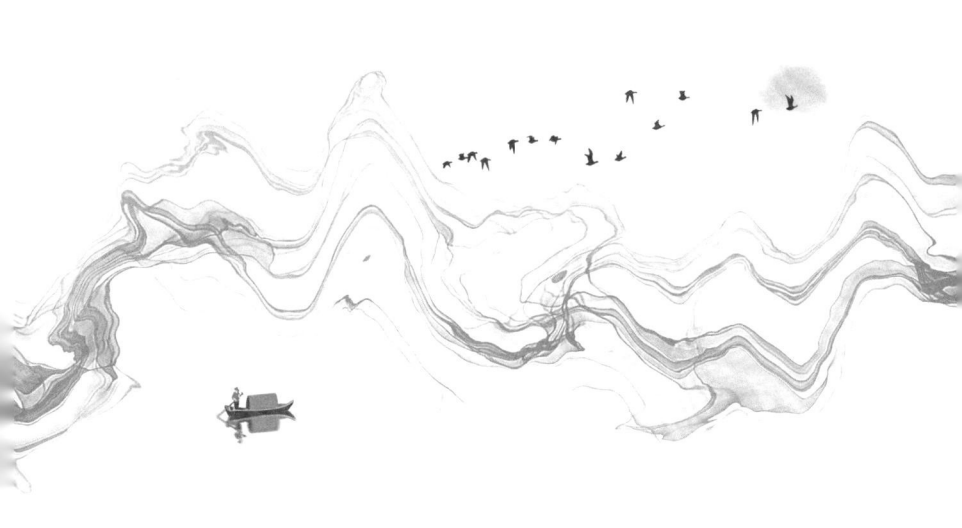

发生在1079年的"乌台诗案",与其说是新党对旧党的打压,倒不如说是新党在面临重大威胁时的一种自保式反应。以"乌台诗案"为分水岭,如果说以前新旧两派相争最多的是变法和反变法的路线,无论怎么争斗都是为了国富民强,争斗本身并不会危及局中人的身家性命,最多也就一贬了之,但是"乌台诗案"之后,一切都发生了根本性的变化,失败的一方不仅有可能面临牢狱之灾,而且还面临着随时丢掉性命的威胁。

时间倒退回1069年,那年的王安石站在大宋帝国的中央,信心满满地启动变法按钮,他是否会想到未来的局面会完全失控?局势会恶化到谁也不希望看到的程度?

苏轼成了新旧党争的第一个牺牲品,关键是,他只是被党争之祸危害的起点……若干年后,因果循环,后来的北宋宰相、新党核心蔡确甚至因党争之祸而死在了蛮荒之地,紧接着又是北宋宰相、旧党核心刘挚被贬死在了岭南的新州……

任何改革都会有阵痛,只是对身处其中的具体人而言,这阵痛的残酷又岂是旁人所能够深刻体会的?

公元1079年十二月二十九日,汴京城里家家户户都在迎接新年,繁华满眼,热闹非凡,刚刚经历了"乌台诗案"而大难不死的苏轼,被从"乌台"放了出来。

按照规定,苏轼从监狱出来后必须奉诏即行,不得逗留京城,因此在稍稍整理一点行李后,第二天也即1080年的正月初一,苏轼由御史台差役押着前往黄州,此时放眼天下,前路漫漫,何处才是苏轼的归依之所？

从此刻起，苏轼离开了京城，只有长子苏迈陪同。当时苏轼的其他家人都寄住在南都（今商丘）的苏辙家，那个留下了无数回忆的南园，很有可能在苏轼、苏辙外出为官的这几年里，已经租给了别人。不太清楚离开京城之前，除夕夜的晚上，苏轼有没有带着长子苏迈，再去看一看那个南园。

从此以后，那个留在京城的南园呵，永远封存了苏轼对于妻子王弗以及父亲的回忆，在梦中。

第一节　风雪交加归何处

1080年的正月初四，苏轼来到了好友文同家。

作为罪官，苏轼是被差役押解着去黄州的,怎么还能走亲访友呢？

原来文同家就在陈州（今河南周口），这陈州距离京城大概三四天的路程，是去黄州的必经之地。

苏轼到文同家也不是走亲访友，而是帮助处理文同的后事。因为文同家里没有多少积蓄，死后尸体一直停在灵堂，没有钱运回四川老家。

苏轼刚出监狱，自己尚且如此落魄潦倒，就去操心文同的归葬问题，这文同到底是个什么人？

文同是北宋著名的画家，苏轼形容其有四绝：即诗一，楚辞二，草书三，画四。其实文同最擅长的还是画，尤其是画竹，他还在世时就已经声名远扬了，求其画竹的人络绎不绝。苏轼画竹，其技法还是来自文同的启发。

文同与苏轼十分要好。1075 年文同调任洋州知州时，还将自己的歌咏之作三十首寄与时在密州的苏轼，两人互有唱和。后来因论茶事，文同与自己的上级意见不合而被罢任，回到离京城不远的陈州待命，好几年都没有职务也没有薪水，十分贫困。直到 1079 年正月，朝廷才重新起用其为湖州知州，一家人辛辛苦苦等了那么多年终于盼来了希望，就在文同赴湖州上任时，却突然一病不起，病逝于陈州宛丘驿。病危之际，文同特别想见苏轼一面，但当时苏轼远在徐州，没能及时通知到。文同死后，苏轼才听说了其生前想见一面的愿望，伤心不已，泪满衣衫，三日三夜无法入睡，只是默默坐到天明。

　　要说当年的湖州知州这一公职确实有些奇怪，文同在陈州苦熬四年没生病，结果刚刚调任湖州知州就病死在途中；苏轼也是，文同死后，朝廷又调任苏轼去湖州当知州，结果他去倒是去了，不过从 1079 年五月二十日抵湖州任，到七月二十八日被逮捕押解至京，一共只做了两个月零八天。

　　命运有时真是无法解释。

　　1079 年七月七日，苏轼在湖州晒书画作品，偶然看见了文同生前送给他的《赏雪谷偃竹图》，想起了那一年曾经寄给文同的一首诗："汉川修竹贱如蓬，斤斧何曾赦箨龙。料得清贫馋太守，渭滨千亩在胸中。"文同收到信时，恰好白天在谷中挖了笋子，晚上烧好了正在吃，看到"料得清贫馋太守，渭滨千亩在胸中"两句时，笑得把饭都喷出来了。如今人亡物在，睹物思人，顿时心如刀割，不禁失声痛哭。

　　人在脆弱之时极易伤感，也许冥冥之中预感到了什么，那次失态之后仅二十天，苏轼就出事了。之后一直在监狱中反复被折磨审问，直到这次被释放出来，苏轼专程路过陈州，准备和弟弟

第二章 乡"寻"

苏辙一起，无论如何也要想办法帮助文同的尸骨运回故乡。

此时苏辙在哪儿呢？

苏辙还在南都自己的家中，他的安乐日子也快没有了，因为苏轼在狱中时，苏辙愿意舍官以保他一命，如今该是苏辙兑现诺言的时候了，皇帝也没有免苏辙的官，但是贬官是少不了的。这一贬就贬到了筠州（今江西高安），做了一个监盐酒税务的小官。苏轼在文同家等他的时候，苏辙估计也在打点行装，拜别好友。加上从南都到陈州同样也有三四天的路程，就算苏辙初六动身，到文同家时也已经初十了，苏轼已在人生地不熟的异乡等了他六天。

这次的兄弟二人相见颇有些凄凉，一个是罪官，一个是贬官，共同的好友文同已不在人世，只留下了一大堆需要处理的后事。

两人计议的结果就是：第一，苏轼作为罪官，行程不能随意更改，只能先行去黄州找个落脚点；第二，苏轼的一家老小二十余口与苏辙的一家老小，仍跟着苏辙，等天气稍好一点再出发由苏辙把苏轼一家老小护送到黄州；第三，文同一家也等天气稍好一点后再启程回四川，苏轼在湖州任上时已帮他筹集到了一些经费，各方面再凑凑。

苏轼平时豪爽义气，出手也比较大方，没想到此番却深深体会到了英雄落难时的那种无力感和沧桑感。

兄弟二人在陈州只待了三天时间便各奔东西了。

苏轼继续南下，十八日到了蔡州。一场大雪不期而至，纷纷扬扬，寒冷刺骨的北风呼啸不停。情形仿佛回到了二十年前，1059年的那个冬天，也是正月里，他们一家子从江陵（今湖北省荆州市）出发，行了近1000里到了尉州，遇上一场大雪，天气也是出奇的冷，四野里雪茫茫一片，人烟稀少。

蔡州和尉州之间，相当于现在的汝南至尉氏县之间的距离，它们同属中原大地，相互之间不超过200公里，一场中原大地上的雪把二十年前和二十年后连在了一起，只不过当年的苏轼刚刚服完母丧，雄心勃勃地北上准备参加制科考试，而此次却是骑马南下，走向风雪迷茫的未来。那一年同行的人还有苏洵、苏辙、妻子王弗和弟媳史氏，另外还有一个才几个月大的小孩，如今苏洵和王弗永远安眠在故乡，陪伴在他身边的只有当年的那个小孩，也就是如今已经二十余岁的苏迈。幸好有儿子苏迈不离不弃的陪伴，才让苏轼在这漫长的旅途中，内心里还有亲情的温暖。

苏轼的一生中，大把大把的时间都花在了旅途当中。古时的交通很不方便，除了靠近大江大河时能够坐船，大部分路程依靠的都是步行或者骑马，一个官员从一个地方调任另一个地方，走上一两个月是常有的事。

风雪交加之中，苏轼渡过了淮河。也许在淮河岸边，他曾经一次又一次地驻马回望，那个让他付出了青春和汗水、充满了理想和希望的中原大地，从此以后，渐渐地消失在了他的视野之中。

第二节 千秋海棠定惠院

1080年二月，在黄州一个破旧的寺庙里，苏轼写下了他这一生中最孤独的一首词《卜算子·黄州定惠院寓居作》：

缺月挂疏桐，

第二章 乡"寻"

漏断人初静。
谁见幽人独往来?
缥缈孤鸿影。

惊起却回头,
有恨无人省。
拣尽寒枝不肯栖,
寂寞沙洲冷。

世人心中一向乐观豁达的苏轼在这首词里描写了一只孤鸿,在夜深人静的时候徘徊于天地之间,飞遍了所有的寒枝也不肯栖息,留给它的只剩寂寞凄冷的沙洲。

苏轼写这首词时是在黄州的定惠院,定惠院是一座寺庙,苏轼在这座庙里寄住了大概四个月时间。也许有人会问,苏轼不是贬谪黄州吗,怎么会跑到寺庙里了,难不成要当和尚?其实原因也很简单,就一个字,穷!苏轼身为罪官,刚到黄州时,地方官没有给他安排住的地方。为了节约用钱,他只好找到一处寺庙安身,每天和儿子一起跟几个老和尚混饭吃。那段时间是苏轼人生中最孤独的时候,即便后来他遭遇了人生中更大的不幸,也没有这次的打击更重。

"乌台诗案"身陷牢狱之灾时,他虽然身体上受尽了折磨,但心里还是充满温暖的,因为他知道有不少人在帮他说话;而来到黄州之后,他是真正地感受到了被人抛弃的感觉,有很长一段时间他几乎没有一个朋友,就连昔日关系比较好的人,他给他们写信也基本上没有得到回音。后来苏轼曾经深有感触地说:"得罪以来,深自闭塞。……平生亲友,无一字见及,有书与之亦不答,自幸庶几免矣。"

苏轼心里清楚，大家这是躲着他，怕受牵连，毕竟"乌台诗案"受他牵连的官员确实不少。且不说驸马都尉王诜因为给他通风报信而被追两官，并被勒令停职，就是平常只跟他有诗歌往来的王巩（王定国），也受到了远比他更重的惩罚，王巩被贬到了宾州（今广西宾阳县境内），这是苏轼好友当中第一个被贬过岭南的。古代官员一旦贬过岭南就意味着流放，因为那时的岭南为烟瘴之地，有性命之忧。苏轼为此惴惴不安，他在《王定国诗集叙》中说："今定国以余故得罪，贬海上五年，一子死贬所，一子死于家，定国亦几病死。余意其怨我甚，不敢以书相闻。"大意就是王巩因受他牵连而被贬，死了两个儿子，王巩本人也差点病死。苏轼惭愧至极都怕给他写信了。好在后来王巩贬谪期满，苏轼那时也回到了汴京，在京城设宴款待王巩和他的侍妾柔奴，见他们气色不错，就写了一首《定风波·常羡人间琢玉郎》的词赠送他们：

常羡人间琢玉郎，天应乞与点酥娘。自作清歌传皓齿，风起，雪飞炎海变清凉。

万里归来年愈少，微笑，笑时犹带岭梅香。试问岭南应不好？却道，此心安处是吾乡。

一句"此心安处是吾乡"，流传了千年依旧魅力无穷，成为无数人心中最温暖的所在。王巩总算没有白白受苦，他和他的歌妓柔奴，也因为苏轼写的这首词而青史留名。

当然，这都是后话，是1080年的苏轼所没有想到的。身处1080年黄州那个破落的寺庙中，感受着周遭人的冷遇，惭愧着朋

第二章 乡"寻"

友们受他的牵连,苏轼是极度苦闷的:有朋友而不敢随便联系,怕连累别人,有诗也不敢随便乱写,怕因言获罪。当然写还是要写的,否则就不是苏轼了,只是不敢"乱写",惟恐一不小心又与政治挂钩了。

什么都做不了,那才是苏轼人生当中最大的煎熬。

那就只能天天待在定惠院里睡大觉了。

极度的苦闷当中,苏轼遇到了他人生当中的"贵人",其实也不是"贵人",而应该是"贵花",一株屹立于山野之间的海棠花。

这株海棠花就在定惠院东边。有人考证说定惠院东边原有一座小山,黄州人称其为柯山,或柯丘,山上长满了杂草树木,原是极其荒凉的所在,但不知怎么的在杂树丛中就有一株海棠。海棠原产蜀地,在北宋时并未广泛移植于大江南北,苏轼在自己的寓居之所能够邂逅一株海棠,这实在是一件比较稀罕的事,更关键的是这株海棠竟然跟他此时的处境一模一样,虽然绝世芳华,却流落于乡野之间,无人认识更无人欣赏,只好寂寞地开寂寞地落,虚度着一年又一年的光阴。

实在像极了此刻的苏轼。

仿佛是上天派过来的一样,这株生长在九百多年前的海棠,在历史的记载中只是昙花一现,有可能在苏轼离开黄州后不多久就被砍了,实际上苏轼在黄州的时候,拥有这块山野之地的当地土人就已经想砍它了,只是看在苏轼的面子上才暂时留了下来。在当地土人眼里,这株海棠既不能结果子卖钱,又没法像松树、杉树那样用来盖房子做家具,长在哪儿都嫌多,占地方,不划算。

苏轼感同身受地同情着这株海棠的遭遇,他为它写下了两首诗,一首是他自己认为最好的,一首是世人认为最好的写海棠的诗。

先说我们大家认为最好的,诗名就叫《海棠》:

东风袅袅泛崇光,
香雾空蒙月转廊。
只恐夜深花睡去,
故烧高烛照红妆。

又是一首让人印象深刻的经典诗,其中的"只恐夜深花睡去,故烧高烛照红妆"更是脍炙人口,殊无消沉之感;另一首就有些不同了,因为最贴近他当时内心的挣扎,所以被苏轼认为是最好的,正如余秋雨先生所说,苏轼之所以成为苏轼,就是因为有了黄州的突围。而黄州突围的第一步,本书认为就是定惠院,带领苏轼突围而出的,正是这株苏轼反复提及的海棠。诗的题目也很怪,就叫《寓居定惠院之东,杂花满山,有海棠一株,土人不知贵也》,大概是把序作题了吧,全诗如下:

江城地瘴蕃草木,只有名花苦幽独。
嫣然一笑竹篱间,桃李漫山总粗俗。
也知造物有深意,故遣佳人在空谷。
自然富贵出天姿,不待金盘荐华屋。
朱唇得酒晕生脸,翠袖卷纱红映肉。
林深雾暗晓光迟,日暖风轻春睡足。
雨中有泪亦凄怆,月下无人更清淑。
先生食饱无一事,散步逍遥自扪腹。
不问人家与僧舍,拄杖敲门看修竹。
忽逢绝艳照衰朽,叹息无言揩病目。

第二章 乡"寻"

> 陋邦何处得此花，无乃好事移西蜀。
> 寸根千里不易致，衔子飞来定鸿鹄。
> 天涯流落俱可念，为饮一樽歌此曲。
> 明朝酒醒还独来，雪落纷纷哪忍触。

苏轼刚到黄州时，不仅精神上苦闷，物质上也极度贫乏。那时他与章惇还是好朋友，章惇刚当上参知政事也就是副宰相后，马上给苏轼写了一封信，苏轼在回信中说：

> 黄州僻陋多雨，气象昏昏也。鱼稻薪炭颇贱，甚与穷者相宜。然轼平生未尝作活计，子厚所知之。俸入所得，随手辄尽。而子由有七女，债负山积，贱累皆在渠处，未知何日到此。见寓僧舍，布衣蔬食，随僧一餐，差为简便，以此畏其到也。[①]

这段话的核心就是一个"穷"字，穷到什么程度呢？苏轼说黄州地方偏僻多雨，柴米鱼蔬极其低贱，很适合他这样的穷人居住。因为没有收入来源，以前的薪俸所得，基本上随手都用光了。弟弟苏辙子女众多，负债不少，而自己一家还住在他那儿，也不知什么时候来黄州。他其实很害怕他们来，因为自己住在僧舍里，每天跟着僧人吃饭，生活简单，花销不大。

当年誉满京城、名震朝野的大才子苏轼，在精神极度苦闷希望家人来陪的时候，竟然害怕家人来，原因居然是一个"穷"字。

苏轼所寓居的定惠院，既照顾了他的穷，又是一个风景幽雅之地，很适合修身养性。苏轼在《五禽言》中形容说：

[①] 《苏轼集》卷七十五。

91

> 余谪黄州，寓居定惠院，绕舍皆茂林修竹，荒池蒲苇。春夏之交，鸣鸟百族，土人多以其声之似者名之。

苏轼离开黄州之后，这座寺庙大概在南宋末年倒塌，僧人各奔东西，一直到1499年即明弘治庚申十二年，黄州知州卢浚将城东南定惠院遗址收归官府管理，对苏轼当年寓居定惠院的景物予以修复。此后又几经变迁和破坏，其上建筑慢慢损毁殆尽，甚至定惠院这个名字也渐渐地被人遗忘。直到2010年，在研究苏轼文化的一些人的提议下，此处地名才改回了定惠院，只不过住在那里的，已不是寺庙僧侣而是城中村老百姓。

至于那株帮助苏轼实现黄州突围的海棠，连定惠院都不在了，它更加是芳踪渺渺、"人面不知何处去，桃花依旧笑春风"了。

不过没关系，只要苏轼还在人们的心里，那株海棠就依旧还在。它俏立在每个人的心中，为每一个身处逆境需要突围的人点亮一盏前行的灯。

第 三 节　临皋亭下江水急

苏轼在定惠院一共住了差不多四个月，从1080年的二月初一到五月二十八日，虽然苏轼已经适应了寺庙里的清静生活，但这样的日子注定不能长久，随着一个人的到来，他再次面临到哪儿住的问题。

这个人就是苏轼的妻子王闰之。她带着一家老小20余口来

第二章 乡"寻"

投奔苏轼了。

王闰之从哪里来又是如何来的呢？

前文已经说过，苏轼南行黄州之时，与弟弟苏辙在陈州相别，之后苏辙回到南都自己的家中，整顿行李，等天气好转之后，带领苏轼一家老小和自己全家，在南都登船，从通济渠进入京杭大运河，出淮扬，过金陵，溯皖江，沿水路先到九江。之后两家面临分离，苏轼一家需继续东行，苏辙一家则需改走陆路，往南至筠州也就是今天的江西高安上任。当时王闰之所生的两个小孩，苏过才八岁，苏迨也才十岁，苏辙不放心，于是在九江找了个地方先安顿下自己一家，之后护送嫂子王闰之等人前往黄州与苏轼相会。

一家老小都要来了，很显然定惠院是不能再住了，那哪里才是自己的安身之所呢？

苏轼很着急。

这时有一个人雪中送炭来了，这个人是鄂州太守朱寿昌。大概是在朱寿昌的帮助下，苏轼找到了一个名叫临皋亭的住所，这个临皋亭本来是三司按临黄州时所居的官邸，属于公家建筑，苏轼以一个罪官身份，根本就没有资格居住，但是在朱寿昌的关照下，可能是做通了有关方面的工作，于是苏轼就有了这样一个住所。临皋亭前临长江，视野开阔，关键是还不收钱，真是一个好住所。苏轼一共给朱寿昌写过20封信，其中第五封信只有短短的62个字，信中说："已迁居江上临皋亭，甚清旷，风晨月夕，杖履野步，酌江水饮之，皆公恩庇之余波。想味风义，以慰孤寂。"这封信重点提到了"恩庇"二字，可见当年朱寿昌在帮苏轼解决住房问题上起到了多大作用。

这个朱寿昌就是中国古代的"二十四孝"之一，他的父亲朱巽是宋真宗年间的工部侍郎,母亲刘氏是朱巽之妾,在朱寿昌很小的时候就被朱巽遗弃,从此母子分离。朱寿昌长大做到了岳州知州、阆州知州等官职,心里一直牵挂着自己的生母,不知她去了哪儿,过得好不好。他一边做官一边寻找,母亲却渺无踪迹。北宋熙宁初年他辞去官职,一心寻母,终于在同州找到了亲生母亲刘氏,此时她已七十有余。为了生活,刘氏流落到陕西一带,最后只好嫁给了当地的老百姓,又生养了子女数人,贫贱一生。朱寿昌把老母亲及其生养的孩子全部接回家中。宋神宗知道这件事后,深受感动,让他官复原职。从此,朱寿昌弃官千里寻母之事遍传天下,孝子之名流传千古。

苏轼被贬黄州时,朱寿昌正好就在长江对岸的鄂州当太守。

一个很奇怪的现象就是,连江对岸的鄂州太守都知道关心苏轼了,那么黄州太守呢?不是说黄州太守徐大受(徐君猷)跟苏轼关系很好吗?对他一直照顾有加吗?那么他去哪儿了?

这还真不能怪徐大受,因为此时徐大受还没有来到黄州。苏轼是1080二月初一来黄州的,五月二十八日搬进临皋亭。此时的黄州太守还是陈君式,这个人一直干到了八月份才退休,之后才是徐大受接任。

也是上天要让苏轼在定惠院里经历一番苦与痛的催折,如果徐大受早一步来了,以徐大受对他的关照,很可能定惠院的那段经历也就没有了,那么开启苏轼另一种人生的黄州突围,也就少了痛到心扉、痛到绝望以至于想要放弃的那种人生感受,同时也少了那株在逆境中助其成长的海棠,那么苏轼还能实现化蛹成蝶的黄州突围吗?答案是存疑的,苏轼的入世观一直都是很强的,如果没有彻底的绝望,又何来彻底的新生,何来彻底的融汇贯通?

临皋亭确实是一个好地方,视野开阔,风景壮美。亭子建在

第二章 乡"寻"

江边水驿上,往下走八十余步便是长江,滔滔江水不舍昼夜,奔流不息。苏轼常常策杖江边,独自一人眺望高天流云和江上起伏不定的波浪,在壮美的自然景观面前感受时间的永恒和个人的渺小。如果以宏阔宽大的视野来俯瞰人生的种种际遇,那么所有的不幸也就不足为提了,这也是苏轼后来无论遇到多少挫折都能坦然待之的道理。

苏轼在《与范子丰书》中说:

> 临皋亭下不数十步,便是大江,其半是峨眉雪水,吾饮食沐浴皆取焉,何必归乡哉!江山风月,本无常主,闲者便是主人。问范子丰新第园池,与此孰胜?所不如者,上无两税及助役钱耳。

范子丰跟苏辙是亲家,他的儿子娶了苏辙的女儿,他的父亲范镇又跟苏轼同属一个阵营,关系非常好,所以两人常有书信来往。在这封信里,苏轼表示了临皋亭的好处——连饮食起居的水都是从峨眉雪山流过来的,所以不需要回老家,其实真实原因是苏轼的罪官身份让他只能待在黄州,哪儿都去不了。苏轼还表示临皋亭的景色很美,不一定比不过范子丰新建的府第。文章写到这儿都可以看到苏轼的一种豁达与洒脱,这正是他后来留给世人的最深刻印象,但是后面一句笔锋就转了,他说临皋亭确实有一样东西比不上范子丰新建的府第,那就是临皋亭不需要缴春秋两税和青苗助役钱。这春秋两税和青苗助役钱都是王安石变法的内容。

苏轼刚刚经历了残酷的"乌台诗案",经历了定惠院的"寂寞沙洲冷",就是在这种困境之下,他还是有意无意地把笔锋指向新法，说明定惠院的苦痛还是修炼得不够，苏轼的黄州突围还需要更上一层楼。

临皋亭一切都好，但对苏轼全家来说也有一样不好，那就是地方太窄。本来临皋亭是用来接待上级领导的，地方设计上肯定不能太挤，之所以觉得窄还是因为人多。苏轼重情重信，就连小时候哺养过自己的乳母任氏他都养着，一直到她七十二岁高龄时因病身亡。一家二十多人都住在临皋亭，差不多刚好能够住下，但来了客人就比较麻烦了。

偏偏在苏轼为客房不够而发愁的时候，陈慥要来了。

陈慥是谁？

这个陈慥很有意思，他是苏轼履职凤翔府签判时的顶头上司陈希亮的小儿子，生性豪迈，颇有侠士风范。凤翔府签判是苏轼人生当中第一个到任的职务，那时他跟陈希亮关系没搞好，却跟陈希亮的小儿子关系搞得很好，这种关系从1062年开始就没有断过，无论苏轼混得好还是不好，陈慥对苏轼始终相交如故。

这次苏轼被贬黄州，在被差役押解赴黄州的路上，竟然很意外地遇见了陈慥。在距黄州不远的岐亭以北二十五里的地方，苏轼远远地望见一人骑着白马从山上疾驰而下，边跑边叫他的名字，待到近前了才看清原来是陈慥，这真是意外之喜，在黄州这个人生地不熟的地方，苏轼遇到的第一个人竟然就是自己的故交。陈慥还邀请苏轼到岐亭山上他的家里去做客，他家只是山上一栋简陋的木屋，室内陈设都很一般。在苏轼履职凤翔府时，印象中他家十分富有，在河北有田有地，年收布帛千匹以上，在洛阳有园林，富丽堂皇不亚于王侯将相。如今陈慥竟然是这番光景，不清楚他为什么要跑到黄州的山野来，苏轼也不好意思多问。不过陈慥对他的招待却是非常好，全家上下张罗酒食，满村忙着捉鸡宰

第二章 乡"寻"

鸭,比过年还热闹,这是苏轼"乌台诗案"后第一次有人这么热情地对他,也是风餐露宿之中第一次吃到这么好的美食,这让苏轼感动不已。

苏轼后来到黄州城后,将近四个月里没有一个朋友,这更加突出了陈慥危难之中的那份款待,那份真诚,也因此更加让苏轼念念不忘。到了临皋亭后,苏轼赶紧把好消息告诉了陈慥,没想到陈慥竟然说要来看他,苏轼明白,陈慥过来看他,那是为他鼓气助威。他既高兴,心里也有些担心住宿的问题,于是回信说:"临皋虽有一室,可憩从者,但西日可畏。承天极相近,或门前一大舸亦可居,到后相度。"苏轼告诉陈慥:临皋亭的房子很狭窄,虽然挤挤也能住下,但陈慥的随从们却只能住在西屋,那间屋子虽然也可歇息,却晒得要命。如果实在不行,在承天寺附近有一条大船,也可以作为暂居之所,到时看情况再说。

1080年的陈慥虽然不是官,却是个响当当的角色。因为他曾经是江湖人物,在地方豪侠心目中是个偶像,虽已入山隐居多年,但英名丝毫未减。陈慥来黄州引起了地方上的轰动,地方豪侠纷纷前来邀请他喝酒,或者要招待他住宿,但是都被陈慥一一拒绝了。他宁愿和苏轼挤在一起,宁愿让随从住在西屋晒得要命的房间里,这让苏轼大为得意,作诗道:"汝家安得客孟公,从来只识陈惊坐。"把陈慥比作汉朝鼎鼎大名的孟公(陈遵)了。

陈慥所隐居的地方歧亭离黄州不远,但也不近,骑马大概需要两天的时间。苏轼在黄州四年,陈慥前来探望过七次,苏轼也到他家做过三次客。有关这些交往,苏轼都用诗记录了下来,其中他在《歧亭五首》的并叙中写道:"凡余在黄四年,三往见季常,季常七来见余,盖相从百余日也。七年四月,余量移汝州,自江淮徂洛,送者皆止慈湖,而季常独至九江。"

陈慥，如同苏轼一样，真是一个重情重信的人。

陈慥的到访，让苏轼更加感觉到了临皋亭的局促，这也是他在会客时最为烦恼的地方。不过，经历了定惠院的蛰伏之后，苏轼在黄州的好运气不断。1082年，苏轼的同学，也就是1057年的同榜进士蔡承禧（蔡景繁）担任淮南转运副使，黄州正好是其下辖之地，他特地来到黄州看望苏轼，发现了苏轼的烦恼，于是又在临皋亭附近的水驿高坡上，为苏轼新盖了三间新居，取名"南堂"。这三间新屋，面朝大江，春暖花开，夏凉如水。苏轼十分喜欢，在这里吟诗作画，会客，休息，真所谓"客来梦觉知何处，挂起西窗浪接天"，好一个得天独厚的江景房，人生如此，夫复何求？

第 四 节　躬耕东坡建雪堂

苏轼被困黄州，刚开始可能还对朝廷抱有希望，但随着时间不停地流逝，苏轼一年又一年地变老，他的贬谪处境却没有任何变化。

1081年中夜之夜，这已是苏轼到黄州的第二个年头了，并且这第二个年头也快要过完了，时年已四十六岁的苏轼强烈地感受到了生命的流逝和命运的无常。他作了一首词《西江月·世事一场大梦》：

世事一场大梦，
人生几度秋凉。
夜来风叶已鸣廊，

第二章 乡"寻"

看取眉头鬓上。

酒贱常愁客少，
月明多被云妨。
中秋谁与共孤光，
把盏凄然北望。

一句"月明多被云妨"道尽了苏轼想为国效力却被宵小陷害的无奈，"把盏凄然北望"体现的则是报国无门的沧桑。既然报国无门，那就只好北望神州空叹息了。

渐渐地，苏轼接受了现实，他把自己深深地融入到黄州这片厚实的土地中，开始为养老做准备了。临皋亭虽好，但毕竟是公家建筑，说不定哪天就要被收回，苏轼得另觅完全属于自己的居所。

此外，苏轼是罪官，基本没有俸禄，基本靠自己以前的积蓄过日子，一大家子二十来口日子过得越来越捉襟见肘，以至于苏轼不得不采用节衣缩食的方式来应付。他在给秦观的信中说，"但痛自节省，日用不得过百五十。每月朔，便取四千五百钱，断为三十块，挂屋梁上。平旦用画叉挑取一块……"也就是说把每月需要支出的钱分成三十份，挂在房梁上，每天用画叉从房梁上取下一份。这一份钱大概是150文，需养活一大家子人，殊为不易，如果略有节余的话，苏轼还把它攒起来买酒喝，以解解酒瘾。

但仅靠节约是不行的，没有收入只有支出，这样的日子是过不长久的，形势严峻到了苏轼不得不想办法开源的程度。于是，苏轼黄州突围的第二步"东坡躬耕"开始了，这不是他自己的主动选择，而是老天爷通过生活的压迫一步步把他逼到了这条路上。

黄州突围极具黑色幽默，它把一个诗人、画家、官员，剥除了所有身份的象征，还原成了这片大地上自盘古开天辟地以来就知道为衣食而耕种的农夫。

就算是做一个农夫，苏轼也还是有自己的快乐的，他把一介农夫活成了一首诗。

1081年二月，苏轼得到了自己梦寐以求的一块地，这块地就在州衙东边不远的地方，面积五十余亩，原本是坡冈瓦砾之地，贫瘠不毛。苏轼将其命名为"东坡"，自称"东坡居士"，这是苏东坡大名真正的开始，实际上，直到此时，苏轼才开始叫苏东坡（备注：本书从此处开始改称苏轼为苏东坡）。而世人心中的苏东坡，则是实现了黄州突围后，从痴迷追求庙堂之高转向进退从容直面江湖之远的苏东坡。

苏东坡实现黄州突围，关键就是那块被命名为"东坡"的五十余亩土地，这块土地是怎么得来的？

这块土地的得来，跟两个人分不开，一个是马梦得（马正卿），一个是徐大受。

徐大受我们都知道是黄州太守，那么马梦得又是谁呢？

马梦得与苏东坡的交情其实从苏东坡上任凤翔府签判前就开始了。当年他在太学里做太学正的学官，因为不擅交际，人缘不是太好，同事们都烦他，"学生既不喜，博士亦忌之"，独有当时名震京城的苏东坡认为他"清苦有气节"，经常找他玩。苏东坡离开京城前去跟马梦得告别，刚好他不在，手痒的苏东坡喜欢题壁的毛病上来了，唰唰地就在墙上写下了杜甫的《秋雨叹三首》（其一）："雨中百草秋烂死，阶下决明颜色鲜。著叶满枝翠羽盖，开花无数黄金钱。凉风萧萧吹汝急，恐汝后时难独立。堂上书生空白头，临风三嗅馨香泣。"

第二章 乡"寻"

苏东坡题这个诗其实也没啥深意，就是兴致来了随手一写，没想到他这随手一提却"害苦"了马梦得，回来后看到这首诗的马梦得立即被其中的"堂上书生空白头"震撼，他不想在京城里做这劳什子学官了，一定要跟苏东坡去凤翔做幕僚，并且说干就干，立马就辞了职。可惜后来苏东坡并没有如预想的那样成就大气候，马梦得连幕僚都没办法保住，自此浪迹江淮，白首穷途，但是骨气依旧铮铮如昔。

也有一种说法，说马梦得是杞县人，当年苏东坡的伯父苏涣在杞县有产业，苏东坡父子在开封购买南园之前，曾经在杞县住了一段时间，苏东坡与马梦得很有可能就是那时认识的。

苏东坡曾经这样形容马梦得之穷：

> 马梦得与仆同岁月生，少仆八日。是岁生者，无富贵人，而仆与梦得为穷之冠。即吾二人而观之，当推梦得为首。[1]

大概意思就是有个叫马梦得的穷鬼，跟我是同年同月生的。大概这年这月出生的都是穷鬼，而我和马梦得就是穷鬼中的穷鬼，在我和马梦得两人中，又以他更厉害。

苏东坡就是写一个"穷"字，都写得这么妙趣横生，让人忍俊不禁。

马梦得获悉苏东坡被贬黄州后，专程前来探望，却发现这家伙跟自己一样穷得揭不开锅。于是主动出面，跟官府申请下来一片撂荒的旧营地，这就是后来的东坡。苏东坡在《东坡八首并叙》中说："余至黄州二年，日以困匮。故人马正卿哀余乏食，为余郡中请故营地数十亩，使得躬耕其中。"

---

[1] 《东坡志林》卷一。

官府同意把荒地拨给苏东坡好理解，毕竟徐大受是太守，这点忙应该是帮得上的。关键为什么要马梦得去申请呢？苏东坡自己不行吗？一种可能性就是苏东坡是罪官身份，大概不符合申请条件吧。

荒地申请下来了，后面就是躬耕东坡了。

黄州突围的关键恰恰就是躬耕东坡。只有跌至尘埃，与万民同苦，才能体会苦中作乐的乐趣，实现灵与肉的升华。

如果说定惠院的孤立和孤独之苦，在精神上铸就了苏东坡的坚韧和顽强，那么，躬耕东坡之苦则是在体力上，在生活的技能上，把苏东坡逼至绝境之时的一种突围。

苏东坡的躬耕东坡明显跟别人不一样。

一般农夫种地就种地呗，苏东坡种地还要给地取名字，就在大家以为会有一个多么有诗意的名字时，结果却大跌眼镜，竟然是每个农夫都能自然而然想到的比如东边坡上放牛、西边坡上放羊的"东坡"。不但地名叫东坡，连自己的名字也改成了东坡居士。其实苏东坡取名东坡还是有深意的，这名字是从唐朝诗人白居易那儿得来的。白居易被贬为忠州刺史时，曾经作了一首《步东坡》：朝上东坡步，夕上东坡步。东坡何所爱，爱此新成树。

直到此时，苏东坡这个名字才正式诞生。

不仅地有名字，房子也有名字。苏东坡后来又在距东坡不远的高地上盖了五间屋。1081年二月，大雪纷飞中新居落成，苏东坡非常高兴，总算有了属于自己的房子了，他在堂屋四壁画满了雪景，取名"雪堂"。这雪堂南挹四望亭，西接北山的一股泉水，因地势较高，所有美景尽收眼底。高兴之余，苏东坡作了一首《江城子·梦中了了醉中醒》：

第二章 乡"寻"

> 梦中了了醉中醒。只渊明,是前生。走遍人间,依旧却躬耕。昨夜东坡春雨足,乌鹊喜,报新晴。
> 雪堂西畔暗泉鸣。北山倾,小溪横。南望亭丘,孤秀耸曾城。都是斜川当日境,吾老矣,寄余龄。

苏东坡在词里说陶渊明是他跨越时空的知音,保持着宦海沉浮中的清醒。自己辛苦折腾了大半辈子,依旧回归田园躬身耕耘。还说"吾老矣,寄余龄",意思是说:我老了,就这样度过余生吧。

度过余生,那已经是在为养老做准备了。

此时的苏东坡,大概已经感觉到回归朝堂的希望越来越渺茫了。在荒坡上耕地盖屋,一方面确实是穷得没办法了,必须自己养活自己,另一方面可能也在做着老死黄州的准备,如果真的老死黄州,是得置办一个属于自己的家。

苏东坡辛辛苦苦地经营着自己的家。他要在一片瓦砾的废墟当中,把老家的样子,还有开封府南园的样子,尽量移植过来,尽管条件有限,但在诗人的心里,却是满怀希望,要有桑树、枣树、栗树,还要有水。前三项好解决,独有水,比较难办。但是苍天不负有心人,在烧荒的过程当中,苏东坡居然发现了一口暗井。紧接着,又在一场大雨之后,发现岭背有道细细的微泉,这微泉就是前面所说的西接北山的那股泉水。

苏东坡的躬耕生活就此开始了。他带领全家老小,清除瓦砾,刈割荆棘,终于整理出五十亩田地来。他又购买了一头耕牛,冬种麦,夏种稻,还种植蔬菜瓜果。在给王定国的信中,苏东坡描绘了自己的生活,有时稻谷歉收,就在米饭中加入很多大麦,大麦饭干硬,很难咀嚼,苏轼的儿女们咕喳咕喳吃着,戏称为"嚼虱子"。

全家跟着苏东坡"嚼色子",尽管艰苦,却也是一件比较开心的事情——总算可以自己养活自己了。此时跟苏东坡在一起的家人应该包括:妻子王闰之和儿子苏迈、苏迨、苏过,侍妾王朝云。其中,苏迈时年已二十二岁,娶妻吕氏,生有一子箪。王朝云在苏东坡任职杭州通判时投入苏家,时年十二岁,苏东坡被贬黄州,她始终跟随,不离不弃,终在十八时嫁给了苏东坡,此外,还有一两位愿同清苦的侍儿。[①]这样算起来,一大家子最少也有十来口。在黄州吃饭都成问题,丫鬟之类的应该是用不起了,如果像一些资料所说的,有二十几口,[②]那可能还有苏东坡承担的一些老迈亲近之人,或者长期跟随他有了深厚感情的。这些人里面,除了长子苏迈年富力强,大多都是妇孺,老的老、小的小,出不了什么力。

好在经历了定惠院突围的苏东坡,身边的朋友慢慢多了起来,除了远道而来的马梦得,还有三个朋友一有空就过来帮他开荒种地,这三个人分别是潘丙、郭遘、古耕道。

潘丙是一个卖酒的,读过书,曾经乡试第一,称为解元,但后来屡次参加进士考试,屡次名落孙山。苏东坡寓居定惠院时几乎没有朋友,独有潘丙慕名来访。返回时,孤独的苏东坡径直把潘丙送到江对岸的樊口,在他家的酒店里与他一起喝酒,这段经历苏东坡写信告诉了弟子秦观,说是"有潘生者,作酒店樊口。棹小舟,径至店下"。1084年苏东坡受命离开黄州时,将自己辛辛苦苦开垦出来的"东坡"之地以及新建的"雪堂"房屋,委托给潘丙照看打理。

郭遘则是一个卖药的。据说他是唐朝名将郭子仪的后代,汾阳人,侨居黄州,在城西开一间小药店营生。看到苏东坡生活困难,

---

① 李一冰《苏东坡新传》上册。
② 不同时间段人口数有较大不同。

第二章 乡"寻"

他总是力所能及地提供帮助，尤其是在苏东坡躬耕之时经常跟他一起下地干活。1081年，坊间传闻有子姑神降临郭家，苏东坡惊异不已，与潘丙等人前去探望，先后写了《子姑神记》《仙姑问答》和《少年游·玉肌铅粉傲秋霜》等诗词，留存至今。

古耕道是一个闲人，乐善好施，爱打抱不平，苏东坡形容他"古生亦好事，恐是押牙孙"。初到黄州时，苏东坡寓居定惠院，古耕道住在南坡，两人相距不远，成为至交。1080年，苏东坡得知鄂州、黄州一带有溺婴恶习，就是贫穷人家生孩子多了养不起，只好一出生就把他们扔水里淹死。苏东坡写信给鄂州太守朱寿昌，建议官府出面制止，同时与古耕道一起组织了育儿会，筹款抚育婴儿。苏东坡躬耕谋生时，古耕道参与其中，是三人中投入时间最多的。1082年六月，久旱得雨，正为庄稼收成心忧不已的苏东坡大喜，作雪堂种植诗，并《书赠古耕道》，称"古氏南坡修竹数千竿，大者皆七寸围，盛夏不见日，蝉鸣鸟呼，有山谷气象"。1082年十二月十九日，古耕道与郭遘一起，在赤壁矶为苏东坡祝寿，1084年四月，苏东坡离开黄州，古耕道和黄州乡亲将其送至慈湖，从此以后，两人再也没有见过面。

苏东坡还通过潘丙、古耕道、郭遘认识了长江对岸的王齐愈、王齐万兄弟等人。这些人虽然读书识字，但都没有功名，只是一般的平头百姓。苏东坡跟他们交往从无芥蒂，感情很深。他经常坐一叶扁舟横过长江，去潘丙的小酒店喝酒，遇到风雨，还会留宿王家，王氏兄弟尽情招待，苏东坡一住就是好几天。苏东坡把他们的这份友情写进了《正月二十日与潘郭二生出郊寻春忽记去年是日同至女王城作诗乃和前韵》，这也是苏东坡诗中的名篇：

东风未肯入东门，走马还寻去岁村。

乡归——苏东坡的第二故乡之毗陵我里

> 人似秋鸿来有信，事如春梦了无痕。
> 江城白酒三杯酽，野老苍颜一笑温。
> 已约年年为此会，故人不用赋招魂！

其中的"人似秋鸿来有信，事如春梦了无痕"更是有名的诗句，到今天依旧被广泛引用。苏东坡在诗句中概叹说：人就好像秋天的大雁一样，来去都有音信痕迹可寻。可是往事就好像春天的一场大梦一样，连一点痕迹都没有留下。

至于马梦得这位好朋友，不仅千里迢迢跑来追随苏东坡，还一直帮他开荒种地，吃苦自不待言。苏东坡在《东坡八首》其八中说：

> 马生本穷士，[①]从我二十年。日夜望我贵，求分买山钱。我今反累君，借耕辍兹田。刮毛龟背上，何时得成毡。可怜马生痴，至今夸我贤。众笑终不悔，施一当获千。

诗中打趣说老马这个人跟错了老大，20年来一直希望我能得富贵，他也跟着分点钱买山当地主，没想到越跟越穷。他的富贵梦想就像在乌龟背上刮毛编毯子一样，啥时能实现啊？不过老马不计较，依旧傻乎乎地说我好。

对于马梦得这样一位超级粉丝后来去了哪儿，似乎找不到更多记载。他再次出现的时间是1094年四月，五十九岁的苏东坡再次遭受新党的打击，再次被贬，由定州（今河北定州）贬往英

[①] 马梦得即马正卿，《黄州府志》载其为黄州太守，应该是个错误，有学者校正为黄州通判。不过从苏东坡前后所述的情况来看，这种推断值得商榷。本书更倾向于是苏东坡的患难之交，依旧采信穷士之说。

州（今广东英德），路过杞县，应该是前去拜会了正在家乡的老友马梦得，书赠了他一首小诗《初贬英州过杞赠马梦得》。

苏东坡后悔自己没能像老朋友马梦得那样毅然归隐，结果落得老来贬往岭南有可能客死他乡的下场，真是辜负了当初他在黄州帮自己开垦田地、修筑雪堂的一片苦心。

作为文坛领袖、"大宋第一才子"的苏东坡，自黄州定惠院突围以后，又经历了东坡躬耕，从此以后，无论生活多么苦，身处何种逆境，他都能从最底层的老百姓当中寻找到依靠。上至皇亲国戚，下至贩夫走卒，苏东坡都能跟他们交朋友，和他们打成一片，这是他以后无论遇到多少困难都能顺利度过的根本原因。

第 五 节　万古才情磨难时

时间来到了1082年，这一年是苏东坡来到黄州的第三年。仿佛一轮圆月照亮了群星璀璨的夜空一样，这一年两宋文学艺术创作达到了前所未有的高度，其原因就是苏东坡井喷式的突破。

在黄州突围的种种痛苦煎熬之下，苏东坡终于化蛹成蝶，实现了华丽转身，真正完成了从苏轼向苏东坡的巨大转变，这种转变，在人生观、价值观，甚至宇宙观方面都有了更加豁达从容的体现。

这一年，苏东坡在书法、散文和诗词上先后发出了三箭，这三箭可以简单地用一二三来概括，即一篇书法，两篇散文，三篇诗词，篇篇都是流传千古的经典，千百年来无人可与之比肩。

苏东坡射出的第一箭是一篇书法，即《寒食帖》，它与东晋王羲之的《兰亭序》、唐代颜真卿的《祭侄稿》齐名,合称"天下三大行书"。

苏东坡创作《寒食帖》的时候,正是其贬居黄州的第三年,也即1082年,此时他以前的积蓄已全部耗尽,虽然有五十亩的东坡田地可以种植,用于养家糊口,但一大家子那么多人的经济压力不是一般的小。时值寒食节,连续下了两个多月的雨,眼见江水上涨,几乎淹没居室,空无食物的锅里煮的是寒菜,潮湿的芦苇在破灶里烧得满屋是烟。曾经名满天下的一代才子、当年胸怀天下的青年才俊,如今竟然沦落到了此等地步,其间的窘迫可想而知。在极度的困苦与不甘中,苏东坡提笔写出了著名的《黄州寒食诗帖》(也即《寒食帖》):

自我来黄州,已过三寒食。
年年欲惜春,春去不容惜。
今年又苦雨,两月秋萧瑟。
卧闻海棠花,泥污燕支雪。
暗中偷负去,夜半真有力,
何殊病少年,病起头已白。
春江欲入户,雨势来不已。
小屋如渔舟,蒙蒙水云里。
空庖煮寒菜,破灶烧湿苇。
那知是寒食,但见乌衔纸。
君门深九重,坟墓在万里。
也拟哭涂穷,死灰吹不起。

《寒食帖》整篇字体给人先压后放重归平静的感觉,尤其是

第二章 乡"寻"

压到极处的喷薄而出,把苏东坡的个人情感、诗文内容和书写用笔三部分完整地结合了起来,这是其成为千古绝唱的魅力之所在。它是率性而为,自然而不做作的,所以也是最难的。如果再让苏东坡写一次,因为心境的不同估计很难再写出这种神韵了。

《寒食帖》后来又有黄庭坚、乾隆皇帝等题跋。传至近代,又有好几次差点被毁,1860年英法联军火烧圆明园时险遭焚毁,后流落民间,几经辗转于1922年被日本收藏家菊池惺堂高价购得。1923年9月差点毁于日本东京大地震,菊池家所藏中国古代名人字画几乎被毁一空,菊池惺堂冒着生命危险从烈火中将《寒食帖》抢救出来。第二次世界大战结束后,国民政府外交部长王世杰以重金从日本购回国内,至今珍藏在台北故宫博物院。

《寒食帖》卷轴复制品约有10件,大部分被国际上享有盛誉的国家博物馆珍藏。1975年前后,日本友人山上次郎花巨资买下了台北展厅中的最后一幅复制品,并于1985年出于对东坡赤壁的钟情,将其高价购到的最后一幅《寒食帖》卷轴复制品捐赠给黄州东坡赤壁管理处,这幅复制作品因而成为在中国大陆的《寒食帖》唯一珍品。

苏东坡射出的第二箭是两篇散文,它们是《前赤壁赋》和《后赤壁赋》。

黄州有一处名胜,土名赤鼻矶。苏东坡初贬黄州时,第一次与儿子苏迈漫游江岸,就看见一片绛赤色的崖壁,耸立在深碧色的江水中。大自然的鬼斧神工,让苏东坡惊叹不已,然后又从当地土人那里得知,这里竟是当年三国时期吴蜀联军大破曹操的古战场,也就是赤壁之战的发生地。虽然实际情况并不是,只是地名相近而已,真实的赤壁之战发生在今天湖北省嘉鱼县东北的江滨,不过这并不影响不知情的苏东坡的慨叹,虽然他后来也有些怀疑,但是他早就将这里化成了金戈铁马的历史与万顷波涛轰鸣的交织之处,又使之与壁立千仞之雄浑交相辉映,于是在1082年史上那个最杰出的年代,创作出了除前面《寒食帖》外,另外三篇与赤壁相关的可以载入史册的名篇,分别是前后赤壁赋和《念奴娇·赤壁怀古》。

其中前后《赤壁赋》都与一个叫杨世昌的道士有关,他来自四川绵竹,善画山水,能鼓琴,通晓星象和历法,也会道家的一些法术。这个人闲云野鹤,无拘无束,纵情于山水之间,让被束缚在黄州为生活所累的苏东坡极为羡慕,常常感叹人生之短暂与造化之无常。1082年七月十六日,月圆之夜,苏东坡与杨世昌泛舟同游赤壁,此时月上东山,雾笼江面,船行江中,如梦如幻,二人喝完酒,拍着船舷唱起了歌。杨世昌善吹箫,箫声在空明的月色下响起,如怨如慕,如泣如诉,余音袅袅,细若游丝。当此情景之下,二人有了一番关于生命、关于永恒、关于价值、关于宇宙的哲理对话,这就是千古名篇《前赤壁赋》:

壬戌之秋,七月既望,苏子与客泛舟游于赤壁之下。清风徐来,水波不兴。举酒属客,诵明月之诗,歌窈窕之章。少焉,月出于东山之上,徘徊于斗牛之间。白露横江,水光接天。纵一苇之所如,凌万顷之茫然。浩浩乎如冯虚御风,而不知其所止;飘飘乎如遗世独立,羽化而登仙。

于是饮酒乐甚,扣舷而歌之。歌曰:"桂棹兮兰桨,击空明兮溯流光。渺渺兮予怀,望美人兮天一方。"客有吹洞箫者,倚歌而和之。其声呜呜然,如怨如慕,如泣如诉,余音袅袅,不绝如缕。舞幽壑之潜蛟,泣孤舟之嫠妇。

苏子愀然,正襟危坐,而问客曰:"何为其然也?"客

第二章 乡"寻"

曰:"'月明星稀,乌鹊南飞。'此非曹孟德之诗乎?西望夏口,东望武昌,山川相缪,郁乎苍苍,此非孟德之困于周郎者乎?方其破荆州,下江陵,顺流而东也,舳舻千里,旌旗蔽空,酾酒临江,横槊赋诗,固一世之雄也,而今安在哉?况吾与子渔樵于江渚之上,侣鱼虾而友麋鹿,驾一叶之扁舟,举匏樽以相属。寄蜉蝣于天地,渺沧海之一粟。哀吾生之须臾,羡长江之无穷。挟飞仙以遨游,抱明月而长终。知不可乎骤得,托遗响于悲风。"

苏子曰:"客亦知夫水与月乎?逝者如斯,而未尝往也;盈虚者如彼,而卒莫消长也。盖将自其变者而观之,则天地曾不能以一瞬;自其不变者而观之,则物与我皆无尽也,而又何羡乎?且夫天地之间,物各有主,苟非吾之所有,虽一毫而莫取。惟江上之清风,与山间之明月,耳得之而为声,目遇之而成色,取之无禁,用之不竭,是造物者之无尽藏也,而吾与子之所共适。"

客喜而笑,洗盏更酌。肴核既尽,杯盘狼籍。相与枕藉乎舟中,不知东方之既白。

历经三年磨难,苏东坡的思想境界与三年前相比,已经得到了很大的升华,他认为:

> 逝者如斯,而未尝往也;盈虚者如彼,而卒莫消长也。盖将自其变者而观之,则天地曾不能以一瞬;自其不变者而观之,则物与我皆无尽也,而又何羡乎?且夫天地之间,物各有主,苟非吾之所有,虽一毫而莫取。惟江上之清风,与山间之明月,耳得之而为声,目遇之而成色,取之无禁,用

乡归——苏东坡的第二故乡之毗陵我里

之不竭，是造物者之无尽藏也，而吾与子之所共适。

翻译过来就是：江水总是不停地流逝，但它们并没有流走；月亮总是那样有圆有缺，但它终究也没有增减。要是从它们变的一面来看，那么，天地间的一切事物，甚至不到一眨眼的工夫就发生了变化；要是从它们不变的一面来看，万物同我们一样都是永存的，又羡慕它们什么呢？再说，天地之间，万物各有主人，假如不是为我所有，即使是一丝一毫也不能得到。只有这江上的清风和山间的明月，耳朵听到了就成为声音，眼睛看到了就成为景色，占有它们，无人禁止，使用它们，无穷无尽。这是大自然无穷无尽的宝藏，而我能够同你共同享用。

1082年十月十五日，又是一个月圆之夜，苏东坡与杨世昌，还有一个朋友①从东坡雪堂回临皋亭去，走在黄泥坂路上，抬头看见明月在天，清冷的月光中周边景色历历可见，于是朋友说在江边网到了一条大鱼，巨口细鳞，状似松江之鲈，可惜没有酒。苏东坡便兴冲冲地回家去跟夫人商量，没想到王闰之是个有心人，还真帮他攒下了一罐酒。于是三人才得以泛舟赤壁，苏东坡的第二篇散文名作《后赤壁赋》就此诞生：

是岁十月之望，步自雪堂，将归于临皋。二客从予过黄泥之坂。霜露既降，木叶尽脱，人影在地，仰见明月，顾而乐之，行歌相答。

已而叹曰："有客无酒，有酒无肴，月白风清，如此良夜何！"客曰："今者薄暮，举网得鱼，巨口细鳞，状如松江

---

① 从当时情境看，能从游苏东坡夜游者，无外乎潘丙、郭遘、古耕道三人中的某位，潘丙自营酒店，不至于有鱼无酒，郭是卖药的，也不太像网鱼之人，因此极可能是古。

第二章 乡"寻"

之鲈。顾安所得酒乎?"归而谋诸妇。妇曰:"我有斗酒,藏之久矣,以待子不时之需。"

于是携酒与鱼,复游于赤壁之下。江流有声,断岸千尺;山高月小,水落石出。曾日月之几何,而江山不可复识矣。予乃摄衣而上,履巉岩,披蒙茸,踞虎豹,登虬龙,攀栖鹘之危巢,俯冯夷之幽宫。盖二客不能从焉。划然长啸,草木震动,山鸣谷应,风起水涌。予亦悄然而悲,肃然而恐,凛乎其不可留也。反而登舟,放乎中流,听其所止而休焉。

时夜将半,四顾寂寥。适有孤鹤,横江东来。翅如车轮,玄裳缟衣,戛然长鸣,掠予舟而西也。须臾客去,予亦就睡。梦一道士,羽衣蹁跹,过临皋之下,揖予而言曰:"赤壁之游乐乎?"问其姓名,俯而不答。"呜呼!噫嘻!我知之矣。畴昔之夜,飞鸣而过我者,非子也邪?"道士顾笑,予亦惊寤。开户视之,不见其处。

如果说《前赤壁赋》体现了思想的深度和高度,那么《后赤壁赋》则以语言优美、意象深远取胜。

苏东坡射出的第三箭是三篇诗词,即《念奴娇·赤壁怀古》《定风波·莫听穿林打叶声》和《临江仙·夜归临皋》。诗词是苏东坡的最爱,总能迅速及时地捕捉他内心的阴晴圆缺。在黄州,苏东坡常说"多难畏事""多难畏人",他在给李端叔的信里说:"得罪以来,深自闭塞,扁舟草履,放浪山水间,与樵渔杂处,往往为醉人所推骂。辄自喜渐不为人识……"[①] 从名满天下的大宋第一才子到渐不为人识的种地农夫,苏东坡渐渐接受了这种平凡之中的快乐,劳作之后的欢愉,正如其给李公择去信说的:"某见在

---

① 见《答李端叔书》。

东坡,作陂种稻,劳苦之中亦自有乐事。有屋五间,果菜十数畦,桑百余本。身耕妻蚕,聊以卒岁也。"[①]1082年农历九月,深秋之夜,苏东坡在雪堂开怀畅饮后返回临皋亭住所,因夜深人静,家童已入睡,敲门久不应,于是写下了这首《临江仙·夜归临皋》:

夜饮东坡醒复醉,归来仿佛三更。家童鼻息已雷鸣。敲门都不应,倚杖听江声。
长恨此身非我有,何时忘却营营。夜阑风静縠纹平。小舟从此逝,江海寄余生。

一句"小舟从此逝,江海寄余生",道尽了无数人的心声。从古到今,有多少身不由己的人希望回归田园过无拘无束的生活,但哪里又能够实现啊?据说,黄州太守徐大受看到这首词后,以为苏东坡要逃走归隐,顿时吓了一跳。作为罪官,苏东坡是不能离开黄州的,更不可以"小舟从此逝,江海寄余生"。真要是走了,作为一州之长的徐大受是要承担监管责任的。徐君猷急忙来到苏东坡家探望,确认只是写了一首词后方才放下心来。

1082年农历三月,苏东坡到距黄州三十里地的沙湖看田,回来路上,天气突变下起了大雨,因未带雨具,个个淋成了落汤鸡。不过雨来得快去得也快,不久之后雨过天晴,仿佛什么也没有发生一样。此情此景让苏东坡想到了人生的变幻无常,只有超脱物外,才可以举重若轻,以平常心对待,于是一首《定风波·莫听穿林打叶声》诞生了。

莫听穿林打叶声,何妨吟啸且徐行。竹杖芒鞋轻胜马,

[①] 见《与李公择四首》其二。

第二章 乡"寻"

谁怕？一蓑烟雨任平生。

料峭春风吹酒醒，微冷，山头斜照却相迎。回首向来萧瑟处，归去，也无风雨也无晴。

苏东坡真是语言大师和哲学大师，这首词本就经典，经典的词里又出现了两句让人共鸣的经典语句，分别是"谁怕？一蓑烟雨任平生"和"归去，也无风雨也无晴"。人生的自然随意、自在从容、宠辱不惊跃然纸上，这种达观的人生态度，感染了后世处于逆境中找不到方向的无数人。

1082年农历七月，两宋史上最大气、最磅礴的一首词《念奴娇·赤壁怀古》横空出世了。灵感井喷的苏东坡用他睿智的双眼、博大的胸怀，在"长恨此身非我有"的中华大地上，彻底放开了自我，抒写出了被压抑了很久的雄浑苍凉、大气磅礴和给人以力量的千古豪情：

大江东去，浪淘尽，千古风流人物。故垒西边，人道是，三国周郎赤壁。乱石穿空，惊涛拍岸，卷起千堆雪。江山如画，一时多少豪杰。

遥想公瑾当年，小乔初嫁了，雄姿英发。羽扇纶巾，谈笑间，樯橹灰飞烟灭。故国神游，多情应笑我，早生华发。人生如梦，一尊还酹江月。

一篇又一篇的传世佳作在苏东坡的如椽巨笔下，在风雨飘摇的北宋中后期，在名不见经传的偏僻小城黄州，如雨后春笋般的诞生了。苏东坡的黄州，黄州的1082年，注定是要载入史册，流芳千古的。

乡归——苏东坡的第二故乡之毗陵我里

第 六 节　永乐城中不永乐

就在苏东坡越来越适应黄州生活的时候，西北方向的灵武地区爆发了宋夏之间的一场战役，史称"永乐城之战"。

苏东坡在黄州当农民当得好好的，永乐城跟他有什么关系？

还别说，真有关系。

首先，这场战役的爆发跟他有牵连。宋神宗自王安石二次罢相后，起用了新党王珪、蔡确等人，但是使用起来大不如前，深感后继无人，事事都不成功，加上又看到党争太过激烈，已上升到挟私报复的层面了，为了缓和这种不利的局面，宋神宗也有意在新旧两派之间平衡一下，于是适当起用被压制的旧派人物就提上了议事日程。

旧党人物，最关键的两个当然是司马光和苏东坡。宋神宗有意起用司马光为御史中丞，苏东坡为翰林学士、中书舍人。这一次宋神宗非常坚决，身为宰相的王珪①和身为参知政事的蔡确无力阻止，他们忧心忡忡，担心一旦旧党人物司马光和苏东坡回到朝廷，以后新党就麻烦了，有没有什么办法可以阻止宋神宗的这个想法呢？硬顶肯定是行不通的，那有没有曲线救国或者围魏救赵的办法呢？

还别说，办法真让蔡确找到了。他找到的办法就是迎合宋神宗，挑动北宋和西夏之间的战争。前面已经说过，宋神宗是个励精图治的皇帝，他推行王安石变法，主要目的之一就是要变法强兵，增加财政以便收复国土，应该说王安石变法虽然与民争利，但在增加国家财政方面确实起到了一定作用。

---

① 1080 年三月，原左相吴充被罢为观文殿大学士。四月，吴充去世，王珪为独相。

116

第二章 乡"寻"

正好这时西夏国内动荡，夏惠宗李秉常继位时年龄太小，国政长期由他的母亲梁太后和舅舅梁乙埋执掌。夏惠宗十六岁亲政，但实权仍掌握在梁太后与梁乙埋手中。1081年三月，夏惠宗采用大臣李清的建议，想将黄河以南的地区归还宋朝，利用宋朝削弱外戚势力。不料机密泄露，梁太后杀了李清，幽禁了夏惠宗，于是西夏内部大乱。一些支持夏惠宗的势力开始拥兵自重，蔡确授意庆州知州俞充向朝廷献上了平西夏的策略，然后在朝堂之上力挺出兵西夏。宋神宗果然认为这是个机会，决定出兵五路攻灭西夏，灵州之战于是爆发。

灵州之战从开始准备到最终爆发，客观上阻止了司马光和苏东坡等人的回归，原因很简单，司马光是最坚定的主和派，他一向主张休养生息，保境安民，轻易不启战端。

这也正是蔡确的计谋，他知道战事一起，宋神宗是铁定不会起用反对战事的司马光的，司马光不动，那么苏东坡等人更加没有动的理由了。

应该说，此次西夏内乱，确实是个机会，只可惜宋神宗用错了人，他用的不是一直在边疆作战的武将种谔，而是宦官李宪。李宪的威望不够，协调不了五路大军，导致五路大军之间相互争功又鲁莽行事，彼此之间缺少协调，加上输送粮草的道路被西夏军切断，主力部队高遵裕和刘昌祚之间矛盾重重，本可以马上攻破灵州却由于相互之间不信任而中途停止，白白浪费了机会，还被西夏军放水淹了个七零八落，最终北宋军队大败而回。

灵州之战在机会、条件那么好的情况下，不仅没有攻灭西夏，反而损兵折将，导致积累了多年的钱粮损失大半，宋神宗有些泄气，但是并不服气，他认为此战的运气实在是差了点，如果高遵裕多给刘昌祚半天时间，那么灵州或许早就攻克了，战局的结果也就完全两样了。

宋神宗还想着要报一箭之仇。

既然还要打仗，短期内就不太可能起用司马光和苏东坡了，于是时间又晃晃悠悠地从1081年晃到了1082年的五月，宋神宗得到情报，称西夏正在调集军马准备进犯。宋神宗大喜，立即命令鄜延路经略使沈括、副使种谔草拟作战计划，种谔建议在横山筑寨，取高屋建瓴之势俯瞰西夏，并主张从银州进兵征讨。

沈括就是前面提到的在"乌台诗案"前坑了苏东坡一把的人，当年他到杭州，受到杭州通判苏东坡的热情接待，临别时向苏东坡要了手抄的近作诗一本。回去后却把苏东坡送他的诗作，逐首加以标注进呈给宋神宗，说是"词皆讪怼"，虽然当时未引起什么恶劣后果，但六年后"乌台诗案"爆发时却成了苏东坡的罪证。这位沈括倒也多才多能，不仅是个科学家——《梦溪笔谈》的著作者，其实军事上也有一套。他从实际出发，支持武将种谔提出的进取横山以筑城、用地理优势威胁西夏的战略主张。从后来的战争结果来看，种谔和沈括提出的横山筑城是最正确的主张，如果照此实行，失败的就很可能是西夏了。

可惜历史没有如果，关键时候宋神宗又犯错误了，就像上次灵州之战时派了个宦官李宪统帅全军一样，这次他又派了个给事中徐禧前往鄜延路节制军事，共同商议。有宋一代之所以外战不行，说到底还是宋太祖赵匡胤杯酒释兵权确定的基本国策有问题，那就是以文制武，对武官不太信任，不放手让武官做事情，这样当然有效防止了武官造反的可能，但从另一面也导致了打什么仗都很难赢的情况。宋神宗很想学习唐太宗、汉武帝，建功立业，可惜最应该学的让武将统兵这一基本道理却始终没有学会。文官徐禧来了后，对种谔大加指责，否定了他的横山筑城计划，这个

第二章 乡"寻"

时候的沈括又像"乌台诗案"那次一样见风使舵，他居然转而又支持文官徐禧提出的永乐筑城的计划。应该说沈括是预判了宋神宗的决定，果然，宋神宗舍弃了种谔的方案而支持了徐禧。

从哪一个方面来说，筑城永乐都是一个败招，因为此地虽然地势较高，但三面绝壁而无水源，只要西夏把兵一围就如同当年马谡守街亭一样，只剩死路一条。如此绝境，懂兵的种谔自然不愿意，他反复强调在永乐筑城必然失败。

徐禧大怒，上奏朝廷把种谔调往延州。

懂兵的种谔被调走了，不懂兵的徐禧顶在前线，还有一个懂那么一些的沈括不敢多说什么，老老实实地待在米脂守着后勤补给线。当然，徐禧也不是说全然不懂没水就是死路一条的道理，他的逻辑是永乐城前面就是水寨，只要把水寨守住了，怎么可能会没有水呢？

1082年九月初九，西夏出兵三十万进攻永乐城，徐禧得知后率军两万五千人前去应战。虽然徐禧抢先一步进入城中，但在随后的指挥当中充分显示了瞎指挥的"天赋"，本来永乐城前面有水寨，西夏兵要进攻永乐城必须得过河，部将建议在西夏军队渡河时攻击之。西夏兵是重装的"铁鹞子军"，涉水过河时是他们最薄弱的时候，但是徐禧拒绝了，认为应该等人家全部过河了再一举歼灭。

徐禧这个错误犯得更加致命，一来永乐城没有水源，要保住水源的话就必须守住水寨，而敌军一旦过了河，相当于把水源的主动权交到了敌人手里，万一过河的敌军站稳了脚跟，死战不退的话，那么这个水源岂非就断掉了？这种风险不是永乐城所能承受的；二来西夏的兵力是大宋的十几倍，且又是重装兵，把敌人放过河歼灭它首先得自己的兵力占优势才行，否则如何截断后续源源不断跟进的重装兵?

　　不懂兵的徐禧为他的这个致命错误付出了血的代价,西夏铁鹞子军迅速过河后,也不列阵,直接就杀向了宋军阵地。宋军根本不能抵挡,直接溃败退进了永乐城,被西夏军团团包围了起来。种谔所最担心的马谡失街亭一幕无可避免地发生了。

　　宋军被围,城内缺水,永乐城危在旦夕。这时能够就近施以援手的只有两人,一个是沈括,他只有一万兵卒,前往支援时被阻止在永定河岸畔,欲进不能,而后路却传出八万羌兵袭击的消息,沈括害怕后路被切断,只好退保绥德。还有一个就是种谔,不过他对徐禧恨得要死,加上兵力不多去了也无济于事,于是以守延州为名拒绝出兵解围。从九月初九到九月二十日,永乐城坚守了十一天后失陷,徐禧、李稷、高永能、李舜等一批文臣武将殉国,除少数部队突围,其余两万多人覆灭。①

　　永乐城兵败后,最大的责任者徐禧已经战死,无法再追责了。种谔拒不救援,按理应该承担最大责任,但他在战前死谏,甚至为此还与徐禧大吵了一架,徐禧警告他不要喋喋不休、惑乱军心、贻误战机,否则军法处置。种谔表态宁愿军法处置也绝不附合徐禧,这种铁骨铮铮的风格比沈括不知强上了多少倍,这也是战后大家认为不应该处罚他的原因,加上宋神宗也认识到他是不可多得的将才,大宋江山还指望他镇守边疆,保境安民呢。

　　唯一能够拉出来承担罪责的就只剩下沈括了,尽管他也比较委屈,但当初没有坚持种谔的方案总是事实,后来出兵救援不力也是事实。沈括这一下子跌得很惨,直接被贬为筠州团练副使,随州安置。宋神宗驾崩后,沈括改任秀州团练副使,本州安置,

---

① 《西夏用兵》称宋军二十多万士卒役夫阵亡,只有曲珍、王湛、李浦等人逃脱。被宋人称为"永乐之耻",该数据疑似后人为政治目的而夸大。

不得签书本州公事，之后旧党执政，被贴上新党标签的沈括到死都未能重新得到重用。

永乐城兵败打击最大的是宋神宗，这么多年他强力推进王安石变法，为此不惜与一群颇有贤名的老臣翻脸，就是希望富国强兵。退一步说，就算富国不能成功，宋神宗至少希望强兵能够成功，这是他亲力亲为的。永乐城之败，是宋军在灵州之败后的再次惨败，等于就是宋神宗十余年的强兵努力，没有取得一点成效，全部都变得毫无意义了，这种精神上的打击终于成了压垮宋神宗的最后一根稻草。所有的梦想破灭之后，宋神宗的生命之旅也即将走到尽头了。

唯一谈得上收获的，是被新党打压了十余年的旧党，终于看到了重新崛起的一线曙光。如果从1069年王安石担任参知政事启动变法开始算起，到1082年岁末，已经过去了整整十三年，这期间宋神宗对变法的每一次犹豫和每一次想重新起用部分旧党人物，都被新党一一化解了，他们无所不用其极，比如发动"乌台诗案"打倒苏东坡和剑指司马光，再比如这次挑起大宋和西夏的战争，只是他们同样没有料到的是，这次的战争会败得这么惨。

由新党推动变法的大宋输了，旧党的重新崛起也就只剩下时间问题了。

第 七 节　黄州梦里别黄州

朝堂之上的纷争似乎并没有影响到远在黄州的苏东坡，他似乎对这些已经没有当初的那份兴致了，渐渐地变得越来越不敏感，越来越像一个靠天吃饭的农夫了。

农夫苏东坡在黄州无疑是成功的。

无论是在艺术造诣上,还是在心性修为上,这种跌至尘埃的农夫生活经历,都让他内心变得非常强大。也幸亏黄州给他提前上好了这一课,才使他在面对今后更大的苦难时能够从容面对,宠辱不惊。

上好了黄州这一课的苏东坡已经做好了余生都在黄州度过的准备。

他建了雪堂,开垦了东坡。在黄州的后面两年他的经济状况稍稍好一点时,他开始存钱了,甚至开始看田了,他准备再买一些田地,为将来做准备。《定风波·莫听穿林打叶声》那首词就是看田回来的路上写的,那天苏东坡去的是沙湖一个叫螺蛳店的地方。① 据说此地播种一斗种子,可以产稻十斛,产量很高。原因就是连山都是野草,可以涵养水分,而且从来未曾种过五谷,地气保存得好。沙湖的田只是看看,没有买成。

朋友杨绘(杨元素)知道苏东坡一家人日子过得艰难,为了让苏东坡老有所依,派其弟弟杨庆基专程赶至黄州,商议帮助苏东坡买田事宜。之后资助了苏东坡 200 贯钱用于买田,托同僚章楶(质夫)的儿子顺路捎来。苏东坡写信感谢:"今日章质夫之子过此,已托于舟中载二百千省上纳。到,乞与留下。果蒙公见念,令有归老之资,异日公为苍生复起,当却为公葺治田园,以报今日之赐也。"②

不久,杨绘又介绍了山西定襄胡家的田产,想与苏轼合买。

---

① 苏东坡创作《寒食帖》大概是三月初四,而其看田大概是三月初七。《寒食帖》中苏东坡的生活情况是极度贫困的,何以仅过了三天就有底气去看田了?钱从哪里来?一种可能是穷困潦倒中,一家人可能商量了要卖掉当时远在开封府的南园,既然那边准备卖,那么这边就准备买,这也是人之常情。
② 《苏轼集》卷八十一【与杨元素八首(之三)】。

第二章 乡"寻"

按照苏轼回信中的描述,这块田的环境很好,临水,有桥,可以下水洗澡,上船游湖。①

杨绘是当年苏东坡履职杭州通判时的顶头上司,不过杨绘1074年七月份调任杭州知州后,苏东坡九月底就调走了,两人在一起大概三个月时间。两人都是四川人,而且还都反对王安石变法,由此结下了深厚情谊。此番苏东坡落难,杨绘其实也只比苏东坡好一点,他也被贬为荆南(今湖北江陵)节度副使,如此困难的情况下,他也是尽其所能帮助苏东坡。

紧接着陈慥推荐了荆南头湖庄子,这庄子去府城五六十里,有田五百石,要价六百贯,但首付只要二百多贯,尾款可以慢慢还清……《苏轼集》尺牍记载:"见陈季常慥,云,京师见任郎中其孚之子,欲卖荆南头湖庄子,去五六十里,有田五百来石,厥直六百千,先只要二百来千,余可迤逦还……"

由于种种原因,上述所有买田事项最终都没有成交,估计那时苏东坡虽然有心买,但是手头确实没有钱,即使杨绘支援了200贯,买田依旧艰难。他需要卖掉位于开封府南园的那所宅院,但是委托别人办理、寻找合适买家、再加上来回路程等等,都需要时间。

在这段时间里,他甚至还策动弟弟苏辙一家来黄州居住,因为听说苏辙与新任筠州太守关系不好,日子过得很憋屈,天天要忙着过江收税,早出晚归的很是辛苦。为此苏东坡专门写信给弟弟说:"买田秋已议,筑室春当成。雪堂风雪夜,已作对床声。"意思就是说秋天就可以买田,第二年春天就可以盖房子了,还记得"夜雨对床"的约定吗?不用多想了你就过来黄州居住吧。

苏东坡不知道的是,黄州留给他的时间其实已经不多了。

---

① 《苏轼集》卷八十一【与杨元素八首(之八)】。

乡归——苏东坡的第二故乡之毗陵我里

永乐城兵败之后，宋神宗又一次想到了苏东坡，他想起复苏东坡以本官知江州，尚书右仆射兼中书侍郎蔡确[1]无奈受命后，公文送到了门下省，结果被尚书左仆射兼门下侍郎王珪[2]以超出常规为由谏止，宋神宗无奈，只好降低任命，改承议郎知江州太平观，这一次虽然明面上没有人反对，但他们采取了你推给我、我推给你的蘑菇战法，总之就是一个拖字。[3]时间就在这拖的过程中，晃晃悠悠地又从1082年年底拖到了1083年年底，这时苏东坡被贬黄州已经四年了。

1084年春，宋神宗不再与执政的宰辅商量，径直以"皇帝手札"的形式，量移苏东坡至汝州。宋神宗的"皇帝手札"是这样说的："苏轼黜居思咎，阅岁滋深，人材实难，不忍终弃。"意思就是：苏轼贬斥在外反省过错，过了几年认识更深，人才实在难得，不忍心终生摒弃。

宋神宗的这个"量移"，对皇帝而言，那是开了天恩了，毕竟苏东坡的起用遭到了宰执大臣们的强烈反对。彼时朝堂之上，宋神宗还需要靠这些变法派做事情。苏东坡虽然有才，但是到底跟宋神宗走的不是同一条路，皇帝无论如何都不会否定自己的变法。他能突破重重阻力，把苏东坡从荒远的黄州移到汝州，这已经是皇帝不想激化矛盾的情况下所能采取的最大努力了。按照宋神宗的意思，他想先把苏东坡移到离开封府比较近的地方，以后再找机会予以重用。

但是对于苏东坡来说，这个"量移"还真的不如不量移。

---

[1] 元丰改制后，尚书右仆射兼中书侍郎相当于右相，也即副宰相。
[2] 元丰改制后，尚书左仆射兼门下侍郎相当于左相，也即宰相。王珪于1082年四月升任该职。
[3] 王巩《闻见近录》：上有旨起苏轼以本官知江州，中书蔡确、张璪受命，震当词头。明日，改承议郎、江州太平观。又明日，命格不下。曰："皆王禹玉（王珪）力也。"

第二章 乡"寻"

量移啥呢？改变了什么吗？

除了被"软禁"的地方从黄州换到了汝州，其他还真没什么变化。官还是罪官，团练副使也还是团练副使，公事也依旧不能签署，那还有移的必要吗？人家苏东坡在黄州四年多，朋友交了一大堆，哪天不开心了还可以找朋友喝酒去，酒喝多了说不定还会再来个前前《赤壁赋》、后后《赤壁赋》。再说了，黄州还开垦了荒地，修建了雪堂，正在打算购买新的田地，这时突然冒出个从未待过的汝州，一切又得重新开始。对于苏东坡而言，人生还能有几个重新开始啊，毕竟此时他已经四十九岁了。

苏东坡很郁闷，但是再郁闷也不能忤逆皇帝的好意啊。唯一让苏东坡存点希望的就是总算挪窝了，也许这正是皇帝对自己的考验呢。

1084年四月，苏东坡终于启程准备离开黄州了。黄州的好友潘丙祖孙三代，以及古耕道、郭遘等人都来了，还有武昌的王齐愈、王齐万兄弟及其侄子天常以及韩毅甫、宗公颐等一大批人也来了，他们一直送苏东坡到慈湖；而与苏东坡早在凤翔时就认识的陈慥，交情更是不同，他一直把苏东坡送到了九江，也就是当年苏辙启程送苏东坡一大家子去黄州的地方。转眼四年多过去了，一切就像做了一个梦。

别了，黄州；别了，东坡；别了，定惠院；别了，定惠院边上的那株海棠……

别了，陈慥。

在苏东坡有关黄州的记忆里，陈慥这位青少年时代的朋友，仿佛天神降临般，那么突然地出现在他最需要朋友的时候，出现在他落难的地方，成为第一个把苏东坡迎进黄州的人，又成为最后一个把他送走的人……

苏东坡离开黄州，从此再也没有回来。

苏东坡留给黄州的最后剪影，是一首《满庭芳》的词，寄托了他的无限眷恋，以及一位年近五十的长者对"吾归何处"的灵魂之问。

归去来兮，吾归何处？万里家在岷峨。百年强半，来日苦无多。坐见黄州再闰，儿童尽楚语吴歌。山中友，鸡豚社酒，相劝老东坡。

云何，当此去，人生底事，来往如梭。待闲看秋风，洛水清波。好在堂前细柳，应念我，莫剪柔柯。仍传语，江南父老，时与晒渔蓑。

苏东坡在词里发问："归去啊归去，我的归宿在哪里？""人生到底为了什么？辗转奔波如穿梭。"他回忆在黄州的四年多，即便当年新生的孩子都已经学会了楚语吴歌。他希望自己走了之后，江南父老，天晴时还记得帮他晾晒渔蓑，说不定哪天又要回来做个渔翁了。

江南父老确实没有忘记苏东坡。时隔八十年后，两宋时期的又一位大诗人沿长江前往四川夔州上任，他在黄州下船，专程前往拜祭苏东坡。这位大诗人留给我们的一首耳熟能详的爱国诗是："僵卧孤村不自哀，尚思为国戍轮台。夜阑卧听风吹雨，铁马冰河入梦来。"

可能有些人已经知道他是谁了，没错，他就是南宋大诗人陆游。陆游来到了当年苏东坡躬耕过的"东坡"，来到了他曾经无数次饮酒的"雪堂"。

八十多年过去了，东坡还在，雪堂也还在。

第二章 乡"寻"

满墙的雪花仍在飘扬，当中一幅画像，苏东坡身着紫袍，头戴黑帽，手持藤杖，倚石而坐。不过，陆游看到的雪堂已经不是当初的了。由于新旧党争和北宋灭亡、金军南下，雪堂已经两毁两建。其中宋徽宗时期，新党人物蔡京当权，编写了一份元祐党人名单，全国各地刻碑记录"奸党"名单加以诋毁，苏东坡名列宰执官以下首位，雪堂因此被拆，时任黄州知州安信可知道后，冒着极大风险重新修建。宋徽宗亡国以后，金兵南下再次烧毁了雪堂，1138年，黄州知州韩之美再次修建。陆游所看到的，正是韩之美所建的雪堂。

陆游非常景仰苏东坡，他上岸探访了苏东坡的遗迹后留下了一首《黄州》诗：

> 局促常悲类楚囚，迁流还叹学齐优。
> 江声不尽英雄恨，天意无私草木秋。
> 万里羁愁添白发，一帆寒日过黄州。
> 君看赤壁终陈迹，生子何须似仲谋！

陆游走了之后，不尽的时间长河里，苏东坡的雪堂和祠堂屡次被毁，屡次重建。正如光绪十年刊本的《黄州府志序》所言："自宋王元之、苏子瞻二公以气节文章照临此邦，山川亦勃发其清淑之气，笃生俊哲，自是以还，理学名儒，文采经济，史不绝书。见于明史者，五十三人。文物声明，遂为楚中之冠。"

黄州成就了苏东坡，而苏东坡也让黄州走入了青史之中，并代代相传。

第八节 天涯何处觅吾乡

公元1084年四月中旬,苏东坡辞别黄州前往汝州,两地之间相距不超过一千里,即便北宋时期交通不便,个把月时间完全可以到达,但是苏东坡却在路上走了整整一年,最终也还是没有到达汝州。

这一年的时间,苏东坡去了哪儿呢?他究竟在做什么?

其实也没有做什么,说直白点就是拖。

苏东坡为什么要拖?

一来他是个罪官,苏东坡的任命是汝州团练副使,本州安置,不得签署公事,也就是把他从黄州挪到汝州,其他的什么都没变,既然到哪儿都是被监视着居住,何必那么急吼吼地赶过去呢?再加上苏东坡对汝州不熟悉,在汝州无亲无故的,赶过去当一个罪官的积极性当然要打折扣了。

二来苏东坡也在思考"归何处"的问题。年近五十的人了,一大家子那么多人还没有个归宿,这个让他最着急。原本以为可以在黄州终老,也为此花了不少心血,结果又证明白忙一场。苏东坡想找一个合适的地方,即使自己受朝廷命令身不由己,那也得把家人安顿好,免得跟着自己颠沛流离。这次从黄州移到汝州,正好沿路考察一番,看看有没有什么合适的安居之地。

以上两个方面的原因,让苏东坡此行速度极慢。

本来,黄州到汝州最短的距离,就是1080年他从京城开封被押着去黄州的路线,也就是自黄州北上,经光黄古道过淮河。这段路程不长,但大多是山路,需步行或骑马,苏东坡一大家子那么多人,其中不乏女人和小孩,步行或骑马显然不太现实。当然,

第二章 乡"寻"

他也可以仿照1080年的做法,就是自己先走,然后一大家子绕行水路。苏东坡走倒也是先走了,不过他先走的路线跟一大家子相似,也是从黄州出发,沿长江航道东行。

苏东坡之所以先行一步,主要原因还是想去看看远在筠州(今江西高安)的苏辙。

去筠州,沿长江东行时就得在九江上岸。九江旁边有座庐山,苏东坡早闻大名,如今经过,怎么可能不去探访一番,于是就和好友参寥、刘格一起爬上了庐山。

应该感谢1084年四月底庐山与苏东坡的这次相遇,天下之大美与天下之大才互相碰撞,往往能产生天下之极品佳作。此前的盛唐时代,一代诗仙李白已经留下了前无古人的名篇《望庐山瀑布》:

> 日照香炉生紫烟,
> 遥看瀑布挂前川。
> 飞流直下三千尺,
> 疑是银河落九天。

三百年后,苏东坡来到了庐山,再给庐山添加了一首后无来者的名篇《题西林壁》:

> 横看成岭侧成峰,
> 远近高低各不同。
> 不识庐山真面目,
> 只缘身在此山中。

这两个人，一个代表着唐诗的最高水平，一个代表着宋诗的最高成就，一个写水，一个写山，一个写风景，一个写哲理，而且都写成了庐山的千古绝唱。实际上，写庐山的诗中，还有一篇质量不错的诗作《庐山瀑布》，只不过这个人名气不大，他是唐朝诗人徐凝，《庐山瀑布》是其代表作：

虚空落泉千仞直，
雷奔入江不暂息。
今古长如白练飞，
一条界破青山色。

徐凝的《庐山瀑布》写在李白之后，有了李白的高峰之作，徐凝的诗自然逊色不少。加上苏东坡一向喜欢李白，这次上山看见有人把徐凝的"今古长如白练飞，一条界破青山色"与李白的"飞流直下三千尺，疑是银河落九天"放在一起进行比较，大概一时气不过，所以题诗道："帝遣银河一派垂，古来唯有谪仙词。飞流溅沫知多少，不与徐凝洗恶诗。"这里"飞流溅沫"就是批评徐诗的比喻不及李白贴切、生动、新颖，所以称徐诗为"恶诗"[1]。

其实徐凝这首诗大气磅礴而不失朴实，有较强的画面感，千百年来还是有不少人非常喜欢的。

与苏东坡同游庐山的，还有一个叫参寥的僧人。苏东坡一生命运多舛，远非常人可以承受，除了苏东坡生性乐观，能够随遇而安，还有很重要的一点就是儒、释、道三家思想在他身上都有集中体现。苏东坡还是苏轼的时候，儒家思想对他的影响非常大，那时他一心想着的就是居庙堂之高而心忧天下，把仕途晋升看得

---

[1] 《东坡志林·记游庐山》。

很重。黄州突围以后，与世无争和退隐田园的释、道两家思想对他的影响越来越大，他的身边出现了不少僧人和道士朋友，这也是他能够从容面对逆境的重要原因。苏东坡的僧道朋友中，最有影响的大概可以用"三僧一道"来概括，"一道"就是前面陪伴苏东坡畅游赤壁，因而留下千古名篇前后《赤壁赋》的道士杨世昌。"三僧"就包括此次同行的僧人参寥，还有一位历史上鼎鼎有名的佛印，此外就是在常州陪伴苏东坡走过最后一程的维琳长老。

参寥这个人结识苏东坡很早，应是"三僧"中结识苏东坡最早的。他是浙江临安于潜人（今属杭州临安区），能写诗，有"诗僧"之称。大概在苏东坡任职徐州太守期间，苏门四学士之一的秦观介绍两人认识。此后双方结下了深厚情谊。苏东坡因"乌台诗案"被贬谪黄州时，参寥写信慰问，苏东坡在回信中说："仆罪大责轻，谪居以来，杜门念旧而已。虽平生亲识，亦断往还，理故宜尔。而释、老数公，乃复千里致问，情义之厚，有加于平日，以此知道德高风，果在世外也。"1083年三月，参寥从杭州远道而来看望苏东坡，苏东坡将其安排在雪堂，一直住了一年多时间。其间参寥还与苏东坡一起，探访了那株在苏东坡最落寞最孤独时陪伴他的海棠，苏东坡在《记游定惠院》中写道："黄州定惠院东小山上，有海棠一株，特繁茂。每岁盛开，必携客置酒，已五醉其下矣。今年复与参寥师及二三子访焉……"这里的"参寥师"指的就是参寥，意思就是定惠院东山上有一株海棠树，每年鲜花盛开时都会带朋友们来赏花饮酒，已经五次醉倒在这里了，今年又与参寥法师及两三个朋友来访……

在《书参寥诗》中，苏东坡还记载了这样一件事："仆在黄州，参寥自吴中来访，馆之东坡。一日，梦见参寥所作诗，觉而记两句云：寒食清明都过了，石泉槐火一时新。后七年，仆出守钱塘，而参寥始卜居西湖智果院。院有泉出石缝间，甘冷宜茶。寒食之明日，仆与客泛湖，自孤山来谒参寥，汲泉钻火，烹黄蘖茶。忽悟所梦诗，兆于七年之前。众客皆惊叹，知传记所载，非虚语也。元祐五年二月二十七日，眉山苏轼书并题。"[1]

元祐五年也即1090年，苏东坡当时以龙图阁学士身份兼杭州太守。他回忆黄州的时候，参寥从吴中来看他，住在雪堂。有一天梦见参寥写了两句诗"寒食清明都过了，石泉槐火一时新"，当时不明白是什么意思。七年之后，苏东坡调任杭州，参寥也卜居西湖的智果院。院中有清泉从石缝中流出，清洌甘甜，非常适合烹茶。寒食节的第二天，苏东坡和几位客人泛舟西湖，来找参寥，他汲泉钻火，烹黄蘖茶。苏东坡忽然想起了七年前的那个梦，才明白原来这一幕，是七年前就已经注定了的。

按照苏东坡的意思，他与参寥的交往，冥冥中似乎早已注定。苏东坡离开杭州时，还写下一首《八声甘州》送给参寥：

有情风万里卷潮来，无情送潮归。问钱塘江上，西兴浦口，几度斜晖？不用思量今古，俯仰昔人非。谁似东坡老，白首忘机。

记取西湖西畔，正春山好处，空翠烟霏。算诗人相得，如我与君稀。约它年、东还海道，愿谢公雅志莫相违。西州路，不应回首，为我沾衣。

苏东坡与参寥游完庐山后，参寥返回九江等待自黄州出发的苏东坡一家老小，而苏东坡则前往筠州（今江西高安）去看望弟弟苏辙。

---

[1] 《苏轼集》卷六八《书参寥诗》。

第二章 乡"寻"

苏辙在筠州远没有苏东坡活得自在,他天天要过江去干盐酒税的差事,鬻盐、沽酒、称量猪肉和鱼鲜,这位未来的副宰相此时十分落魄,必须每天与卖酒卖肉贩盐的争论斤两。他们一家在筠州的住处是借到的一所府邸,比临皋亭还不如,宅院残破,东倒西歪,需要用木头来支撑倾斜的一面,才可勉强住人。只有厅堂外那间东轩是苏辙新造的,还在轩前栽种了两株松树,百来竿绿竹,算是有了一点诗情画意。

苏辙在筠州交往的人也不多,平常来往的只有一位云庵和尚,一位有聪禅师。苏东坡来之前的几天,云庵和尚梦见与苏辙及有聪禅师一起去接五戒和尚。奇怪的是,有聪禅师居然也做了同样的梦。三人正奇怪间,苏东坡托人送的信到了,说自己"已至奉新,旦夕相见"。三人于是出城二十里到建山寺接到了苏东坡。云庵和尚自此深信苏东坡是五戒和尚转世。①

苏辙接到苏东坡后,把最好的东轩让给苏东坡居住。但由于公事无人替代,抽不出时间陪苏东坡,只好让三个儿子苏迟、苏适和苏远陪苏东坡去了一趟大愚山的真如寺,这大愚山也即五戒和尚圆寂的地方。苏东坡在筠州待了六七天后,因担心王闰之、苏迈他们已到九江,只得匆匆与苏辙告别:"知君念我欲别难,我今此别非他日。风里杨花虽未定,雨中荷叶终不湿……"

时近六月,苏家全部家眷在长子苏迈的带领下终于从黄州乘坐大船赶到了九江。

一家人都已到齐,接下来该继续赴汝州上任的行程了。

不过还得等一等。

这次等一等的原因不是苏东坡,而是苏迈。苏迈于1081年

---

① 北宋释惠洪《冷斋夜话》卷七"梦迎五祖戒禅师",故事有可能源于其师云庵禅师的回忆,甚至有可能来自惠洪的道听途说,真实性存疑。

考中进士，直到 1084 年才被授予饶州府德兴县尉的职务，此次苏迈送全家至九江，同时也是顺路赴饶州上任。

对于长子苏迈，苏东坡觉得亏欠很多。苏迈是前妻王弗所生，年仅六岁时其母王弗即已病逝。二十岁时又遇到苏东坡的"乌台诗案"，他一个人在监狱外面陪了三个多月，及至苏东坡出狱，又在正月初一顶风冒雪陪着苏东坡赴黄州。苏东坡人生最苦闷的定惠院独居岁月，都是大儿子苏迈陪着度过的。如今苏迈已经二十五岁了，将要离开自己去一个陌生的地方上任，苏东坡有些舍不得，感念他这一路的辛苦和陪伴，苏东坡决定也要送儿子一程。这一送又送出了一篇经典散文，系苏东坡送儿子至湖口，听说附近有郦道元《水经注》所记载的石钟山，于是趁夜前往，由此写出了美文《石钟山记》：

《水经》云："彭蠡之口有石钟山焉。"郦元以为下临深潭，微风鼓浪，水石相搏，声如洪钟。是说也，人常疑之。今以钟磬置水中，虽大风浪不能鸣也，而况石乎！至唐李渤始访其遗踪，得双石于潭上，扣而聆之，南声函胡，北音清越，桴止响腾，余韵徐歇。自以为得之矣。然是说也，余尤疑之。石之铿然有声者，所在皆是也，而此独以钟名，何哉？

元丰七年六月丁丑，余自齐安舟行适临汝，而长子迈将赴饶之德兴尉，送之至湖口，因得观所谓石钟者。寺僧使小童持斧，于乱石间择其一二扣之，硿硿焉。余固笑而不信也。至暮夜月明，独与迈乘小舟，至绝壁下。大石侧立千尺，如猛兽奇鬼，森然欲搏人；而山上栖鹘，闻人声亦惊起，磔磔云霄间；又有若老人咳且笑于山谷中者，或曰此鹳鹤也。余方心动欲还，而大声发于水上，噌吰如钟鼓不绝。舟人大恐。

第二章 乡"寻"

　　徐而察之，则山下皆石穴罅，不知其浅深，微波入焉，涵淡澎湃而为此也。舟回至两山间，将入港口，有大石当中流，可坐百人，空中而多窍，与风水相吞吐，有窾坎镗鞳之声，与向之噌吰者相应，如乐作焉。因笑谓迈曰："汝识之乎？噌吰者，周景王之无射也；窾坎镗鞳者，魏庄子之歌钟也。古之人不余欺也！"

　　事不目见耳闻，而臆断其有无，可乎？郦元之所见闻，殆与余同，而言之不详；士大夫终不肯以小舟夜泊绝壁之下，故莫能知；而渔工水师虽知而不能言。此世所以不传也。而陋者乃以斧斤考击而求之，自以为得其实。余是以记之，盖叹郦元之简，而笑李渤之陋也。

　　送走苏迈后，苏东坡全家沿江而下，行程速度明显加快，六月二十三日到芜湖，七月初抵达当涂，七月中下旬到达金陵，对于苏东坡而言，又一场巨大的人生悲剧即将来临。

第 九 节　金陵丧子漂泊泪

　　五戒和尚的说法毕竟虚诞，虽然有不少书籍引用了释惠洪《冷斋夜话》的记载，但在苏东坡自己的书信和诗歌里却很少看到，似乎只有一首《南华寺》隐约提到："我本修行人，三世积精炼。中间一念失，受此百年谴……"[1] 中国古代不少帝王将相或大贤大

---

[1] 李一冰《苏东坡新传》提到苏东坡给云庵和尚写信自称"戒和尚不识人嫌，强颜复出，真可笑矣。既法契，使还旧规，不胜幸甚"，这一说法仍出自释惠洪《冷斋夜话》。

才者都有神秘出身加持，这也不足为奇。

奇怪的是释惠洪为什么会知道并记录下云庵和尚与苏东坡的这段交往。笔者稍稍考证了一下，发现释惠洪乃是洞山寺云庵和尚的弟子，而洞山寺与大愚山相距不远，当时都属于筠州所辖范围。大愚山前面已经说过，是五戒和尚仙逝的地方。所谓五戒和尚，本来叫师戒禅师，简称戒禅师或戒和尚，由于长期住在蕲州黄梅五祖寺，故人们尊称他为"五祖戒禅师"，他是北宋云门宗高僧，是云门宗创始人的再传弟子。据禅宗典籍记载，五祖戒禅师为人机变聪慧，龙象海会，受众无数。其暮年"失一目"，至江西大愚山"倚拄杖谈笑而化"。

释惠洪在《石门文字禅》卷二十七中说："东坡盖五祖戒禅师之后身，以其理通，故其文涣然如水之质，漫衍浩荡，则其波亦自然而成文。盖非语言文字也，皆理故也。自非从般若中来，其何以臻此。其文自孟轲、左丘明、太史公而来，一人而已。"

从这段文字里也可以看出，释惠洪对苏东坡文字有多么尊崇，如果一定要辨别《冷斋夜话》及《石门文字禅》有关苏东坡与五戒和尚关系的真假，那至少也应该考虑到释惠洪的动机，谁都无法否定的是，释惠洪内心深处肯定希望苏东坡是佛门中人，而且最好与洞山寺、大愚山这一带有所关联。

实际上，释惠洪最终还真与苏东坡挂上了关系。1109年，释惠洪因"多言乃致祸"下狱；1111年，又因朝廷党争受牵连而被流放到海南三年，在海南度过了三个贫病交加的春秋。在人生遭遇上他与苏东坡有着惊人的相似，也许在海南三年中，他一次又一次地想到了当年被贬至此、身处绝境、被他认为是戒和尚的苏东坡，也许正是受戒和尚的精神影响，才让他最终也如苏东坡一样，从死地当中走了出来，重新北回中原。

第二章 乡"寻"

不管释惠洪是如何解读苏东坡的,有一点可以确认,即苏东坡确实与佛教渊源深厚,其自身也非常笃信佛教。在苏东坡看来,那么多苦难,大约也只有佛教能够助其化解了。

苏东坡即将迎来的新的苦难是"断舍离",这是他人生当中的第三次。如果说前两次断的是父母,是妻子,那这次断的则是子女。

1084年七月二十八日,苏东坡最小的儿子,年仅十个月的苏遁病殇于金陵,也即今天的南京。

苏东坡不是只有儿子苏迈、苏迨和苏过吗,怎么又冒出了一个苏遁?

说到苏遁,又要说起前面提到过的王朝云。苏东坡担任杭州通判的第四个年头也即1074年,继室王闰之需要一个婢女,帮着照顾自己所生的五岁的苏迨和三岁的苏过,十三岁[①]的王朝云由此进入了苏家,开启了与苏东坡夫妇同命运共患难的一生。

当然还有另外一种说法,王朝云因家境贫寒,自幼沦落到歌舞班中为歌女。[②]在一次歌舞表演中邂逅了苏东坡,其清丽的容貌和高超的舞技引起了苏东坡的注意,而且还有人说当时是在波光潋滟的西湖上,由于天气突变,阴云蔽日、水雾迷蒙之中,湖光山色和佳人相映成趣,这让苏东坡有了灵感,于是挥毫写下了传诵千古的《饮湖上初晴后雨二首·其二》:

水光潋滟晴方好,
山色空蒙雨亦奇。

[①] 王朝云1062年生,故不少地方记载十二岁,但如果按农历计算年龄的方法法,应为十三岁,本书各处均按此计算。
[②] 孔凡礼先生《苏轼年谱》引用了这种说法,说是"《燕石斋补》谓朝云乃名妓,苏轼爱幸之,纳为常侍"。

乡归——苏东坡的第二故乡之毗陵我里

> 欲把西湖比西子,
> 淡妆浓抹总相宜。

在人们的心目当中,美丽善良又善解人意的王朝云,在苏东坡笔下当然是最适合用西施来形容了,不管此诗是否真的为王朝云所写,①只要人们愿意相信,那自然是"人生若只如初见"的初次相遇了。

苏东坡与王朝云的故事始于美丽的西湖,但刚开始的时候,王朝云只是一个侍女。苏东坡"乌台诗案"爆发后,大多数人都离他而去,王朝云却选择了跟随苏东坡去黄州,这份困境中的守候、信任和支持,给了苏东坡精神上很大的鼓励。1080年七月七日,农历的七夕节,苏东坡正式纳王朝云为妾。当晚,苏东坡携王朝云登上黄州朝天门楼,望着天上的明月,写下了一首《菩萨蛮·新月》:"画檐初挂弯弯月,孤光未满先忧缺。遥认玉帘钩,天孙梳洗楼。 佳人言语好,不愿求新巧。此恨固应知,愿人无别离。"词里的佳人没有乞求别的,只盼望从此以后"无别离",这里的佳人,应该说的就是王朝云吧。②

1083年九月二十七日,二十二岁的王朝云为苏东坡生下了一个儿子。当时,苏东坡正在为《易经》作《传》。"遁"取自《易经》中的第三十七卦"遁",苏东坡希望这个最小的儿子今后能够远离政治旋涡,无灾无难、快快乐乐地度过一生。为此他还专门写了一首诗:"人皆养子望聪明,我被聪明误一生;唯愿孩儿愚且鲁,无灾无难到公卿。"

---

① 《饮湖上初晴后雨二首》写于1073年,而王朝云进入苏家是1074年,时间上似乎有所不合。当然如果属实的话,也有可能认识一年后才进入苏家的。
② 也有说这首词是为王闰之所作,经历了"乌台诗案"后,苏东坡对人生看得比较透彻,希望夫妻俩从此以后无别离。

第二章 乡"寻"

苏东坡老年得子,这是被贬黄州以来让他最开心的。孩子给苏东坡带来的欢乐,几乎让一切困难都靠边站了。

然而苏东坡的这份欢乐并没有持续多久。1084年七月二十八日,在金陵城外的一艘船上,在王朝云的怀里,苏东坡最小的儿子苏遁夭亡,死时尚不满一岁。

这个可怜的孩子,出生在黄州,短暂的人生当中很多时间都漂泊在船上,还没来得及好好看看这个世界就走了。

当时正是农历六七月的酷暑时节,太阳暴晒加上水汽蒸腾,生活在小小的船舱里,不要说那么小的孩子,就是大人也受不了。最先病倒的是王夫人,苏东坡的疮毒也复发了……

这皇帝的诏命,早不来晚不来,偏偏是王朝云生了孩子没多久就来了。

只能说是天意了。

一家人还得继续赶路,大热天里孩子的死尸也不能一直放在船上,苏东坡只好泊舟上岸,在金陵城外的江边找了个地方将孩子埋了。

无法想象,夕阳余晖里苏东坡怀抱婴儿越走越远的时候,失去唯一爱子的王朝云又该是怎样的肝肠寸断。苏遁是她的命根子,如果可以,这个年轻的母亲愿意用自己的性命来换取他,可是万般皆不由人。

今天我们读苏东坡的《哭子诗》,依旧能够感受到九百多年前王朝云的那份悲怆:"我泪犹可拭,日远当日忘。母哭不可闻,欲与汝俱亡。故衣尚悬架,涨乳已流床。感此欲忘生,一卧终日僵……"

苏遁走后,王朝云再未生育过。在苏东坡的两妻一妾中,王朝云的命运最可怜,除了唯一的儿子孤零零地埋在金陵不知名的地方，她自己还陪着苏东坡吃过很多苦，最后病死惠州，也是一个人孤零零地埋在那儿，没有与苏东坡合葬，也没有迁入苏家的祖坟。她的身后没有留下半个子嗣，只留下了一些她和苏东坡的美丽传说——有关爱、忠诚、奉献和无私地燃烧自己，照亮别人。

在苏东坡的一生中，这个小名为遁儿的孩子匆匆地来又匆匆地去，宛如流星划过天际一般。因为太小，其本身没有显示出什么明显的特征，但他的死亡日期却充满了神秘色彩，似乎在预示着什么。前面说过，苏遁死于七月二十八日，细心的人或许已经看出来了，没错，"乌台诗案"爆发，皇甫遵从湖州任上把苏东坡抓走的那一天正好是七月二十八日，可以说这一天是苏东坡一生命运的转折点，是把他从苏轼推向苏东坡的人生第一步，也就是说，俗世的苏轼正是从这一天开始走向破灭的。如果仅仅只有这一次还可以说是偶然，离奇的是，17年后即1101年，又是一个七月二十八日，一代文豪苏东坡病逝于常州。

奇迹般的巧合！也只能说是巧合了。

不过当时的苏东坡并不知道，将来他的忌日会跟这位埋在金陵城外的小儿子一模一样。极度的悲伤之中，苏东坡开始反思造成这一切的根源，除了认为自己的罪孽连累了孩子，他还认为漂泊四方居无定所也是一个很大的原因。苏东坡更加迫切地希望找到一个安身之处。

这个安身之处在哪儿呢？

一切还需要从苏遁葬身的金陵说起。

第二章 乡"寻"

第 十 节 从公已觉十年迟

金陵，也就是现在的南京。

苏东坡万般无奈之下葬子于金陵，而此时的金陵，却居住着一位影响了整个大宋帝国命运的赫赫有名的人物，没错，他就是前宰相王安石。

前文已经说过，王安石是苏东坡仕途上的"苦主"，如果不是王安石变法以及为了变法而提拔上来的新党，又哪里会有"乌台诗案"的发生？哪里会有被贬黄州将近四年多以及孩子死于船上的后果？

所以，苏东坡有足够的理由去痛恨王安石。照常理，对于这样一位已经退休不问世事的前宰相，苏东坡要么敬而远之绕着走，要么胆子大一点，亲自跑上门去嘲弄一番，料想王安石也闹不出什么花样来。

但是苏东坡就是苏东坡，他远不是那种胸襟狭隘的宵小之辈，同样的，王安石也不是。不仅不是，王安石私下里还非常欣赏苏东坡，尤其是苏东坡的文章和诗歌。相传王安石退隐金陵后，凡遇从黄州过来的人，总会向他打听苏东坡最近有没有什么新作，如遇好的作品，总会叹息一番，认为是人中龙凤，称"更不知几百年方能出此一个"[1]。不知王安石有没有后悔当年没有重用苏东坡，不过即使重来一遍，王安石大概率还是不会重用的，这不是人品、道德、才干甚至个人私交的问题，而是大宋帝国改革的方向性问题，两人坚持的路线和方向根本不在同一个频道上，所以永远无法处在同一个战壕里。

---

[1] 语见北宋蔡京之子蔡绦《西清诗话》。

实际上，身为名震天下的前宰相，退隐后的王安石日子并不好过。苏东坡在黄州的日子不好过主要是物质上的，精神上也有，但也就是定惠院的那段时光，哪怕在最黑暗的时候也还有一株海棠陪着他；而王安石正好相反，物质上他是根本不用担心的，他本就不太讲究吃喝穿用，加上皇帝又赐了他一座宰相的宅邸，退休时拿的又是镇南军节度使同平章事的工资，这么高的薪水，按照他的那种佛系需求，几辈子都用不完。

王安石的痛苦主要是精神上的，是理想与现实之间的巨大落差。

为了推进改革，王安石几乎得罪了所有人。

他失去了朋友。整个北宋的元老重臣几乎都反对他，包括前文说过的颇有容人之量且对他有提携之恩的欧阳修，包括道德品格让他十分钦佩的司马光，包括那一大堆被贬出京城的人，比如范镇、张方平、韩琦等等。

他失去了亲人。两个弟弟王安国、王安礼都不太赞成他的激进变法措施。也因为不太赞成，被别有用心的人揪住了辫子。为了借王安国阻止王安石复相，他们扩大了郑侠进献《流民图》的打击范围，诬陷王安国是郑侠同党，王安国被削职回乡后郁郁而终，天下之人皆以为冤。

他还失去了最可靠的盟友。当年他大力推进变法，运筹帷幄，居中决策，而被他提拔上来的吕惠卿则大力付诸落实，两人配合得十分默契；当他因《流民图》而被贬离朝廷时，吕惠卿为了自身利益竟然出卖了他，随后又千方百计阻止他返回朝廷。吕惠卿的背叛让他对自己的识人和用人能力产生了深深的怀疑。

王安石原本以为，只要自己胸怀天下，心无半点杂念，一心为了这个国家，那么即使一时不被人理解，未来的历史终将证明他的清白。

第二章 乡"寻"

然而二次复出为相后,王安石对自己的这个想法越来越没有信心了。原因在于,他终于发现跟他处在同一个战壕的改革派,也就是他亲手提拔上去的所谓新党们,大多并不是为了富国强兵,而是把改革作为幌子争取高官厚禄,甚至为此不择手段,相互倾轧。

与这样的一群人为伍,改革如何能够成功?

王安石感到一种深深的无力感,尤其是他的长子王雱在变法过程中以三十三岁的英年突患背疽而死之时,他已经感到自己的改革推行不下去了,因为后继无人。

不是真的没有人继续推进改革,而是真的没有人如他那样,为了理想和抱负毫无私心地推进改革。

1076年十月,王安石再次退隐,无论宋神宗怎么挽留,他这次是真的下定决心退隐了。

王安石退隐的地方在金陵城边的钟山,一片荒郊野岭,漫坡的乱石、野草和流水,只有几户零星人家。

在这片遗世独立的荒野,王安石经常骑着御赐的马四处巡游。1078年宋神宗送的马死后,他就改骑了一匹自己买的驴,还雇了一位老兵给他牵驴。于是自那以后,在钟山的人们经常会看到一位骑黑驴的老者,穿着一身普普通通的衣服,旁边跟着一位漫不经心的牵驴汉子。有人路上遇见了,问老者要去哪里,老者的回答颇具禅意,大致的意思就是:如果牵驴的老兵在前,老兵牵到哪里就去哪里,如果牵驴的老兵在后,驴子想去哪里就去哪里。他的大大的口袋里永远装着两样东西:一样是书,经常取出来看;一样是烧饼,走饿了就拿出来填肚子,先是老者吃,然后是老兵吃,再然后是驴子吃。

不言自明,这位老者就是王安石,而这样的日子,王安石已经生活了八年。

八年中,苏东坡的足迹围着金陵城整整转了一个大圈子,他从密州太守调任徐州太守,从徐州太守调任湖州太守,然后"乌台诗案"爆发,然后被贬黄州将近五年,然后量移汝州,然后来到了金陵城外。

有一天,苏东坡还沉浸在丧子之痛中,忽然钟山上的那位老者就来了,骑的还是那头黑驴。这一点苏东坡还真是没想到,他从来没有想过这一生最大的政敌居然会登门拜访。

苏东坡来不及冠带,走出泊在江边的船只作揖:"轼今日敢以野服见大丞相。"王安石大笑:"礼岂为我辈设哉?"①

北宋两位泰斗级人物就这样在金陵城外一处不知名的江边相见了。此次相会,两人在钟山游山玩水、谈诗论佛将近一个月,留下了许多有趣的典故。比如王安石和几个朋友闲谈,问"动""静"二字应该如何解释,大多回答得拖拖沓沓几百字还说不清楚。王安石便说"等子瞻明天来问他"。第二天苏东坡到访,王安石就拿这题目问,苏东坡回答说:"精出于动,守神为静,动静即精神。"王安石为之叹服。

苏东坡在钟山最大的收获是安家的问题总算有了一点方向。前文已经说过,小儿子苏遁的死让苏东坡更加感觉到漂泊的苦。王安石知道后,劝苏东坡就在金陵买点田地,与他为邻,空的时候也可以经常走动。苏东坡非常感动,他后来在《上荆公书》中讲了这件事情:"轼始欲买田金陵,庶几得陪杖履,老于钟山之下……若幸而成,扁舟往来,见公不难矣。"在《次荆公韵四绝》其三里,苏东坡还用诗记下了这次相会的情形:"骑驴渺渺入荒陂,想见先生未病时。劝我试求三亩宅,从公已觉十年迟。"

---

① 语见南宋朱弁《曲洧旧闻》卷五。

第二章 乡"寻"

"从公已觉十年迟",经历了钟山相会后,苏东坡对王安石有了更加全面更加感性的认识。这种认识,从很大程度上纠正了其父苏洵《辨奸论》对他的影响,也明白了王安石与那帮争权夺利、唯利是图的改革派的根本区别。面对这位理想高远而又同样孤独的垂垂老者,苏东坡真诚地想到了以前许许多多可以后悔的地方,他发自内心地说出了这句"从公已觉十年迟",据说王安石看到后也为之感动了半天。

可惜十年过去了,人生又有几个十年呵。而新旧党争的恶果,已经超出了所有人的可控范围,继续在朝堂之上上演着一幕幕"你方唱罢我登场"的人间悲剧。

两年后苏东坡重回朝堂之时,旧党重新得势,司马光尽废王安石变法的所有举措。视变法为生命的王安石再次遭到迎头痛击,在免役法废除之后仅仅过了一个月就溘然长逝,离开了这个他看不懂别人别人也看不懂他的世界。

命运真的很残酷,老天为什么一定要让王安石看到这个结果呢?其实废除新法和王安石病死两者相距一个月都不到。

好在王安石在旧党当中还是留下了一个知音。已经对王安石有了较深理解的苏东坡又一次做了反对派,他不赞成全部废除新法,主张应该区别对待,对那些已经实行了十几年而且颇有成效的应该予以保留,只是固执的司马光已经完全听不见苏东坡的意见了,气得苏东坡回到家中直骂"司马牛、司马牛"。

苏东坡只能把他对王安石的复杂感情化成优美的文字,凝聚在他给小皇帝宋哲宗撰写的《王安石赠太傅》"制词"之中,好在司马光深恶痛绝的是王安石变法,而对王安石本人还是高度认可的,于是"制词"得以问世:

敕：朕式观古初，灼见天命。将有非常之大事，必生希世之异人。使其名高一时，学贯千载；智足以达其道，辩足以行其言；瑰玮之文，足以藻饰万物；卓绝之行，足以风动四方。用能于期岁之间，靡然变天下之俗。

具官王安石，少学孔孟，晚师瞿聃，网罗六艺之遗文，断以己意；糠秕百家之陈迹，作新斯人。属熙宁之有为，冠群贤而首用。信任之笃，古今所无。方需功业之成，遽起山林之兴。浮云何有，脱屣如遗。屡争席于渔樵，不乱群于麋鹿。进退之美，雍容可观。

朕方临御之初，哀疚罔极。乃眷三朝之老，邈在大江之南。究观规摹，想见风采。岂谓告终之问，在予谅暗之中。胡不百年，为之一涕。於戏！死生用舍之际，孰能违天？赠赙哀荣之文，岂不在我！宠以师臣之位，蔚为儒者之光。庶几有知，服我休命。

这篇"制词"也是苏东坡的优美散文之一，在不显山不露水地把自己的感情融入其中之外，很好地体现了王安石思接千载、智冠古今的宏大精神境界，尤其是"将有非常之大事，必生希世之异人。使其名高一时，学贯千载；智足以达其道，辩足以行其言；瑰玮之文，足以藻饰万物；卓绝之行，足以风动四方"。作为旧党人物，能够给一个新党领袖如此高的评价，除了王安石的道德品性确实无可挑剔之外，也体现出了司马光、苏东坡这些人的胸襟。反过来就不一样了，司马光死后八年新党重新执政，他的墓碑都被人砸了，有人甚至建议对死去的司马光开棺鞭尸，只是皇帝没有同意才作罢。

《王安石赠太傅》译文如下：

第二章 乡"寻"

大宋皇帝敕令：我观察古初，闪亮如见到上天的旨意。将发生十分重要的事情时，必定会有世上罕见的奇才之士出生。使得他一时名震四海，学问贯通千年；智慧足以通过天道，思辨足以使他的言论成为行动；卓越的文采，足以用多彩的笔法描饰世间万物；卓绝的行为，足以使四方受其影响。运用他的能力在一年之间，很快能够使天下风俗为之一变。

当代的高官王安石，年少时学习孔孟的学说，晚年师从于佛教（瞿昙·释迦牟尼）、老子（老聃），汇集古代《诗》《书》《礼》《易》《乐》《春秋》六经的遗文，阐释自己的意思；批判百家的各种落后的观点，用新的思想教化人民。属于熙宁年间大有作为的贤臣，名冠群臣的首要人物。他所受到皇帝笃信的程度，古今所没有。本来还需要看到他所创建的功业大成之时，突然产生了隐居山林的兴趣。把富贵视为浮云，放弃高官如同脱去鞋子一样。经常跻身在渔夫和樵夫当中，安然地与麋鹿为友。出仕为官和退隐山林的美德，令人感到雍容大度。

我刚刚登基之初，为先帝（神宗皇帝）居丧十分悲痛，十分眷恋王安石这位三朝元老，他远在长江之南的江宁。详细研究他治理国家的方略，很希望亲眼见到他的风采。哪里想到在我为先帝居丧期间听到了他亡故的消息。为什么不能够长寿百年，这让我不由地为他痛哭一场。哎呀！人的死与生上天早已安排，谁能够违背天意？对他赠送财物和谥号的敕文，难道不正是我的责任！追封为太傅，列于师傅大臣的名位，使之成为儒者的一种荣耀。如果你九泉之下有知，就接受我给你的这光荣的诰命吧！

王安石死时正是旧党执政,他的门生故旧怕受牵连,避之唯恐不及,所以前来吊唁的少,文坛朋友竟无一人为他写墓志铭。到了元明时期,许多人将宋朝灭亡的原因归结于王安石变法,他的坟墓因此不被重视。明洪武九年,朱元璋看中了紫金山的风水,要在这块"王气所钟"的地方为自己建造陵寝,下令将地面上的蒋山寺等古迹全部搬迁到紫金山南面。王安石的墓正好就在这片土地上,自然也在被移除之列。从此以后,王安石的墓便消失在历史的烟云之中,难觅踪迹,只留下了一首王安石想念钟山的诗《泊船瓜洲》:

>京口瓜洲一水间,
>钟山只隔数重山。
>春风又绿江南岸,
>明月何时照我还。

900多年过去了,钟山上的那位骑着黑驴到处漫走的老者,是否找到了回家的路?

第十一节　蒜山幸有闲田地

苏东坡在金陵逗留期间,决心听从王安石的话在金陵购置宅院田地,可惜时间太短,匆忙之间找不到合适的,而一家二十余口都在船上,实在不能多等,只好于八月十四日辞别王安石前往仪真。

第二章 乡"寻"

也许有人会问,皇帝不是赐了一个宅院给王安石吗?皇帝赐给宰相的宅院肯定不小,为什么不让苏东坡一家二十余口先住进去呢?然后再慢慢访田问宅不迟。

宋神宗赐给王安石的那座宅院,距离江宁城东门七里,到钟山主峰也是七里,位于半道之上,所以王安石称其为半山园。①不过此时半山园已不在王安石手中了。

好端端的半山园去了哪里呢?

半山园被王安石捐成了寺院。原来就在苏东坡离开黄州前后,也就是1084年春天,王安石生了一场重病,这场病甚至惊动了宋神宗,专门派御医到江宁府去给他治病。病好之后,王安石精神体力大不如前,觉得要那么大的宅院纯属浪费,还不如捐给寺院作点贡献,于是上书宋神宗,请求以所居宅院为僧寺,同时请求皇帝御赐匾额。宋神宗亲笔题写了"报宁禅院"四个字,所以该寺又叫报宁禅寺。

王安石捐了宅院后,一种说法是他回到城内,在秦淮河畔江宁县县治后的旧惠民药局处,租了一座小院子居住,②一时之间也找不到合适的地方来安顿苏东坡家那么多人。

苏东坡去仪真,其实一大半原因也还是为了访田问宅。他当时的心思,仍旧在金陵,一来王安石相邀,可以与他朝夕作伴。而仪真就像当年的鄂州之与黄州,相距很近,随时都可以一叶扁舟来往。二来可能跟十个月的苏遁埋在金陵江边也有点关系,一家人住得近了,才有可能常常去看看他,否则时间久了,谁还记得这个可怜的孩子呢?第三呢,可能与真州(仪真)太守有点关系。

---

① 也有说法是王安石自建的,如果是自建,可能建房土地是宋神宗御赐的,有待有兴趣的人进一步考证。
② 此种说法未经考证,存疑。李一冰《苏东坡新传》又说是在钟山,但语焉不详。

真州太守叫袁陟，他把苏东坡一家人安顿在了仪真学舍里，这回总算有了住的地方，大家都可以弃舟登岸了，可以慢慢地寻找田庄也就不用那么急了。

苏东坡到处求田问舍，他的钱早就在黄州期间耗光了，如今钱又从哪儿来呢？正如前文所分析的，苏东坡在黄州时就准备卖掉开封府的那个南园，可得八百余千，用以买田买地归隐，黄州没有买成，江宁也没有买成，如今就想在靠近江宁的仪真买。他在与苏辙的书信中提到"稍留真，欲葺房缗，令整齐也"指的就是这件事，意思是在仪真逗留一段时间，准备凑齐买房的钱。他在给王安石的信中又说："今仪真一住，又已二十日，日以求田为事，然成否未可知也。"

仪真求田没有着落，那么江对岸的京口如何呢？

京口就是今天的镇江，这一过江，一步就是江南了，只不过此时的苏东坡还没有意识到这一点。

一个好友的到来让他把眼光投向了江南，这个好友叫滕元发。

滕元发是范仲淹的甥孙。1083年冬，滕元发罢安州任去京师，经过黄州附近，苏东坡与他约好在岐亭相见，但不知怎么回事两人搞岔了，苏东坡去黄陂接他，而他却到了信阳，古时通信不便，一时之间两人根本联系不上，就此错过了相见的机会。之后滕元发在京城被牵连进一个逆案中，差点被冤杀，被贬至筠州安置，也就是苏辙所在的地方。为了辩明冤情，滕元发写了一篇《辩谤引疾疏》，上疏之前派人送至黄州请苏东坡把关，苏东坡把标题改成了《辩谤乞郡状》。奏折送上后，宋神宗马上意识到滕元发被人诬陷了，所以才有了这次知湖州的任命。

滕元发南下知湖州，正好经过京口，两人这次又约在京口的金山见面。由于上次没见成，这一次两人无论如何也不想错过了。

第二章 乡"寻"

苏东坡把家小安顿在仪真后,当即乘船前往金山,没想到船到中途,竟然看到了急不可耐的滕元发已乘一叶小舟前来相迎。这一幕给苏东坡留下了深刻印象,他在写给湖州贾收的信中形容了这次相遇:

> 久放江湖,不见伟人。昨在金山,滕元发以扁舟破巨浪来相见,出船巍然,使人神耸。

滕元发时年六十五岁,因长期戍守边疆,颇有武人风范,虽年过六旬,依旧孔武有力,魁梧伟岸。

两人在金山见面聊了两件事,第一件就是有关苏东坡量移汝州的问题。滕元发认为既然汝州无亲无故,如果不想去的话,可以向皇帝陈情。滕元发极力称颂宋神宗的仁慈和念旧,他劝苏东坡烧毁以前的文字,以示悔改,然后上书请求改调一个谪郡,皇帝大概率会同意。第二件事就是买田,滕元发也极赞成,认为苏东坡带着一家人四处漂泊终究不是长久之计,眼下买田确实要紧,他也会帮着留意。

滕元发毕竟不是当地人,也不在当地为官,买田的事一时半会儿他还真帮不上什么忙。

不过苏东坡运气好,这次金山之行还真遇上了一个能帮上大忙的人,这个人就是了元禅师,也即佛印和尚。

前文说过,苏东坡的佛道朋友很多,其中有"三僧一道"对他影响比较大,"一僧"参寥和"一道"杨世昌已经介绍过,这里讲的是第二个僧人佛印。

佛印是宋代云门宗僧,法名了元,字觉老,俗姓林,饶州浮梁(今属江西省景德镇市)人,比苏东坡大四岁。这人自小被称为神童，三岁能诵《论语》、诸家诗，五岁能诵诗三千首，长而精通五经，师从云门四世延庆子荣。二十八岁即开始住持九江承天寺，其后历住浠水斗方寺，庐山开先寺、归宗寺，镇江金山寺、焦山寺。

苏东坡与滕元发来访金山时，佛印自1082年从庐山归宗寺来金山寺担任住持已经两年有余了，因此对金山的情况比较熟悉。实际上在金山相见之前，佛印和尚已经与苏东坡见过面了，这见面还得感谢四月份的那次庐山之行。当时苏东坡与参寥已经游完了庐山，苏东坡去筠州探望苏辙，这时忽然得知佛印从千里之外的金山寺返回归宗寺办事，于是写信给佛印"见约游山，固所愿也。方迫往筠州，未即走见。还日如约，匆匆布谢"。

苏东坡从筠州返回九江后，家人还未到达，便和参寥两人再游庐山，在庐山与佛印一见如故，从此成为至交好友。[①] 相传《题西林壁》这首诗就是第二次庐山之行快结束时才作的，如果真是这样，佛印的作用当真不小，试想没有他的到来，怎么会有苏东坡的第二次游庐山？那么庐山上也就永远缺失了这首"不识庐山真面目，只缘身在此山中"的千古名作了。

苏东坡此次与滕元发一起相约金山，估计也有造访佛印和尚的打算。佛印听说苏东坡要在江对岸的仪真买田，于是极力推荐包括金山在内的京口一带，《东坡志林》卷二记载苏东坡所言："浮玉老师元公，欲为吾买田京口，要与浮玉之田相近者，此意殆不可忘。"这里的浮玉指的就是金山，意思就是"金山的了元禅师（佛印），打算为我在京口（镇江）买田，要与金山寺的田产比较近，这个不能忘记。"当时金山寺在京口一带有不少庙产，苏东坡买

[①] 苏东坡与佛印往来最早可以追溯到1080年六七月间，有据可查的是《与佛印十二首（之一）》。

第二章 乡"寻"

的田如果与庙产相邻,佛印便可以让寺庙里的人帮他代管,这样苏东坡要少操好多心。

苏东坡在佛印的陪同下,开始在京口寻访田地。这时发现了蒜山,山在江中,有一片松树林。站在山顶上,江浪滔滔,风帆历历,尽收眼底,视野极为开阔。苏东坡在这里又依稀看到了当年黄州临皋亭的模样,觉得是一个极好的筑屋卜居的地方,于是作诗《蒜山松林中可卜居余欲僦其地地属金山故作此诗与金山元长老》,表达了自己的欣赏之意,其中最后四句是:"问我此生何所归,笑指浮休百年宅。蒜山幸有闲田地,招此无家一房客。"意思就是蒜山刚好有闲田地,可以接收我这个无房户。

蒜山这个地方处于长江之中,《至顺镇江志》卷七记载:

> 蒜山,今西津渡口水中孤峰是也。按晋隆安中,孙恩浮海掩至丹徒率众鼓噪登蒜山,刘裕奔击大破之,投崖赴水死者甚众;唐刘展叛,上元二年(675年)正月,田神功将三千军于瓜洲,将济江,展将步骑万余,陈于蒜山……观此,则此山宽广,可容万人。宋时犹可居止,不知何年沦入于江也?

按《至顺镇江志》的意思,当年苏东坡看中的蒜山,在漫长的历史长河中,可能随着长江泥沙的冲刷而逐渐变小,慢慢沉入了江中。① 由此,苏东坡最终为什么没有实现蒜山筑屋,一种可能是到苏东坡时,蒜山筑屋的风险系数已经比较高了,有可能综合各方面因素后最终放弃。

---

① 蒜山到底是沉入了江中还是目前镇江城西保留下来的那座小山,尚存争议,此处不作展开。

京口买田筑屋最终未能实现，摆在苏东坡面前的依旧是定居何处的问题。

不过，京口买田也并非一无所获，根据后来的历史事实看，此时苏东坡打算买田的所在地镇江，已经距离常州无限接近了。如果再放长远一点来看，苏东坡寻找一个安家之地的轨迹，最初从黄州开始，一路向东，到了金陵后就向江北仪真（今江苏仪征）方向发展，幸而滕元发和佛印又把他的目光拉回了江南。

接下来按照正常逻辑，是继续沿江南往常州方向去呢，还是回江北从仪真朝扬州方向去？他的选择关系着常州能不能因缘际会，逐步成为苏东坡的第二故乡。当时的苏东坡并不知道他处在这么一个关键的时间节点上。

历史在等待着一个关键人物的出现。

这个人就是当年与苏东坡有过"鸡黍之约"的蒋之奇。

第十二节 仪真遇合命中人

历史真的很神奇，在苏东坡已经凑足了房款这么一个合适的时间节点上，在仪真寻房未果这么一个合适的地点上，当年与苏东坡有着"鸡黍之约"的蒋之奇出现了，而且恰恰出现在一个很合适的职位上——江淮发运副使。

江淮发运副使是个什么官？

宋朝的发运使简单地说就是管漕运的，掌一路或数路军需粮饷，后来还兼领军事、刑名、巡视地方、举贤荐能等职能，类似于府州以上的行政长官。江淮发运司又因主要面向江南鱼米之乡，

第二章 乡"寻"

是赋税财政的主要来源,在北宋漕运中的地位更加重要,其正式名称为"江淮两浙荆湖六路都大发运司",管辖范围包括淮南、江南东路、江南西路、两浙、荆湖南、荆湖北共六路。

仪真由于地处京杭大运河通长江的入口,是粮运、盐运等各类物资集散的重地,因此江淮发运司的官方机构就设在此地。这也是蒋之奇能在仪真遇到苏东坡的重要原因。更重要的是江淮发运司这个机构重点负责的就是征粮和统筹运输粮食,所以在买田买地的信息来源以及人脉资源等方面,蒋之奇都具有得天独厚的优势。

苏东坡从镇江回到江北后,蒋之奇已经知道了其求田京口的事情。两人相遇后自然就提起了当年琼林宴上的"鸡黍之约",也许当年只是随口说说,没想到时隔二十七年后,命运之神竟然真的把苏东坡一步步引向了常州。

只不过此次相遇,又与二十七年前很不相同,当年的苏东坡年方二十二岁,又得欧阳修的大力扶持,文名响遍京城,无疑是"千年科举第一榜"388人大名单中最耀眼的那颗,一时前途无量,大家都众星拱月般围着他。就像一个班上总有成绩好的和成绩差的学生一样,苏东坡无疑是尖子生中的优等生,蒋之奇虽然也还可以,但大概率也就是位于中等生之列吧,属于比较普通的那种。二十七年过去,苏东坡越混越差,如今只是一个罪官,蒋之奇却是江南一带的最高长官之一了。

苏东坡回忆起那个志存高远、朝气蓬勃、意气风发的夜晚,他与来自常州宜兴的蒋之奇、单锡一见如故,立下相聚阳羡、卜居垂钓的约定,如今自己却在贬谪之中,尝尽颠沛流离之苦,还担心会连累蒋之奇的仕途升迁,于是写下了这首《次韵蒋颖叔》的诗:

月明惊鹊未安枝，
一棹飘然影自随。
江上秋风无限浪，
枕中春梦不多时。
琼林花草闻前语，
罨画西山指后期。
岂敢便为鸡黍约，
玉堂金殿要论思。

苏东坡说"岂敢便为鸡黍约，玉堂金殿要论思"其实也是一种谦虚，虽然官没了，但文名却不小，粉丝很多，影响很大，连皇帝都是他的粉丝，谁敢保证哪一天他不会被重新起用？

蒋之奇就不同了，他能到今天这个位子，全靠的是小心谨慎，小心站队，生怕一不小心就犯错误，其实真的不容易。

如果我们把欧阳修主持的那届科举当作一个班的话，班主任是欧阳修，前面提到的章惇以及蒋之奇、苏东坡虽然在同一个班上，但这三个人的人生态度和价值观截然不同，从而也就决定了他们后来所走道路的不同。

坚决沿着班主任的路线走的当然是苏东坡了，他也是被欧阳修寄予厚望的衣钵传人，所以继欧阳修之后，他自然而然地成了大宋文坛的领袖，虽然没有官封，但谁的心里都有杆秤，谁也无法否认。也正是因为坚决走了班主任的路线，他也就自然而然地被当时的人们认为是旧党的核心。

坚决不走班主任路线的是章惇，这个人很有手腕，很有政治才干，他后来成了王安石变法的坚定支持者，也就是王安石、吕

第二章 乡"寻"

惠卿之后新党的第三代核心。苏东坡被贬黄州的 1080 年,章惇第一次出任参知政事,也就是副宰相。此时的他虽然与苏东坡属于两个不同的阵营,但两人关系依旧保持得不错,甚至可以说,正是 1080 年三月份章惇出任了参知政事,苏东坡在黄州的处境才得到了根本性的好转。前面已经提过,在刚到黄州的两三个月里,亲朋故友大多数都不敢与苏东坡交往,苏东坡寓居定惠院,唯一的朋友就是那株帮他走出困境的海棠。也就在这个时候,作为同学兼好友的章惇给他来了封信,这封信来自副宰相,可以想象,在极善于见风使舵的官场上它会起到什么作用。所以苏东坡在回给章惇的信中说:"轼自得罪以来,不敢复与人事,虽骨肉至亲,未肯有一字往来。忽蒙赐书,存问甚厚,忧爱深切,感叹不可言也。"[1]

三人中蒋之奇最辛苦,刚开始他走的是班主任路线,渐渐地发现了班主任在走下坡路,这条路走不通了。他没有像苏东坡那样坚持到底,以致因此背了不少骂名。不过在新党执政之时,他的官职一升再升;后来旧党执政了,他又因与旧党关系比较好,仕途也没有受到影响,依旧保持了升迁的势头,最高做到了知枢密院,主抓全国军事,职级相当于副宰相。

苏东坡与蒋之奇的交往,并没有受到新旧党争的影响,甚至于连恩师欧阳修受到蒋之奇弹劾时,两人之间的交往依旧不断。

在北宋,能够超越新旧党争并一以贯之的友情实在不多,蒋之奇与苏东坡算是非常特殊的两个了,这也许跟他们冥冥中的缘分有关吧。

他们之间究竟有着什么样的缘分呢?

前文已经提到过,蒋之奇的养父也就是伯父蒋堂曾经在四川

---

[1] 见《苏轼集》卷七十五《与章子厚书》。

为官，而苏东坡的伯父苏涣于 1023 年参加乡试，遇到的主考官就是蒋堂。当时考生试卷还没有实行糊名制，主考官可以看到应试考生的姓名，蒋堂翻阅苏涣的试卷时，被其雄文折服，拟取为第一，却被苏涣婉拒，认为有父兄在绝不能当第一，蒋堂由此更加喜欢他，苏涣也视蒋堂为知遇之人。蒋堂是蒋之奇青少年时期的偶像，苏涣也是苏东坡青少年时期的偶像，他们的缘分是从上一辈就传下来的。

这种神奇缘分的传递还不仅限于此，1074 年苏东坡任杭州通判时，到单锡家游玩，竟然发现了伯父苏涣写给蒋堂的手迹，那时蒋堂、苏涣均已逝世多年，在地处江南的单锡家发现伯父的墨宝，不能不说是一个奇迹，而最神奇的是单锡也是参与"鸡黍之约"的数人之一。① 也就是说，写信者，收信者，珍藏书信者，三家都不约而同地考中了进士，还是同一届进士，而且坐在一起立了一个"鸡黍之约"，这种奇迹的概率不用说大家都知道有多难。

就像苏东坡自己后来说的，"吾来阳羡，船入荆溪……逝将归老，殆是前缘。"也只能用"殆是前缘"来形容了，也许前缘已经注定，蒋之奇和单锡就是把苏东坡带回第二故乡的引路人吧。

在来到常州之前，苏东坡想结束漂泊之旅，一次一次地打算购田安家又一次次地失败，以至于苏东坡非常失望，在一段记事里说："吾无求于世矣，所须二顷田以足饘粥耳，而所至访问，终不可得。岂吾道方艰难，无适而可耶？抑人生自有定分，虽一饱亦如功名富贵不可轻得也？"② 苏东坡之所以寻一合适的安家之处这么艰难，原因有三：第一，需有遇合之人，也就是帮他安家

---

① 不少地方说胡宗愈也参与了鸡黍之约，但事实上 1057 年胡宗愈名落孙山，常理是没有资格参加琼林宴的，胡宗愈要到三年后才高中进士第二名。

② 见《东坡志林》。

第二章 乡"寻"

牵线搭桥的人,这样至少还有相交之人,有亲情、友情在;第二,需有遇合之地,也就是至少是苏东坡喜欢的地方,而且又正好愿意出售给苏东坡;第三,需有遇合之时,这个"时"是时机的意思,苏东坡的一生受朝堂政治影响,其在何处安身除了自己的喜好,还需要朝廷同意,这就需要一定的时机。

随着蒋之奇的出现,这些条件已经完全集中到了苏东坡身上。首先是遇合之人,不用说,时任江淮荆浙发运副使的蒋之奇是再合适不过了,他有意愿也有能力促成苏东坡这个"罪官"实现安家之梦。其次是遇合之地,蒋之奇帮忙联系了当年"鸡黍之约"的目的地常州下辖的宜兴,恰有黄土村曹潜夫家田地要出售,清人王文诰注苏轼《次韵蒋颖叔》云:"归宜兴事,始于蒋之奇,而成于蒋之奇……如不谓然,自公方自金陵至真,其地距宜兴亦甚悬隔,何由知黄土村有曹庄田,事在必成,而经纪其事者,又适有此蒋生乎?此乃之奇预知乡有曹庄田可得,而遣其族人购之。故公自齐安以来,求田甚难,而至是,则一拍即合也。"再次是遇合之时,朝堂政治环境对保守派逐渐好转,对待苏东坡逐渐宽松,这使苏东坡请求定居常州成为可能,买田常州后苏东坡先后上了两次《乞常州居住表》即是为了此事。

购买黄土村曹姓田地的钱是一笔大数目,这笔钱从哪儿来呢?前文已经说过,苏东坡是卖了京城的南园才筹齐的,说明了两点:第一,他断绝了在京城安家的念想,京城再也不会是他的安家之地,这也说明了苏东坡对于政治仕途的态度转变;第二,他下了很大决心和很大血本,这几乎是他能筹集到的全部财产了,统统都安置在常州了,也说明他对常州的坚定选择。

1084年九月中旬,苏东坡终于到了常州,开启了这一生中他主动选择的唯一一座城市的生活,虽然时间并不长久,但是留下

159

了许多美好的回忆。以至于后来终老之时,他还是千里迢迢地赶回来了,将生命中的最后四十三天留给了这座"殆是前缘"的城市。叶落归根,苏东坡最终还是选择了生命中的第二故乡——常州。

第三章 乡『聚』

乡归——苏东坡的第二故乡之毗陵我里

苏东坡曾经写过一首诗《书李世南所画秋景二首》，其中有两句是这样的：“扁舟一棹归何处，家在江南黄叶村。”

江南黄叶村，一个多么美丽而又富有诗意的地方啊。

苏东坡在写这首诗时，一定是想到了远在千里之外的宜兴黄土村。"土"和"叶"虽然只有一字之差，然而意境却相差了千里万里。在苏东坡的心里，土名虽土，却永远是那个黄叶纷飞、扁舟往来、渔歌唱晚的心灵归依之处。

这个地方，是苏东坡亲自选择的。

1084年农历九月中旬，苏东坡抵达常州，九月下旬，从常州至宜兴，与单秀才一起步田至黄土村，村庄离县城55里，苏东坡一眼就相中了，一家老小之后也相继来到宜兴，就此定居下来。苏东坡后来再次贬谪岭南之时，因为有了这处安身之地，家人不再需要随着苏东坡四处漂泊了。

实际上，苏东坡选择常州，并不仅仅是因为在仪真碰到了蒋之奇，以及与蒋之奇、单锡的"鸡黍之约"，更不是一时兴起。他对常州的了解，早在十几年前就开始了，在1084年来常州之前，他已经到过常州6次了。

第三章 乡"聚"

第 一 节 多谢残灯不嫌客

很多年后，当苏东坡伫立船头，于烟雨苍茫中靠近常州的时候，他是否还能想起第一次与常州的相遇？

时间倒推回 1071 年，那是苏东坡与常州的第一次相遇，苏东坡时年三十六岁。因为屡次上书反对王安石变法，又在权开封府推官任上出了一道面向所有考生的试题，隐喻暗讽王安石变法，终于导致变法派出手，由御史谢景温出面弹劾，苏东坡被迫外调杭州通判。苏东坡七月离开汴京，十一月三日抵达润州的金山寺，二十日由润州出发，沿京杭大运河去杭州上任，途经常州。

因为是途经，又是在船上，甚至于是晚上路过都有可能，所以这第一次的相遇，实在谈不上什么深刻的印象。

真正让苏东坡有印象的是第二次，这一次依旧是路过，但是情况却有很大不同，因为这次是在赴润州赈灾的路上，任务紧急，且经过常州时正好是 1073 年的除夕之夜，苏东坡被迫在常州通吴门外京杭大运河畔，在一艘船里度过了孤单的一夜。

除夕、异乡、孤舟、深夜、涛声，这一组特定的词汇，在 1073 年的那个大年夜里，全部聚集在一起，冰冷而又真实地展现在了苏东坡面前。

不清楚苏东坡是否想到了唐朝张继那首著名的《枫桥夜泊》：

乡归——苏东坡的第二故乡之毗陵我里

"月落乌啼霜满天,江枫渔火对愁眠。姑苏城外寒山寺,夜半钟声到客船。"作为一名天才诗人,此情此景之下,苏东坡应该是想到了,他提笔为常州这座城市留下了《除夜野宿常州城外二首》,其中第一首如下:

> 行歌野哭两堪悲,
> 远火低星渐向微。
> 病眼不眠非守岁,
> 乡音无伴苦思归。
> 重衾脚冷知霜重,
> 新沐头轻感发稀。
> 多谢残灯不嫌客,
> 孤舟一夜许相依。

这首诗在苏东坡留下来的众多诗词歌赋中并不算特别出彩,但是苏东坡却非常看重,一直念念不忘。后来苏东坡被贬到岭南之外的惠州时,在又一年的除夕夜里,将其手抄给了儿子苏过,并题跋说:"仆时三十九岁,润州道中,值除夜而作。后二十年,在惠州守岁,录付过。"

也许在苏东坡眼里,这第二次才是他与常州的初次相遇,起首的两句描写的就是常州城外的情况:有人在悲歌,有人在野外哭泣,声音是如此悲伤。远处的灯火,夜空中的几颗星星,渐渐地暗淡微弱下去……

1073年的常州是如此,其实全国大多数地方都是如此,饿殍遍野,民不聊生,百姓流离失所。尤其是东北流民,扶老携幼往关内转移,进而又引发本就饥肠辘辘的关内流民。这些逃荒的难民走到京城，又没有吃的，只好跟城中百姓一起买麦麸，这是牲口吃的饲料。他们用这种麸皮和上一点米，做成粥充饥，《宋史》的说法是"合米为糜"。

不少人将灾难的发生归结于王安石变法，1073年正是王安石变法深入实施的第五个年头，变法遇到了种种困难，国家财政虽然增加了，但底层老百姓的生活却更加艰难。王安石的运气也不好，1073年整个大宋王朝出现了一场罕见的天灾，从1073年的夏天开始一直到1074年的春天，滴雨未下，田里的庄稼大部分都干死了。灾情严重的地方，老百姓不得不背井离乡，四处觅食以度过危机。即使到了这种程度，因青苗法而背上债务无力偿还的老百姓，依旧遭遇了地方政府的催逼和盘剥。很多老百姓都被抓了起来，一边披枷戴锁，一边做劳力"卖己偿官"，也就是把自己卖作劳力归还借政府的青苗钱。

本来就反对变法的苏东坡忧心忡忡，杭州牢房里已经塞满了因欠债无力偿还的灾民，而他每天的工作大多数都是在审理这些灾民的案子，其中的痛苦可想而知，但他却无能为力。

苏东坡唯一能做的补救工作也就是赈济灾民了。刚好江淮转运司于1073年十一月调集各州人马赴重灾区赈灾，苏东坡即是其中之一，他从1073年十一月一直忙到1074年六月方才返回杭州，历时七个多月。此次夜宿常州，即是前往镇江赈灾路上的一次路遇。

除夕之夜正是万家团圆之时，为什么苏东坡已经到了常州城边而不上岸呢？

常州市苏东坡研究会副会长邵玉健在其所著的《苏轼全传·毗陵我里》里，对苏东坡除夕夜野宿常州城外做了详细解读：

除夕下午，船抵常州城东的通吴门外，苏轼却下令泊此。常州城筑墙建门于五代十国的吴国时期（公元十世纪初）。通吴门是座水门，横卧古运河上，位于今天天宁禅寺附近。船家大惑不解，因为距驿站所在的城中弋桥仅两三里路程，作为专来公干的上级官员，马上就可享受高级的礼遇。手下人欲登岸，向常州官府通报，也被他喊住。原来苏轼不愿在万家团聚的良辰时刻打扰地方官员。如住驿站，必然向上通报。他一路过来，每到一处都得到当地官员的亲迎长叙，接风洗尘。如到毗陵驿休息，固然温暖舒适，但自己这批不速之客必然搅得驿站员工不能回家。大家不上岸，让他们过一个团圆夜、安心年吧！

这个解释应该是符合苏东坡的一颗爱民之心的，他不想在除夕之夜打扰常州的父老乡亲和常州的地方官员，于是只好自己将就着度过了1073年的除夕了。当然也有不少人说是灾情严重，苏东坡心系百姓而不想浪费时间，也有说地方政府财政困难，苏东坡怕他们破费而不想打扰他们，说的都有一定道理。但如果换个角度，苏东坡可以微服上岸啊，可以只在常州过个除夕啊，只要他愿意，那是既不耽误救灾时间，也不影响地方政府。不过苏东坡没有这样做，这其中的缘由可能跟此时常州城内还没有熟悉的朋友有关吧，即便上了岸，又能找谁喝酒去？

另外一层原因可能是官场险恶，1073年的大宋官场基本上被变法派把控，稍稍对变法提出质疑或反对的，不是调就是贬，以苏东坡的性格，三杯酒下肚保不准就要写诗了，一写诗保不准就是发牢骚了，一发牢骚保不准就被告发了。苏东坡后来"乌台诗案"爆发，有很大一部分原因即是因此。当时王安石权倾朝野，整个

第三章 乡"聚"

大宋御史台里的官员,除了跟着王安石说话的,其他的几乎都被排挤掉了。

然而人生的很多反转,却往往在极盛时候到来。其起因往往不是惊涛骇浪,而只是一件极其普通极其平常的小事情,在特定的时候出现在特定的场合起到了特定的作用。

前文已经说过,让王安石的命运发生反转的,只是开封府的一个名叫郑侠的小门吏进献的一张《流民图》。那么多文武大臣反对了整整五年都没有办法撼动半分的王安石,终于倒在了一张《流民图》上。

1074年四月,王安石罢相。

小人物郑侠扳倒了王安石,但他的结局并不好。历朝历代,小人物即使靠着因缘际会,借助天时地利在政治斗争中获胜,但最后还是无处可逃地沦为别人的棋子。

郑侠就是显著的例子,尽管受尽新法之苦的老百姓感念他,但是继王安石之后上任的吕惠卿以"谤讪"罪名将其流放汀州编管,并利用《流民图》事件牵连了不少反对变法的人。

汀州编管并没有真正落实,原因是吕惠卿觉得惩处太轻,请求皇帝将其处死。宋神宗总算不糊涂,知道这个人影响着民心民意,于是以"郑侠谋国而不谋身,忠诚勇气颇可嘉许"[①]为由予以开脱。吕惠卿只好把郑侠流放到了蛮荒之地的英州,也就是今天广东省的英德市。

郑侠离开京城之时,前来送行的亲朋故旧寥寥无几,大家都害怕受到牵连,独有御史台官员杨忠信冒着风险赶来,十分感动地对他说:"所有御史对朝政都钳口不言,独君一人挺立不屈,

---

① 见林语堂《苏东坡传》。

做此殊死战，殊为可敬！"①

随着朝堂之上新党和旧党的较量，郑侠后来也如同苏东坡一样几经沉浮，于1119年八月去世，终年七十九岁，因其以一己之力阻止了王安石变法并最终导致十余年后变法被完全废止，千百年来人们一直纪念他。明朝内阁首辅叶向高，曾特意为郑侠撰写一副对联："谏草累千言，终信丹青能悟主；归装惟一拂，始知琴鹤也妨人。"

小人物郑侠阻止了王安石变法，于是天下"苦变法久矣"的人们迎来了曙光。

1074年五月，苦闷了整整一年的救灾官员苏东坡踏上了常州的土地。②后来一次又一次的事实证明，在苏东坡心里，常州或许是块福地，他的每次好运或者好消息，几乎都是在来到常州前后发生的。此次的王安石罢相，正好就是在苏东坡踏上常州土地之时。

第 二 节　此邦君子多风范

1074年五月，苏东坡来到了常州。

此时的苏东坡还不知道常州这块土地今后将要与他结下的深厚情缘。他这次来，只因为一个叫钱世雄的人。

如果说蒋之奇和单锡是把苏东坡引向常州的第一人的话，钱世雄可以说是第二人。

---

① 见林语堂《苏东坡传》。
② 也有说苏东坡1073年把外甥女嫁给单锡时曾来过常州，但目前尚无考证。

第三章 乡"聚"

钱世雄是如何结识苏东坡的呢？这又要从钱世雄的父亲钱公辅说起。

钱公辅，常州武进县（今属常州城区）人，1049年已丑科进士第三人，先后担任越州通判、开封府推官、天章阁待制、知邓州、知扬州等职。1071年十月，苏东坡被排挤出京，赴任杭州通判时，途经扬州。钱公辅在扬州热情接待了他，还邀请了此时正好在扬州的刘挚等3人作陪，大家在一起欢聚了3天。临走时，钱公辅将其子钱世雄介绍给苏东坡认识。当时钱世雄正在杭州担任中下层官员，钱公辅希望两人能够成为好朋友，互相帮扶。

可以说，苏东坡到杭州认识的第一个人就是钱世雄。

1072年，钱公辅病死，年仅五十二岁，按惯例，钱世雄需回家丁忧三年。① 1074年苏东坡完成赈灾任务准备返回杭州之时，正在家服丧的钱世雄邀请苏东坡到他家，为父亲钱公辅写一篇哀词，作为永久的思念。

苏东坡应约而至，作《钱君倚哀词》②：

> 大江之南兮，震泽之北。吾行四方而无归兮，逝将此焉止息。岂其土之不足食兮，将其人之难偶。非有食无人之为病兮，吾何适而不可。独徘徊而不去兮，眷此邦之多君子。有美一人兮，了然而清，顾然而瘦。亮直多闻兮，古之益友。带规矩而蹈绳墨兮，佩芝兰而服明月。载而之世之人兮，世捍坚而不答。虽不答其何丧兮，超彷徉而自得。吾将观子之进退以自卜兮，相行止以效清浊。子奄忽而不返兮，世混混

---

① 丁忧三年并非实足三年，一般是指27个月，也有25个月的，即服满两年进入第三年即可。
② 也有人考证说苏东坡作《钱君倚哀词》是在1074年从杭州调任密州之时，途经常州所作。

吾焉则？升空堂而抱遗像兮，吊凝尘于几席。苟律我者之信亡兮，吾居此其何益。行彷徨而无徒兮，悼舍此而奚向？岂存者之举无其人兮，辽辽如晨星之相望。吾比年而三哭兮，堂堂皆国之英。苟处世之恃友兮，几如是而吾不亡。临大江而长叹兮，吾不济其有命。

这首《钱君倚哀词》开头的几句："大江之南兮，震泽之北。吾行四方而无归兮，逝将此焉止息。岂其土之不足食兮，将其人之难偶。非有食无人之为病兮，吾何适而不可。独徘徊而不去兮，眷此邦之多君子。"意思就是常州地处大江之南、太湖之北，我行走四方，却没有归宿，想要把这里当作安息的地方。难道是别的地方养活不了我？不，只是因为别的地方难以遇见能够相处的人啊。如果不是只有吃的而没有朋友的问题，我哪里都可以安顿，我在这里独自徘徊不愿离去，乃是眷恋这里德高望重的正人君子。

苏东坡表达了对钱世雄父亲钱公辅的崇敬，表示自己之所以不愿离去，是因为"眷此邦之多君子"。

最神奇的是，1074年的苏东坡，在这首悼词里赫然表达了"吾行四方而无归兮，逝将此焉止息"，十年后，从黄州一路东行的苏东坡，正是"行四方而无归"，最终到了常州安顿了一家老小。仿佛1074年他就已经预见到了未来会四处漂泊并想要寻找归依之所一样，要知道那时他还未放弃对政治仕途的向往，其心心念念的还是回到京城去当官。以他当时的追求而言，他真正想安家的地方，大概就是开封府已经买了的南园，或者离开封府不远的地方，买一处田园用于将来养老。如果不是"乌台诗案"改变了其人生轨迹，苏东坡又怎么会想到最终还会落脚常州"逝将此焉止息"？

第三章 乡"聚"

真是一语成谶。

苏东坡说的"眷此邦之多君子"也不是一句空话或者套话，而是其内心真实的想法。

此邦多君子，有哪些君子呢？

除了前面提到的把苏东坡引进常州的蒋之奇、单锡外，与苏东坡结下深厚感情的就是钱公辅的儿子钱世雄了。

在苏东坡三十六岁之前，钱世雄从未进入过他的视野。然而在三十六岁之后，两人的交往逐渐多了起来，尤其是苏东坡人生中的最后八年，在苏东坡贫病交加、一贬再贬、亲朋好友因怕受牵连而逐渐远离他之时，钱世雄跟他的交情反而越来越深。也许苏东坡当年都没有想到，这样一个无意中认识的同事，看起来默默无闻的常州人钱世雄，竟然给了他人世间最后的温暖。

这温暖到了什么样的程度呢？

苏东坡被贬惠州之时，有一段时间连常州的家人都与他失去了联系，苏迈十分着急。当时钱世雄已经升任平江府通判，估计钱世雄一时之间也无法联系到他，并且特别担心他一个风烛残年的老人被贬岭南后要如何生活，于是跟苏州定惠院的守钦长老商量这个事。一位名叫卓契顺的年轻僧人自告奋勇前往惠州寻觅他。于是卓契顺带着钱世雄的问候信、苏迈的家书、守钦长老的《寒山十颂》诗出发了，沿途托钵化缘，饿吃野果，渴饮溪水，困睡树洞，因不熟悉地形，走了不少弯路，中途在英州地界还生病了，在一户姓罗的山民家躺了半个多月，行程近三千里，终于到达惠州，找到了苏东坡。卓契顺是1094年十月初二出发，一直到1095年三月初二才到，在路上整整走了五个月，人都走得变了形。抵达时破衣烂衫，伤痕累累，形同叫花子，但是所捎带的书信和钱世雄所赠送的白术等药品则完好无损。这份人间大义，让苏东坡感慨良久。苏东坡后来复信给钱世雄说:"远蒙差人,固佩荷契义,而卓契顺者,又可奇也。无以答其意,与写数纸,公可取一阅也。寄惠白术,极所欲得也。笺格甚高,想见风裁,回信惟有紫团参一枝,疑可双奉亲故,不以微鲜为愧也。两儿子曾拜见否?凡百想有以训之。"

因为与苏东坡过从甚密,钱世雄前后多次受到苏东坡连累,却无怨无悔,痴心不改。第一次是"乌台诗案"。张方平、李清臣、司马光、范镇等22人都受到苏东坡的牵连而被朝廷处罚,钱世雄名列被处罚名单的最后一名,他也是苏东坡的常州好友当中受到处罚的唯一一人,还是被列入处罚的两位"选人"中的其中一位。所谓"选人",就是初级官员的总称,一般指的都是幕僚,钱世雄有幸成了受到处罚的初级官员的代表,被罚铜20斤。第二次更惨,钱世雄好不容易从初级官员爬到了平江府(今苏州)通判一职,宋代这一职务是地方除太守之后的第二人,相当于一个城市的二把手,达到这一职位后,官路从此也就打开了,再往上就可以调往各州担任太守了,但钱世雄"顶风作案",居然让卓契顺带书信给苏东坡,还跟苏东坡书信来往不断。要知道,后来的雷州知州张逢仅仅在郊外送了一下苏东坡,派差役护送了一下苏东坡过海,就因此被撤职了,更何况钱世雄这样"冥顽不化""屡教不改"呢,他好不容易升到的平江府通判之职也因此被革除掉了。第三次又比第二次更惨了,不管朝廷如何对他,钱世雄依旧对苏东坡保持着足够的赤诚之心,不仅书信往来,还在苏东坡从海南归来后帮他租借了藤花旧馆安身,陪伴他走过了人生的最后时光,并在苏东坡临终时守候在侧,是除了苏东坡家人和维琳长老之外,朋友当中唯一一个给他送终的。钱世雄的这一行为又给他招了祸,苏东坡逝世后,新党蔡京当权,钱世雄再次被连累而被终身废弃，永不录用，也就是永远都没有重新起用的机会了。古代官员靠薪俸为生，失去了官职，没有了收入来源，其困境可想而知。钱世雄晚年自号冰华老人，北宋洛学大家、先后师从程颢和程颐的杨时在《冰华先生文集序》中，称钱世雄以结交苏东坡而"取重于世，亦以是得罪权要，废之终身，卒以穷死"。

"卒以穷死"，到底穷到了什么程度，史书并无记载。现存史料最后提到钱世雄的有两处，一处是释惠洪的《石门文字禅》中有《钱济明作轩于古井旁名冰华赋此》，此诗成于1108年；另外一处是苏东坡长子苏迈的《题郑天觉画》："（郑天觉）为冰华居士钱济明作《明皇幸蜀图》，又作《单于并骑图》，皆清绝可人。予从冰华求此一轴，以光画箧。大观三年八月十日，眉山苏迈伯达书。"大观三年即1109年，此时钱世雄尚在世间，之后则消失在茫茫史海中了，没有人知道钱世雄是哪一年离开这个世界的，是否有人伴着他走完了最后一程，就像他当年送走了苏东坡一样。

钱世雄一生忠义酬知己，在苏东坡回朝担任要职时很少出现，而在苏东坡不断贬谪的过程中却不断出现，尽管屡遭朝廷打压而痴心不改，这样的朋友正是苏东坡说的"此邦之多君子"，古今中外都很少见到。

每个人可能都希望拥有这样的朋友，但大多数人终其一生都不会遇到。原因无他，能够拥有这样朋友的人，其本身也一定是一个重情重义的君子。

苏东坡正是这样的人。

苏东坡眷恋的常州君子，除了蒋之奇、单锡、钱世雄，还有很多，比如官至副宰相（尚书右丞）的胡宗愈，他与苏东坡政治观点相同，曾经相约一起归老常州。比如胡宗愈的叔叔胡宿，官至枢密副使（地位相当于副宰相），曾经担任苏东坡策问考试的考官。比如与苏东坡同为嘉祐二年进士的丁骘,他的女儿嫁给了苏东坡的侄孙苏彭,其人品性高洁,司马光官至宰相时曾称赞丁骘:"士大夫无不登光之门者,丁君独不来,真自重之士。"比如反对王安石变法的"铁肝御史"钱安道,苏东坡在《钱安道席上令歌者道服》中称赞其"乌府先生铁作肝,霜风卷地不知寒。犹嫌白发年前少,故点红灯雪里看"。其他的还有与苏东坡交游多次的苏舜举、钱颖、单锷、邵民瞻等人。

时间重新回到1074年,苏东坡离开钱世雄家后,又至罨画溪单家巷拜访了单锡,也就是他外甥女家。这期间,苏东坡就住在单锡家,游览了湖㳇、丁山、张公洞、玉女潭等,又由单锡伴游了芙蓉山、桃溪、善卷洞等地方。此前在常州城内还游览了太平寺,留下了《常州太平寺观牡丹》:"武林千叶照观空,别后湖山几信风。自笑眼花红绿眩,还将白首对鞓红。"

可以说,这次常州之行收获满满,让苏东坡第一次对常州有了全面印象。苏东坡还给时任杭州太守陈述古寄诗《常润道中有怀钱塘寄陈述古五首》,第五首是在常州作的,流露出了浓浓的乡恋情节:

> 惠泉山下土如濡,阳羡溪头米胜珠。
> 卖剑买牛吾欲老,杀鸡为黍子来无。
> 地偏不信容高盖,俗俭真堪着腐儒。
> 莫怪江南苦留滞,经营身计一生迂。

按照诗里的意思,苏东坡真是把宜兴当作自己养老的地方了,还一点都不客气,问陈述古"杀鸡为黍子来无",意思是杀鸡做饭你来不?

第三章 乡"聚"

陈述古即陈襄，是北宋理学的重要前驱，他与苏东坡一样，也是反对王安石变法的主要人物。史料记载他卒于河南开封任上，葬于宜兴永定乡蒋山之原。他本是福建福州人，从开封千里归葬，却没有回到自己的故乡，而是到了常州，把宜兴作为最后的归宿地，不知是不是受到了苏东坡的影响。当然，最大的可能是他曾经在常州担任过知州，发动民众开渠引水，使二百里土地受益。

永定在今天的江苏闸口，那里有一棵历经千年风雨依然满树繁花的海棠，相传为苏东坡亲手所植，想必它一定会时时照拂着这位苏东坡当年的同事兼好友吧。

第 三 节　归去来分黄土村

1074年是苏东坡的一个"大喜"之年。

这个"大喜"并不是指婚姻上的，而是指命运中的和仕途中的。

第一件喜事是苏东坡迎来了命中之人。1074年九月，十二岁的王朝云进入了苏家，她将在六年后成为苏东坡的侍妾，并在王闰之1093年过世后，继续陪伴照顾着苏东坡，从汴京的极度繁华之处到惠州的极度偏僻之处，始终不离不弃，相伴苏东坡终身。

第二件喜事是仕途上的。这年四月份，苏东坡的"苦主"王安石因《流民图》事件罢相，小人物郑侠扳倒了大宰相王安石，苏东坡仕途上迎来了难得的机遇期。1074年九月份，苏东坡调任密州知州，密州位于山东半岛西南，即今天的山东诸城。从杭州通判调任密州知州，这在行政级别上是一个大的飞跃，相当于苏东坡开始独当一面，独掌一州军政大权了。

乡归——苏东坡的第二故乡之毗陵我里

苏东坡调任密州,心心念念还记挂着常州。上任之前,他又一次亲临常州,当时单锡正担任饶州的德兴县令,苏东坡应单锡所请为德兴俞氏聚远楼题字,以行程推之苏东坡应该没有时间亲临聚远楼,不过一个敢求,一个敢写,而且还写得极好,这就有了让聚远楼名气大增的《单同年求德兴俞氏聚远楼诗三首》[①]:

其一
云山烟水苦难亲,野草幽花各自春。
赖有高楼能聚远,一时收拾与闲人。

其二
无限青山散不收,云奔浪卷入帘钩。
直将眼力为疆界,何啻人间万户侯。

其三
闻说楼居似地仙,不知门外有尘寰。
幽人隐几寂无语,心在飞鸿灭没间。

据说北宋灭亡后,南宋建立,南宋开国皇帝宋高宗也是个十足的东坡迷,读罢苏东坡为聚远楼写的三首诗后,龙心大悦,兴之所至,竟然特赐御书"聚远楼"金匾,悬挂于聚远楼上。

聚远楼始建于1069年,由德兴县令单锡取名,又因苏东坡的三首诗加持而名扬天下,与李白《黄鹤楼送孟浩然之广陵》、崔颢《黄鹤楼》加持的黄鹤楼(始建于公元223年)、范仲淹《岳阳楼记》加持的岳阳楼(始建于公元215年)、王勃《滕王阁序》

[①] 据孔凡礼《三苏年谱》记载,聚远楼三首作于熙宁七年十月(1074年十月)东坡过常州时,因"单锡家毗陵"。以时间推之,苏东坡九月底十月初离杭,经湖州、苏州、常州、润州、扬州、楚州,十一月到海州,以古代的交通情况和他与德兴距离,应该没有理由在上任途中跑到饶州的德兴,时间上也来不及。

第三章 乡"聚"

加持的滕王阁(始建于公元653年)一起,并称为"江南四大名楼"。

才气横溢的苏东坡,大概根据单锡的描述,在常州遥想一下就写下了聚远楼名篇,宛如亲临现场一般,不得不令人叹服,这也应该算是聚远楼与常州的一份情缘吧。

1074年十一月初三,苏东坡到达密州。

黄州是苏东坡人生创作的一个不可企及的大高峰,而在此之前的密州,苏东坡则迎来了一个诗词创作的小高峰。纵观这两个高峰,都有一个特点,即苏东坡人生命运转折的关键期。

大凡命运转折之时,就是人的思想感情大幅动荡和急剧变化时期,往往也是名篇佳作诞生之时。

只不过密州与黄州有着本质区别,黄州是苏东坡作为罪官在极度痛苦之中的突围,苏东坡的突围方向由政治转向了江湖,这才有了后来常州成为其第二故乡的可能;而密州不同,密州是在黄州之前,是在王安石罢相后,被贬出京的苏东坡有种春天来了的喜悦,是继续着政治追求,有认为自己大有可为的憧憬。苏东坡在密州任上写下的传世名篇《江城子·密州出猎》,就是极好的证明:

老夫聊发少年狂,左牵黄,右擎苍,锦帽貂裘,千骑卷平冈。为报倾城随太守,亲射虎,看孙郎。

酒酣胸胆尚开张。鬓微霜,又何妨!持节云中,何日遣冯唐?会挽雕弓如满月,西北望,射天狼。

那一句"会挽雕弓如满月,西北望,射天狼"是何等的雄壮与霸气啊,千百年来一直激励着人们保家卫国、保卫边疆。

苏东坡在密州还留下了两首情感方面的传世名篇,一首是前文所说过的，怀念妻子王弗所写的《江城子·十年生死两茫茫》，就是那首"料得年年肠断处，明月夜，短松冈"，因前面已经提过，此处不再引用。另一首是想念弟弟的《水调歌头·明月几时有》，他在诗的前面写道："丙辰中秋，欢饮达旦，大醉，作此篇，兼怀子由。"可以看到，这又是一个饮酒的中秋之夜，苏东坡的许多名篇都跟月夜饮酒有关。《水调歌头·明月几时有》全词如下：

明月几时有？把酒问青天。不知天上宫阙，今夕是何年。我欲乘风归去，又恐琼楼玉宇，高处不胜寒。起舞弄清影，何似在人间。

转朱阁，低绮户，照无眠。不应有恨，何事长向别时圆？人有悲欢离合，月有阴晴圆缺，此事古难全。但愿人长久，千里共婵娟。

"人有悲欢离合，月有阴晴圆缺，此事古难全"以及"但愿人长久，千里共婵娟"，已经成为深刻在汉语灵魂里的基因了，它的脍炙人口和流传之广，几乎每个稍稍读了点书的中国人都知道。

苏东坡留给密州的，还有一篇散文《超然台记》，也是名篇：

凡物皆有可观。苟有可观，皆有可乐，非必怪奇伟丽者也。哺糟啜醨皆可以醉；果蔬草木，皆可以饱。推此类也，吾安往而不乐？

夫所为求福而辞祸者，以福可喜而祸可悲也。人之所欲无穷，而物之可以足吾欲者有尽，美恶之辨战乎中，而去取之择交乎前。则可乐者常少，而可悲者常多。是谓求祸而辞福。

第三章 乡"聚"

夫求祸而辞福，岂人之情也哉？物有以盖之矣。彼游于物之内，而不游于物之外。物非有大小也，自其内而观之，未有不高且大者也。彼挟其高大以临我，则我常眩乱反复，如隙中之观斗，又焉知胜负之所在。是以美恶横生，而忧乐出焉，可不大哀乎！

余自钱塘移守胶西，释舟楫之安，而服车马之劳；去雕墙之美，而蔽采椽之居；背湖山之观，而适桑麻之野。始至之日，岁比不登，盗贼满野，狱讼充斥；而斋厨索然，日食杞菊。人固疑余之不乐也。处之期年，而貌加丰，发之白者，日以反黑。予既乐其风俗之淳，而其吏民亦安予之拙也。于是治其园圃，洁其庭宇，伐安丘、高密之木，以修补破败，为苟全之计。而园之北，因城以为台者旧矣，稍葺而新之。时相与登览，放意肆志焉。南望马耳、常山，出没隐见，若近若远，庶几有隐君子乎！而其东则卢山，秦人卢敖之所从遁也。西望穆陵，隐然如城郭，师尚父、齐桓公之遗烈，犹有存者。北俯潍水，慨然太息，思淮阴之功，而吊其不终。台高而安，深而明，夏凉而冬温。雨雪之朝，风月之夕，予未尝不在，客未尝不从。撷园蔬，取池鱼，酿秫酒，瀹脱粟而食之，曰："乐哉游乎！"

方是时，予弟子由，适在济南，闻而赋之，且名其台曰"超然"，以见余之无所往而不乐者，盖游于物之外也。

《超然台记》富含哲理，到今天依旧启发着很多人，影响着他们的人生追求和人生姿态，正如苏东坡说的："凡物皆有可观。苟有可观，皆有可乐，非必怪奇伟丽者也。"也就是说：任何事物都有可观赏的地方。如有可观赏的地方，那么都可使人快乐，

179

不必一定要是怪异、新奇、雄伟、瑰丽的景观。苏东坡笔下所写其实也是他心中所想,后来他被贬惠州,进而被贬海南,每至一处都能找到快乐,比如岭南的荔枝,海南的生蚝,在极度困苦的情况下,他依旧能于绝境中找到超然,找到希望,找到信心,这正是其九死一生,能够活着返回常州的根本原因。

因《超然台记》这篇文章对于每个人可能都有一些启发,现将有关翻译介绍如下:

> 任何事物都有可观赏的地方。如有可观赏的地方,那么都可使人快乐,不必一定要是怪异、新奇、雄伟、瑰丽的景观。吃酒糟、喝薄酒,都可以使人醉,水果、蔬菜、草木,都可以充饥。以此类推,我到哪儿会不快乐呢?
>
> 人们之所以要追求幸福,避开灾祸,因为幸福可使人欢喜,而灾祸却使人悲伤。人的欲望是无穷的,而能满足我们欲望的东西却是有限的。如果美好和丑恶的区别在胸中激荡,取和舍的选择在眼前交织,那么能使人快活的东西就很少了,而令人悲伤的事就很多,这叫做求祸避福。追求灾祸,躲避幸福,难道是人们的心愿吗?这是外物蒙蔽人的心智呀!他们这些人局限在事物之中,而不能自由驰骋在事物之外;事物本无大小之别,如果人拘于从它内部来看待它,那么没有一物不是高大的。它以高大的形象横在我们面前,难怪我们常常会眼花缭乱反复不定了,就像在缝隙中看人争斗,又哪里能知道谁胜谁负呢?因此,心中充满美好和丑恶的区别,忧愁也就由此产生了,这不令人悲哀吗?
>
> 我从杭州调到密州任知州,放弃了乘船的舒适快乐,而承受坐车骑马的劳累;放弃墙壁雕绘地华美漂亮的住宅,而

第三章 乡"聚"

蔽身在粗木造的屋舍里;远离杭州湖光山色的美景,来到桑麻丛生的荒野。刚到之时,密州连年收成不好,盗贼到处都有,案件也多不胜数;而厨房里空荡无物,每天都以野菜充饥,人们一定都怀疑我会不快乐。可我在这里住了一年后,面腴体丰,头发白的地方,也一天天变黑了。我既喜欢这里风俗的淳朴,这里的官吏百姓也习惯了我的愚拙无能。于是,我在这里修整花园菜圃,打扫干净庭院屋宇,砍伐安丘、高密的树木,用来修补破败的房屋,以便勉强度日。在园子的北面,靠着城墙筑起的高台已经很旧了,稍加整修,让它焕然一新。我不时和大家一起登台观览,在那儿尽情游玩。从台上向南望去,马耳、常山时隐时现,有时似乎很近,有时又似乎很远,或许有隐士住在那里吧?台的东面就是卢山,秦人卢敖就是在那里隐遁的。向西望去是穆陵关,隐隐约约像一道城墙,姜太公、齐桓公的英雄业绩,尚有留存。向北俯视潍水,不禁慨叹万分,想起了淮阴侯韩信的赫赫战功,又哀叹他不得善终。这台虽然高,却非常稳;这台上居室幽深,却又很明亮,夏凉冬暖。雨落雪飞的早晨,风清月明的夜晚,我都在那里待过,朋友们也都在这里跟随着我。我们采摘园子里的蔬菜,钓取池塘里的游鱼,酿高粱酒,煮糙米,大家一边吃一面赞叹:"多么快活的游乐啊!"

这个时候,我的弟弟苏辙恰好在济南做官,听说了这件事,写了一篇文章,并且给这个台子取名"超然",以说明我到哪儿都快乐的原因,大概就是在于我的心能超乎事物之外啊!

如果说在密州任职时,苏东坡在政治仕途上取的是一种"进"

的人生姿态，那么十年以后的1084年，经历了"乌台诗案"和黄州突围的苏东坡，已经对政治绝望甚至于有点倦怠了，他转而求"退"，把目标转向了归隐田园。

1084年，苏东坡为了实现《超然台记》中所说的"雨雪之朝，风月之夕，予未尝不在，客未尝不从。撷园蔬，取池鱼，酿秫酒，瀹脱粟而食之"的超然生活，在蒋之奇和滕元发等人的帮助下，确定了归隐常州的安家打算，并通过阳羡知县李去盈，在宜兴黄土村购得曹姓地主曹潜夫抵给官府的田庄200余亩，大约一年可以有八百石谷子的收成。① 为此，他还和曹潜夫一起吃了"买田成交酒"。曹潜夫拿出酒来招待，并介绍说："此红友也。"苏东坡笑着夸道："此人知有红友，而不知有黄封，真快活人也。"购置该田产后，苏东坡心情大好，十月二日写下了《楚颂帖》：

> 吾来阳羡（宜兴），船入荆溪，意思豁然。如惬平生之欲，逝将归老，殆是前缘。王逸少云"我卒当以乐死"，殆非虚言。吾性好种植，能手自接果木，尤好栽橘。阳羡在洞庭上，柑橘栽至易得。当买一小园，种柑橘三百本。屈原作《橘颂》，吾园落成，当作一亭，名之曰楚颂。元丰七年十月二日。

苏东坡还把购田的好消息告诉了王巩："近在常置一小庄子，岁可得百石，似可足食。"② 苏辙也记录了苏东坡在宜兴买田的事

---

① 也有说此田购置于1074年，但清代学者王文诰在《苏文忠公诗编注集成》中提到："则公方自金陵至真，其地距宜兴亦甚悬隔，何由知黄土村有曹庄田，事在必成，而经纪其事者，又适有此蒋生乎？"以此推之，应该是1084年，且苏东坡写购田消息给王巩也是在1084年。而且如果1074年即已购田，也不至于后来从黄州一路寻田至常州。
② 见《苏轼集》东坡尺牍《答王定国三首（之一）》。

情:"兄已买田阳羡,近张公善卷西洞天。"

田已买好,万事俱备,就等苏东坡"归去来兮",学习陶渊明过上躬耕田园的生活了。

但说说容易,做起来难,此时的苏东坡还是一个罪官,皇帝给他的诏命是"量移汝州",你苏东坡怎么可以自己做主,从"量移汝州"变成"量移常州"呢?

要想定居常州,还得解决这个"量移汝州"的问题。

第 四 节　两次乞表常州住

苏东坡买田阳羡后,下一步需要解决的就是让自己能够留在常州。这要如何解决呢?

最好的办法就是上书皇帝,求得皇帝恩准。

不过苏东坡并没有马上采取这个行动,而是按照皇帝"量移汝州"的诏命继续北行,于十月十九日抵达扬州,当天即第一次上书《乞常州居住表》(一):

> 汝州团练副使、本州安置不得签书公事、骑都尉臣苏轼。右臣向以狂妄得罪,伏蒙圣恩,赐以余生,处之善地。岁月未几,又蒙收录,量移近郡。再生之赐,万死难酬。臣以家贫累重,须至乘船赴安置所。自离黄州,风涛惊恐,举家重病,幼子丧亡。今虽已至扬州,而赀用竭罄,无以出陆。又汝州别无田业,可以为生,犬马之忧,饥寒为急。窃谓朝廷至仁,既已全其性命,必亦怜其失所。臣先有薄田,在常州

宜兴县，粗给饘粥，欲望圣慈特许于常州居住。若罪戾之余，稍获全济，则捐躯论报，有死不回。臣今来不敢住滞，一面前去，至南京以来，听候指挥。干犯天威，臣无任俯伏待罪战恐之至。谨录奏闻，伏候敕旨。元丰七年十月十九日，汝州团练副使、本州安置不得签书公事、骑都尉臣苏轼状奏。

苏东坡为什么不直接在常州上书，而要北行到扬州后再上书呢？这里有几个原因。

第一，如果在常州上表乞居常州，则极易给人落下口实，尤其是变法派成员，他们正在到处找苏东坡的茬，搞不好就给苏东坡扣上一顶滞留常州以要挟皇帝的罪名。苏东坡越是希望在常州居住，就越要表现得遵照皇帝命令北上。苏东坡自己在表里也说了："臣今来不敢住滞，一面前去，至南京以来，听候指挥。"这里的南京是指南都，也即应天府，大概在今天的河南商丘一带。

第二，当时吕公著知扬州军州事，也是一位反对王安石变法的元老派，跟苏东坡的老师欧阳修关系不错。苏东坡上这样的表章，为稳妥起见，找一位元老大臣征询一下意见，帮助出出主意，可以最大限度地降低风险。

第三，苏东坡上书乞求在常州居住，这就意味着要改变皇帝的决定，弄不好会有大不敬的罪名，地方上怕受牵连，不一定愿意帮助转呈。扬州是吕公著的地盘，这方面阻力会小很多。

应该说，苏东坡考虑的还是很全面的。只不过让他没有想到的是，他北行到扬州上表就是为了求稳妥，结果扬州主管奏章的官员照样谨小慎微，怕惹祸上身而没有转呈上去，换句话说，皇帝根本没有收到。

不过这个情况苏东坡不知道，他以为转呈上去了，左等右等

第三章 乡"聚"

却没有等到皇帝的恩准。本来按滕元发说的：宋神宗是个极念旧情的人，上书请求改调一个谪郡，皇帝大概率会同意。而且他自己也认为皇帝大概率不会拒绝，他在答贾耘老的回信中说："仆已买田阳羡，当告圣主哀怜余生，许于此安置。幸而许者，遂筑室于荆溪之上而老矣。仆当闭户不出，公当扁舟过我也。"①

苏东坡都跟贾耘老（即贾收）约好在常州扁舟往来了，也就说明他内心里对皇帝抱有很大期望，结果没有回音。大失所望之下，只好硬着头皮继续北上了。苏东坡一家十二月渡过淮河，经山阳来到泗州。

大雪纷飞之中，苏东坡迎来了1084年的除夕，寒冷、异乡、孤舟，此情此景，仿若回到了十年前，1073年的岁末，苏东坡在常州城外的一条船上一个人过年，作诗《除夜野宿常州城外二首》。不过此次要好上不少：一来有家人陪同，大概在岸上还有住的地方；二来呢是在泗州渡口邂逅了一个亲戚，时任淮东提举常平的黄寔。这个黄寔可不是一般的亲戚，他的两个女儿嫁给了苏辙的两个儿子苏适、苏远，算是儿女亲家了。当时，黄寔乘船至泗州渡口，"时淮水浅冻，暂留泗"，不得不准备在船上过年了。除夕夜里很意外地看见苏东坡拄杖立在对岸，像是在等人，于是赶紧从船上取了扬州厨酿二樽、雍酥一盒送与苏东坡。苏东坡大半年来一直在船上漂泊，突然看见好朋友黄寔，居然还有酒，这份高兴可想而知了，于是作诗《泗州除夜雪中黄师是送酥酒二首》，对黄寔，即诗中的黄师是雪中送炭的情意表示感谢，这里录其一：

暮雪纷纷投碎米，春流咽咽走黄沙。
旧游似梦徒能说，逐客如僧岂有家。

---

① 见《苏轼集》卷八十一【答贾耘老四首（之二）】。

乡归——苏东坡的第二故乡之毗陵我里

> 冷砚欲书先自冻,孤灯何事独成花。
> 使君半夜分酥酒,惊起妻孥一笑哗。

过完年,苏东坡得到消息,去年十月十九日所写的《乞常州居住表》,扬州主管奏章的官署竟然没有转呈上去。苏东坡只好再写一状,由黄寔帮忙,派遣专人投递。①

从后来的结果来看,泗州渡口、除夕之夜黄寔的突然出现,仿佛是上天的安排一般,就是为了帮助苏东坡将《乞常州居住表》转呈到皇帝手里。需知几个月前在扬州,有吕公著这样的元老派坐镇,苏东坡的奏状都没能交到皇帝手上,这其中到底发生了什么谁也不知道。泗州的第二次奏表,如果没有时为淮东提举常平的黄寔派遣专人帮忙,以苏东坡一个罪官身份,只怕这份奏表仍然难以到达皇帝手上,则苏东坡安居常州的梦想恐怕又得泡汤。

时也命也,都在雪中。

这第二次的《乞常州居住表》更加详尽,苏东坡投入的感情也更加深沉,因此也更加感人。全文如下:

> 臣轼言。臣闻圣人之行法也,如雷霆之震草木,威怒虽甚,而归于欲其生;人主之罪人也,如父母之谴子孙,鞭挞甚严,而不忍致之死。
>
> 臣漂流弃物,枯槁余生。泣血书词,呼天请命。愿回日月之照,一明葵藿之心。
>
> 此言朝闻,夕死无憾。臣轼诚惶诚恐,顿首顿首。臣昔者尝对便殿,亲闻德音。似蒙圣知,不在人后。而狂狷妄发,上负恩私。既有司皆以为可诛,虽明主不得而独赦。

---

① 见孔凡礼《苏轼年谱》:"黄师是遣人往南都,故急作此书。"

第三章 乡"聚"

一从吏议,坐废五年。积忧熏心,惊齿发之先变;抱恨刻骨,伤皮肉之仅存。近者蒙恩量移汝州,伏读训词。有"人材实难,弗忍终弃"之语。岂独知免于缧绁,亦将有望于桑榆。但未死亡,终见天日。岂敢复以迟暮为叹,更生侥觊之心。但以禄廪久空,衣食不继。累重道远,不免舟行。

自离黄州,风涛惊恐,举家重病,一子丧亡。今虽已至泗州,而赀用罄竭,去汝尚远,难于陆行。无屋可居,无田可食,二十馀口,不知所归,饥寒之忧,近在朝夕。与其强颜忍耻,干求于众人;不若归命投诚,控告于君父。

臣有薄田在常州宜兴县,粗给饘粥,欲望圣慈,许于常州居住。又恐罪戾至重,未可听从便安,辄叙微劳,庶蒙恩贷。

臣先任徐州日,以河水浸城,几至沦陷。臣日夜守捍,偶获安全,曾蒙朝廷降敕奖谕。又尝选用沂州百姓程棐,令构捕凶党,致获谋反妖贼李铎、郭进等一十七人,亦蒙圣恩保明放罪。皆臣子之常分,无涓埃之可言。冒昧自陈,出于穷迫。庶几因缘侥幸,功过相除,稍出羁囚,得从所便。重念臣受性刚褊,赋命奇穷。既获罪于天,又无助于下。怨仇交集,罪恶横生。群言或起于爱憎,孤忠遂陷于疑似。中虽无愧,不敢自明。向非人主独赐保全,则臣之微生岂有今日。

伏惟皇帝陛下,圣神天纵,文武生知。得天下之英才,已全三乐;跻斯民于仁寿,不弃一夫。勃然中兴,可谓尽善。而臣抱百年之永叹,悼一饱之无时,贫病交攻,死生莫保。虽鸟雁飞集,何足于江湖,而犬马盖帷,犹有求于君父。敢祈仁圣,少赐矜怜。臣见一面前去,至南京以来,听候朝旨。干冒天威,臣无任。

乡归——苏东坡的第二故乡之毗陵我里

　　1085年二月,苏东坡到达了南都,这里离京城已经很近了。苏东坡就寄住在以太子少师致仕的张方平家。这个张方平就是前文提到过的苏洵的伯乐,当年苏洵屡试不中,直到四十六岁那一年他遇到了户部侍郎出知益州的张方平,正是在张方平的大力推荐下,苏洵才认识了欧阳修,然后才有了欧阳修与苏洵、苏轼、苏辙父子三人的相识。在这位北宋文坛领袖的大力推荐和大力提携下,苏氏父子才迅速声名鹊起,名震京城。在苏东坡的心里,张方平跟欧阳修一样,都对自己有知遇之恩。

　　苏东坡这次来南都,一方面确实是在等皇帝的诏命,另一方面也是因为想好好地陪一下张方平这位老人。当时张方平已经七十九岁了,两目昏暗,几近失明。苏东坡认为这很有可能是他们人生当中的最后一次相聚,毕竟如果皇帝恩准他定居常州的话,今后他人在江南,想跟张方平通个信都十分困难,更别说见面了。所以苏东坡一住就是两个月,直到四月初才离开,好好地陪伴了这位对他有恩的三朝元老。

　　苏东坡到达张方平家不久,朝廷告下,果然如滕元发当初所料,宋神宗准了他的请求,新的诏命说:"苏轼告下仍以检校尚书水部员外郎汝州团练副使,不得签书公事,常州居住。"

　　然而对于苏东坡来说,这是他新生活的开始。常州是他人生当中第一次也是唯一一次主动选择主动争取的城市,没有之一。

　　苏东坡终于拿到了在常州安居的"护身符"。

第三章 乡"聚"

第 五 节 此去真为田舍翁

护身符拿到了,不过苏东坡人却不在常州,而在南都,此地距汝州已经不远了,但是苏东坡再也不用前往了。汝州成为唯一一个被皇帝任命却没有去成的城市,这座北宋时期即已闻名遐迩的瓷都就此与苏东坡擦肩而过。不过也不用遗憾,苏东坡还是以自己的方式回报了这个当年他不肯去的城市。他逝世后归葬汝州下辖的郏县茨芭镇,生前不愿去,死后还是去了。郏县也因为苏东坡而青史留名,历史的因果有时看起来真是奇妙。

让苏东坡没有想到的是,恩准苏东坡到常州居住的皇帝诏命,竟然是宋神宗留给他的最后一次恩泽。这位一心变法图强,希望再造汉唐盛世的大宋皇帝,从与西夏作战的惨败中承受了巨大打击,加上积劳成疾,于1085年三月初五,带着深深的遗憾离开了这个世界,年仅三十八岁。

宋神宗的死对苏东坡触动很大,他心里其实还是对能被宋神宗重新起用抱有一线希望的,如今最了解他的皇帝走了。他在给同样因"乌台诗案"而落难的王巩写信时说:"无状罪废,众欲置之死,而先帝独哀之。而今而后,谁复出我于沟壑者。归耕没齿而已矣。"[1]意思是从今以后,谁还记得把我从"沟壑"中捞起来呢?

既然认为没有人会记得把他从"沟壑"中捞起来,那就索性不用捞了。没有了官场之念的苏东坡彻底放松,他告别张方平动身南返,途中写下了一首《满庭芳·归去来兮》,既有感谢皇帝放归之意,又自嘲自己空负一身才学,最终却一事无成。他在题

---

[1] 《苏轼全集》卷八十一【答王定国三首(之二)】。

首说道:"余谪居黄州五年,将赴临汝,作一篇别黄人。既至南都,蒙恩放归阳羡,复作一篇。"意思是以前离开黄州的时候作过一篇,现在从南都回归阳羡,再作一篇,词的内容如下:

归去来兮,清溪无底,上有千仞嵯峨。画楼东畔,天远夕阳多。老去君恩未报,空回首、弹铗悲歌。船头转,长风万里,归马驻平坡。

无何。何处有,银潢尽处,天女停梭。问何事人间,久戏风波。顾谓同来稚子,应烂汝、腰下长柯。青衫破,群仙笑我,千缕挂烟蓑。

苏东坡大概在五月初重新抵达扬州。过了扬州,隔江而望就是常州了,那里有他的家园,有田产,有房屋。虽然不算富裕,但可以养家,不用流浪,最主要的是,常州还有那么多的朋友和亲戚等着他呢。

苏东坡很高兴,高兴的苏东坡喜欢作诗,当时他正在扬州竹西寺稍作停留,这一停留就停出了问题。他作出了第一首诗:

道人劝饮鸡苏水,童子能煎莺粟汤。
暂借藤床与瓦枕,莫教辜负竹风凉。

这首诗似乎问题不大,大概就是天热了在寺里乘凉的意思,道人和童子对他都挺不错的。他意犹未尽,于是写了第二首:

此生已觉都无事,今岁仍逢大有年。
山寺归来闻好语,野花啼鸟亦欣然。

第三章 乡"聚"

这第二首惹出问题了,只是当时的他并不知道。

在此之前,苏东坡还写过一首表达喜悦之情的回归常州的诗:

十年归梦寄西风,此去真为田舍翁。
剩觅蜀冈新井水,要携乡味过江东。

苏东坡把这三首诗冠上《归宜兴留题竹西寺三首》的诗题,一起写在了竹西寺的僧舍壁上,以寄托其"十年归梦,一朝实现"的感慨,诗的内容大概寄托着两层想法:一层是此去宜兴准备踏踏实实地做"田舍翁"了,隐含着把常州作为终老之地的意思;第二层是要把蜀冈新井水,当作故乡的味道带过去,隐含着要把江东常州当作第二故乡的愿望。

让苏东坡没有想到的是,这个《归宜兴留题竹西寺三首》若干年后(1091年)差点又给他惹了祸,尤其是那首"此生已觉都无事,今岁仍逢大有年。山寺归来闻好语,野花啼鸟亦欣然"。

诗本身没有什么问题,问题出在写诗的时间上。宋神宗三月份去世,这首诗写于五月份。御史贾易据此弹劾苏东坡,说是神宗皇帝崩了,苏东坡作诗说"山寺归来闻好语",分明是对神宗皇帝怀恨在心,把神宗的死讯当作从山寺归来听到的好消息,这个好消息就连野花啼鸟听到了都"亦欣然"[①],也就是都很开心的意思。

贾易等人的弹劾用心十分险恶,皇帝驾崩,臣子不仅不哀悼还说"闻好语",这是大不敬的,是要杀头的,如同"乌台诗案"一样,他们是想借这首诗把苏东坡往死里整。

[①] 《续资治通鉴》记载,八月,戊子朔,贾易上疏言:"苏轼顷在扬州题诗,以奉先帝遗诏为'闻好语'……与轼皆诽怨先帝,无人臣礼。"

因此，这首诗的关键就是要搞清楚"闻好语"到底指的是什么。由于这是一首组诗，前后共三首，结合起来看就明白了，这里的好语应该是指皇帝恩准他到常州居住，又碰上了丰收之年，料来已购得的宜兴田产将会大丰收，一家人吃喝不用发愁了。

但是，如果是照上面的直接解释也还是不行，照样会被御史台攻讦。毕竟宋神宗刚刚去世不久，全国都在哀悼期间，你苏东坡的心情却如此大好，终是不妥。

经历了"乌台诗案"的苏东坡知道要如何更好地保护自己了，他采取了很政治化的解释方式，他说从山寺归来时，看见十几个老百姓在路边交谈，其中一人说："好个少年官家。"这句"好个少年官家"指的就是哲宗皇帝，苏东坡由此生发感慨，才有了"山寺归来闻好语"的说法，"闻好语"是指老百姓对少年天子的夸奖。

虽然贾易等人十二万分不信，宋神宗驾崩，哲宗皇帝继位时才十岁（按阳历计算才八岁），这么一个小孩子，老百姓听都没有听说过，继位才两个月就能被老百姓交口称赞？但是诗是苏东坡写的，他这样解释贾易等人也不能说不对。同样的道理，他们如果质疑，那岂非质疑小皇帝不值得老百姓交口称赞？这样的大帽子是万万不能扣在头上的。

贾易捕风捉影，苏东坡也用捕风捉影来回应他。双方都知道是鬼话，却都没有点破也不能点破，谁点破谁倒霉。

这就是官场生存法则。

贾易不能点破苏东坡的鬼话，那么苏东坡的鬼话也就成立了。"闻好语"就是老百姓交口称赞宋哲宗的意思。既然是这个意思，那么贾易前面所说就属于诬奏了。虽然宋朝言官可以风闻奏事，但如果所奏之事查而不实的话，言官是要承担责任的。于是贾易被贬出京城，以本官出知庐州。

第三章 乡"聚"

苏东坡算是躲过了一劫。

1085年五月二十二日,苏东坡终于回到了常州。他写下了《菩萨蛮·买田阳羡吾将老》一词:

> 买田阳羡吾将老,从来只为溪山好。来往一虚舟,聊随物外游。 有书仍懒著,水调歌归去。筋力不辞诗,要需风雨时。

苏东坡在常州过着"有书仍懒著"的悠闲日子,去报恩寺谈禅,在太平兴国寺题诗,给皇帝上谢表,此外还张罗着继续买田事宜,他为买田事宜还给钱世雄写了一封信札,即现存旅顺博物馆的《阳羡帖》[①]:

> 轼虽已买田阳羡,然亦未足伏腊。禅师前所言下备邻庄,果如何?讬得之面议,试为经度之。景纯家田亦为议过,已面白,得之此不详云也。冗事时渎高怀,想不深罪也。轼再拜。

《阳羡帖》又称买田帖,大致意思是苏轼我已经在阳羡买田了,但不足以供养一家人。禅师之前说过邻庄的田怎么样了?我拜托得之面议,你也帮忙协调一下。景纯家的田也议过,已当面说好,得之没跟你详细说。杂事经常打扰你,希望不要见怪。

这封《阳羡帖》历经沧桑,元明清三代的私人收藏印即达38

[①] 赵权利在其所著《中国书法家全集·苏轼》中认为《阳羡帖》写于1085年5月22日苏东坡抵常后,不少书籍也是这种看法;但孔凡礼在《苏轼年谱》中认为应当是写于1086年6月下旬。大概原因是"未足伏腊"与1084年刚买黄土村田庄时"似可足食"相矛盾,应该是经营了一年后发现"未足伏腊"。还有,如果苏东坡是在常州所写,由于钱世雄本就在常州,似不必用信札方式托咐,面商即可。

方，清宫鉴藏玺14方。其中不乏陆友、沈周、崔深、元揆这些书画家或收藏家。乾隆年间，它还进入了皇宫，深受乾隆皇帝喜爱，引首部分还有乾隆皇帝手迹："适得东坡买田阳羡帖，妍丽绝伦，与烟江诗画相辉印，可称天然巧合。因录是诗于帖前。"该部分内容现已佚失，保留下来的只剩后半部分，传递出来的信息量依旧很大，至少说明了三个方面的问题。

第一，苏东坡虽已买了黄土村的二百亩田，但一大家子开销太大，仍不够一年吃用，需要再买一些田地。

第二，"得之"参与了苏东坡购买田地事宜。"得之"即当年黄州知州徐大受的弟弟徐大正，字得之。当年在黄州，徐大受对苏东坡颇多照顾，关系很好，徐得之也与苏东坡交往密切。1084年四月份苏东坡离开黄州时，徐得之相随数百里，一路送到了镇江和常州。

第三就是景纯，苏东坡交往的朋友中字号为景纯的有三个，其中王仲素交往不多，刁约已经死亡，只有一个吕希道正在知湖州任上，还刊印过苏东坡所作的诗、画、字，两人交情不浅。苏东坡把他多余的田产买下倒是很有可能。而且作为原黄州知州徐大受的弟弟，徐得之很有可能还认识他，由其出面商谈，身份也正好合适。①

不管怎样，《阳羡帖》表明苏东坡为了好好地定居常州，还需要进一步买田。

这下一步的田最终买在了哪儿呢？

有不少说法都指向同一个地点，即宜兴的塘头田庄，也就是今天宜兴和桥镇南新街一带。购买这处田庄得到了闸口永定里邵民瞻等人的帮助，据说田庄购得之后，苏东坡举家迁往这个地方

---

① 也有不少地方认为此处的景纯是已经死去的刁约。

第三章 乡"聚"

生活。当然,也有人说是迁往了宜兴丁蜀镇蜀山之麓,画溪河东畔。苏东坡在这里买田筑室,盖了一些瓦屋和草房,后人称为"东坡草堂""东坡别墅",也就是今天的"东坡书院"所在地。[①] 据南宋韩元洁《苏岘墓志铭》记载:"始文忠公爱阳羡山水,买田欲居,仅数百亩,屋数楹也。"这数楹之房屋,经宋元兵乱后,变成了一片废墟。明代王徽在《东坡别墅》一诗里进行了描述:"当年学士最风流,卜筑林堂事事幽。一片遗墟残照里,湖光山色不胜秋。"现在的东坡书院,是明清两代两次被毁后又两次重建的。

苏东坡一家二十余口到了宜兴后到底住在哪儿还需考证。当然也极有可能东坡草堂住住,塘头村也住住。

在塘头田庄的那段日子里,与苏东坡来往得比较多的是邵民瞻和他的父亲邵梁,苏东坡还常常到他家新建的草堂里做客。据说还给他们带来了一株西府海棠,由苏东坡亲手种植于邵家庭院里,这就是现在永定海棠园里的那株有着千年树龄的垂丝海棠。

塘头村临近滆湖,正是苏东坡所喜欢的那种湖光潋滟、小桥流水、参差人家的感觉。也许每个清晨和黄昏,他都会到湖边走一走,背着手,眺望水天相接的地方;如果来了兴致,还可以约一两个朋友,驾一叶小舟,在船上喝喝酒,做做诗,或者到常州城里去游玩一番。

在闸口永定里邵氏家族居所,至今还存有一块"天远堂"的匾额,据说是当年苏东坡亲手所写,因苏东坡的词《满庭芳·归去来兮》里有一句"天远夕阳多",苏东坡十分满意,在邵民瞻一家搬迁新居时,有感于天高皇帝远的退隐生活,苏东坡就送出了这块匾额。这匾额于南宋初年毁于战火。现存"天远堂"匾为木质,系公元1177年邵民瞻外甥鲁钊重新制作,自右至左书"天

---

① 《宜兴县旧志》有此记载。

195

远堂"三个楷书大字,落款为"眉山苏轼书"。

  1085年六月,正是苏东坡人生中最闲适、最安宁也最没有牵挂的时候。常州苏东坡研究会赵世平在《"眷此邦之多君子"——苏东坡的常州情缘》一文中,对此时苏东坡的生活状况进行了描述:

  东坡在常州遍游城景,太平寺、报恩禅寺等不少寺院都留下了他的足迹和诗文。有《赠常州报恩长老二首》其一:"碧玉盌盛红玛瑙,井华水养石菖蒲。也知法供无穷尽,试问禅师得饱无?"其间,原黄州通判孟震、湖州老友贾收、弟苏辙都来常州看过他,东坡亲自陪同。有《与孟震同游常州僧舍三首》其一:"年来转觉此浮生,又作三吴浪漫游。忽见东平孟君子,梦中相对说黄州。"其三:"知君此去便归耕,笑指孤舟一叶轻。待向三茅乞灵雨,半篙流水赠君行。"民间还传有"无偿捐宅""白吃河豚"的轶事。苏东坡过了一个月的田园惬意日子。

  苏东坡不知道的是,属于他的这样无牵无挂、岁月静好的日子已经不多了。

第四章 乡「望」

宋神宗的死让苏东坡以为"而今而后，谁复出我于沟壑者。归耕没齿而已矣"。他没有想到的是，恰恰是宋神宗的死让他有了复出机会，而且这复出带来的机遇非常迅猛，一发不可收。

1085年五月二十二日，苏东坡回到常州，只住了大概半个月，朝廷告下，苏轼以朝奉朗起知登州军州事。

常州果真是苏东坡的福地。

只是这福来得也太快了，快得让苏东坡一下子都转不过弯来。他已经适应了常州的归隐生活，并且也以为常州是他的终老之地，正像多年前他在黄州写的"小舟从此逝，江海寄余生"。他确实是想把"余生"都寄在常州这块坐拥大江和大湖的"江海"之地的。

但是一切都变了，这一愿景最终没有实现。

是什么情况导致了这一变化呢？

前面已经说过，宋神宗逝世后，年仅十岁的宋哲宗继位，由宣仁太皇太后高氏（以下简称高太后）听政。高太后大量起用了反对王安石变法的保守派，躲在洛阳编纂《资治通鉴》并且已经完成的司马光被重用，司马光又推荐了苏东坡。

苏东坡迎来了人生的反转，从此时开始一直到1093年高太后病逝，苏东坡官职越做越大，一直做到了身为皇帝近臣的中书舍人和翰林学士、知制诰。

第四章 乡"望"

第 一 节　风雨京华志难酬

　　1085年六月，苏东坡再次离开常州，北上登州赴任。临走时，苏东坡将自己在常州新购的田庄托付给蒋之奇的族亲蒋之裕临时管理。

　　北宋官员到任一般可以有两个月的上任假，超过两个月是要受到处罚的，就算加上途中必须花费的时间，三个月内也应该到任了。但是从常州到登州，苏东坡走了将近四个月，十月份才到任。

　　不太清楚苏东坡是通过什么方式延期上任的，总之上任途中他去了一趟密州，又去看了一下1075年他所建的超然台。

　　时间过得真快，转眼十年过去了。

　　这十年变化真大，1075年苏东坡的超然，实际上更多的是一种理想，一种情怀，但经历了"乌台诗案"和躬耕东坡之后，苏东坡对人世的险恶和人生的体悟更多了一层深入骨髓的理解，也许此刻的超然，更多了一份沉淀和浑厚吧。

　　现任密州太守霍翔担了牛酒来迎接以前太守苏东坡，并在超然台置酒款待，一切恍然如梦。

　　苏东坡归来了，归来的苏东坡肯定听到了自己当年的声音，这声音穿透十年岁月，依旧在超然台上回响：

> 台高而安，深而明，夏凉而冬温。雨雪之朝，风月之夕，予未尝不在，客未尝不从。撷园蔬，取池鱼，酿秫酒，瀹脱粟而食之，曰："乐哉游乎！"

苏东坡告别超然台后，才了无牵挂地赴登州上任了。登州是个好地方，那里最有名的奇景是"海市蜃楼"，苏东坡早就想看看了。好在此时他已是一州之长了，来日方长，有的是时间。

苏东坡没有想到的是，刚到登州上任5天，又接到了升职命令："以朝奉郎知登州苏轼为礼部郎中。"

苏东坡只做了5天的登州太守。

别看只有短短的5天，勤于政务的苏东坡还是发现了登州海防和盐务管理的大问题，先后上了《登州召还议水军状》和《乞罢登莱榷盐状》，尤其《乞罢登莱榷盐状》非常有针对性，解决的是老百姓的实际问题：

> 独臣所领登州，斗入海中三百里，地瘠民贫，商贾不至，所在盐货只是居民吃用，今来既榷入官，官买价贱，比之灶户卖与百姓，三不及一，灶户失业，渐以逃亡，其害一也。居民咫尺大海，而令顿食贵盐，深山穷谷，遂至食淡，其害二也。商贾不来，盐积不散，有入无出，所在官舍皆满，至于露积，若行配卖，即与福建、江西之患无异，若不配卖，即一二年间，举为粪土，坐弃官本，官吏被责，专副破家，其害三也。官无一毫之利，而民受三害，决可废罢。窃闻莱州亦是元无客旅兴贩，事体与此同，欲乞朝廷相度不用，行臣所言，只乞出自圣意，先罢登、莱两州榷盐，依旧令灶户卖与百姓，官收盐税。其余州军，更委有司详讲利害施行。

第四章 乡"望"

谨录奏闻,伏俟敕旨。

做了5天登州太守的苏东坡紧急赶往京师。

1085年下半年的苏东坡,短时间内职务急剧升迁。原因无他,旧党重新执政。作为被变法派打压得最厉害的苏东坡,高太后和司马光对他寄予了厚望。这两人对他实在是"真爱"。

我们来看一下从1085年六月份开始的、不到一年时间的苏东坡本官职务升迁:首先由连工资待遇都没有的、类似于留用察看的检校官,恢复到正七品的朝奉郎,再由正七品的朝奉郎,升迁为从六品的礼部郎中,半个月后,又升为起居舍人,三个月后,即1086年初,升为正四品的中书舍人。中书舍人是中书省的核心官职,为皇帝起草诏命,参与机密,相当于皇帝的秘书长。

除了本官升迁,其职名和差遣也得到了快速提升,到1086年下半年,苏东坡已被晋升为翰林学士、知制诰了。

翰林学士为正三品,是职名,又称贴职,虽然不像本官那样与工资待遇挂钩,却是身份的象征。两宋时期一共319年,在册的翰林学士共计371个,其中163人最后成了宰辅。翰林学士加知制诰,这样的组合,意味着苏东坡真正地进入权力中枢,离宰相仅有一步之遥。

然而这一步之遥却成了永远。

原因是什么呢?

我们先来看看导致苏东坡职务急剧上升的几股力量。

第一股力量是高太后,这是最根本的力量。高太后是宋英宗的皇后,宋神宗的母亲,宋哲宗的奶奶。宋神宗死后,年幼的宋哲宗不能亲政,由高太后垂帘摄政,是为宣仁太皇太后。高太后是个稳健保守的人,对于王安石变法导致的种种流弊认识得比较深刻,她希望大宋帝国重新恢复到宋仁宗时代的一片祥和安乐。要恢复到这种氛围,就需要起用被贬黜到各地的元老旧臣。然而此时新政已经实施了十六年之久,朝堂之上也全部都是新党人员,要想恢复,谈何容易?

高太后不愧为女中豪杰,她首先起用吕公著为尚书左丞,这个人是保守派中硕果仅存的人,调任起来相对容易。司马光要难一点,但好在他在洛阳修书时还保留有西京留司御史台这一职务,《资治通鉴》完成后,宋神宗又将其擢升为资政殿学士。高太后起复他时先让他知陈州过渡一下,之后马上调任门下侍郎,进入中枢,位置相当于副宰相。

1085年十月份,朝廷中枢的大名单是这样的:左仆射蔡确,右仆射韩缜,中书侍郎张璪,门下侍郎司马光,知枢密院事章惇。这份大名单中,除了司马光,其余四人都是因王安石变法获利升迁的新党人员,其中张璪还参与了打击旧派的"乌台诗案"。高太后尽管擢用了司马光,但这样一个人对付四个人的局面下,恢复之路依旧艰难。

好在英明的高太后早就采用了司马光的建议,在此之前已经向天下广开言路,诏求直言,不论有官还是无官,允许将朝政缺失以及民间疾苦,封状进闻。这一招很妙,一来新皇刚登基就广开言路,这是开明的象征,谁也提不出什么理由来反对;二来天下苦新政久矣,这一放开,各种封状如雪片般飞来,几乎都是指责新法实施不当,陈诉新政实施下的民间疾苦。整个朝堂在不到一个月的时间内,就被不满新政、人心求变的舆论浪潮掩没。以此为突破口,高太后大量起用了包括刘挚、范纯仁、范祖禹、李常、吕大防等一大批旧党人员,苏东坡、苏辙也在内。高太后本人也十分喜欢苏东坡的诗词,所以一直支持着苏东坡,尤其是在司马

第四章 乡"望"

光死后,高太后急需用人之时,有较长一段时间都是把苏东坡作为宰相候选人进行培养的。

第二股力量是司马光。这股力量起初与高太后完全一致,为了共同对付变法派人员,废除王安石变法,两人同心同德,毫无私心地起用了包括苏东坡、苏辙等一大批旧党人员。在高太后的支持下,复出的司马光全力推动废除新法。1085年七月废除了保甲法,十一月废除了方田法,十二月废除了市易法、保马法。1086年三月,免役法被废除。八月,被人诟病最多反对最激烈的青苗法也被废除了。九月,司马光与世长辞。

司马光人生中最宝贵的十五年都用来躲避王安石了,这一躲躲出了一部辉煌巨著《资治通鉴》。最后一年他再也不用躲了,回到了权力中枢的他加班加点,呕心沥血,唯一的使命似乎就是废除王安石变法,一直废到辞世之前的那一个月这才算是大功告成。

老天给他的寿命不多不少,刚刚正好,司马光可以安心瞑目了。

司马光可以安心瞑目,意味着另一个人只好死不瞑目了,这个人不用说大家都知道,他就是王安石。

相传1086年闰二月司马光正式受尚书左仆射兼门下侍郎,也即由副宰相升任宰相时,王安石已经重病在床,其弟王安礼带了朝报来看他,王安石只说了一句:"司马十二作相矣。"其他的什么也没有说。到了三月,免役法被废了,他十分伤感地说:"连这个也罢了。此法终究是不该罢废的。某与先帝反反复复讨论了两年,才付诸实行,此中利害,讲求无不曲尽,此法终不可废。"

王安石呕心沥血推行的变法措施在短短一年内被废除殆尽,对他而言,在即将离世之前,却不得不接受最惨烈的失败,这种精神上的打击实在太大了。

1086年四月,带着无尽遗憾的王安石逝世于金陵。九月,完成了废除王安石变法重任的司马光也随之而去,中间仅仅相隔了五个月。

大宋王朝两位最辉煌的巨星就此陨落。

还剩下一个苏东坡,他能否撑起大宋王朝的最后一片天呢?

很可惜,历史没有给予他这样的机会,尽管他已经是翰林学士、知制诰了,一只脚已经快要踏进宰相的门槛了,但这个门槛就是门槛,他再也无法踏进去了。

原因还是他太耀眼了,偏偏性格又太直,缺少城府,容易被人抓把柄。

当时的朝廷,经过高太后和司马光的运作,新党核心人物基本都已去职,蔡确、韩缜先后被罢相,蔡确贬为观文殿学士、知陈州,一年后夺职徙安州,又贬为英州别驾,新州安置;韩缜被贬出京城,出知颍昌府;张璪出知郑州,后转徙扬州;章惇被贬汝州,后提举洞霄宫,每天与道士为伍,就是想问政事也不可能了。

从种种迹象来看,作为旧党中影响力仅次于司马光的核心人物,苏东坡当宰相的可能性的确很大。

可惜的是苏东坡在关键时候掉链子了。

首先就是与司马光的关系。两人处在同一个战壕,都是王安石变法的最大受害者,彼此向来友好,可是司马光对废除新法上了瘾,当废到免役法——也就是王安石临终认为最不该废的法令时,旧党当中一些人,比如范纯仁等,他们从老百姓角度出发不太赞成废除,认为该法实施了十六年,老百姓"有钱出钱、有力出力",总体而言还是颇有好处的,而一旦恢复成雇役法就比较僵化了,有可能成为基层官员残害老百姓的暴法。苏东坡就此多次与司马光争辩,引得司马光不高兴;又因此事多次与司马光的追随者孙永、傅尧俞等争执,甚至负气上状说:"臣既不同,决

第四章 乡"望"

难随众签书,乞早赐罢免,俾议论归一。"在新旧党争白热化的当时,苏东坡如此不合时宜地公然维护新法中的部分措施,的确是在"政治正确"上缺了一根筋。本来他在旧党中因"乌台诗案"而树立起来的反对王安石变法的核心角色,就此逐渐被边缘化了,渐渐地既见恨于新党,又见疑于旧党,而且最关键的是,他失去了来自司马光一派的相门的支持。

其次就是与洛派的两败俱伤。新党势力被赶出朝廷后,失去了共同目标的旧党分裂成了三派:一派是"朔派",也就是司马光的相门嫡系,大多是职业官僚,擅长官场手段,有官场智慧;一派是以"程朱理学"的创始人之一程颐为首的"洛派",他们墨守陈规,连一点变通的余地都没有;还有一派就是以苏东坡为首的"蜀派"了,才学过人,经常聚一起吟诗作画,不太喜欢过多的约束,实际上与欧阳修一脉相承,是典型的文人集团。这三派是以核心人物的家乡来划分的,刚开始时也并没有那么泾渭分明,只是苏东坡向来不喜欢拘泥古礼、不近人情的道学先生,而程颐恰恰就是,不仅自己是,还有一批洛学弟子跟着他有样学样,言必称尧舜孔孟,苏东坡心里真是很讨厌,视之为伪君子,而在程颐心里,苏东坡也好不到哪儿去,觉得他就是一个卖弄文采的浮薄文人,两派针尖对麦芒,杠上了。

首先发难的是洛派弟子朱光庭,他当时任左司谏,针对苏东坡给进士"试馆职"时出的第三道题目,弹劾苏东坡为臣不忠,讥议先朝。其实这也是"乌台诗案"的余波,"乌台诗案"给苏东坡造成了很大影响。现在旧党执政,几乎所有人想当然地认为苏东坡必然愤恨先帝,所以看到考题中有周公太公、文帝宣帝,就说苏东坡是借以前的皇帝来说宋神宗的不是,其实这确实是冤枉苏东坡了。

右司谏吕陶看不过眼，于是揭发朱光庭的真实目的是"议者谓轼尝戏薄程颐，光庭乃其门人，故为报怨。夫欲加轼罪，何所不可？必指其策问以为讪谤，恐朋党之弊，自此起矣"[①]。意思就是苏东坡曾经调侃过程颐，朱光庭是程颐的弟子，是为了报复，有朋党之嫌。

吕陶的介入非但无益于解决问题，反而使事态更加扩大化了，因为他忘了一个问题，他自己来自四川。他说别人有朋党之嫌，那么自己呢？

实际上，在这件事情之前，所谓的洛党、蜀党之分是没有人提起的，有可能大家也没有意识到自己是所谓的洛党或者蜀党。

吕陶来自蜀地的身份，让他留下了一个巨大的漏洞，即使他所说的基本是事实。

正担心苏东坡继司马光之后担任宰相的朔派王岩叟、傅尧俞支持朱光庭的说法，与吕陶力战，但都不得要领，因为不仅高太后，就是一般人也不太相信苏东坡会借出题机会影射先帝。这个时候，王觌的奏章要命了。王觌说："朱光庭讦苏轼策问，吕陶力辩……夫学士命词失指，其事尚小；使士大夫有朋党之名，此大患也。"王觌这奏折的意思是，朱光庭与程颐有师生之嫌，但吕陶也好不到哪儿去，他与苏东坡有同为蜀人之嫌，苏东坡命题可能是考虑不周，其事尚小，但是如果构成朋党，这就是大患了。

王觌这话直接击中了痛点。他绕开苏东坡借出题机会影射先帝之事，只说朋党。而这朋党，正是宋朝历任皇帝所害怕的，新旧两党之争已经把朝廷搞成了巨大内耗，如果再起洛蜀之争，那还了得？这话说到了高太后心里。

经此一场折腾，即使高太后有心提拔苏东坡作宰相也势所不

[①] 见《续资治通鉴》。

第四章 乡"望"

能了,因为宰相一般需要德高望重的人来担任,这样才能压得住阵脚,司马光死后之所以苏东坡的地位突显了出来,是因为他原本是旧派的核心,有巨大的影响力和很高的威望,可是洛蜀之争使他威信尽失,就是坐上了宰相之位也做不成什么事。偏偏苏东坡还不认为自己有罪,郁闷不已的他不断请求外调。

处于暗中的朔党领袖刘挚终于当上了尚书左丞,不出意外,他将是宰相的后备人选。

洛蜀之争的最终结果是程颐因经筵之说触犯众怒,率先去职;而打上了洛蜀之争标签的苏东坡,虽然有高太后极力护持,可是无论做什么都会被别人贴标签,他困在党派之争中不断地突围却无法突围,痛苦不堪。

他深深地怀念远在江南的常州,那段退隐宜兴的生活。江南一带河湖遍布,鱼鲜众多,苏东坡又是个出色的"美食专家",到哪儿都能吃出一番滋味来,尤其是江南的河豚,更让他赞不绝口。苏东坡到京城后很长一段时间都没有转过弯来,在看到北宋画家惠崇所作的《春江晚景图》时,居然又想起了河豚,作了两首题画诗:

其一
竹外桃花三两枝,
春江水暖鸭先知。
蒌蒿满地芦芽短,
正是河豚欲上时。

其二
两两归鸿欲破群,

依依还似北归人。

遥知朔漠多风雪，

更待江南半月春。

这两首题画诗，是他写给江南的的名诗。第一首的"春江水暖鸭先知"和第二首的"更待江南半月春"，更是颇具人生的哲理色彩。

苏东坡心心念念想重回江南，一遍又一遍地乞求外放；而司马光去世之后的朔派，始终视苏东坡为心腹大患，发动台谏不断地找苏东坡的罪状，一次接着一次地弹劾他，就连一直护持他的高太后都有些招架不住了。

1089年四月，苏东坡终于以除龙图阁学士充两浙西路兵马铃辖、知杭州军州事的身份离开京师，向着期盼已久的江南出发了。

临行前，与苏东坡一向交好的四朝元老文彦博反复叮嘱他："君至杭州，少作诗歌，恐为不喜者诬谤。"苏东坡在诗词上吃的苦头实在太多了，屡次因为诗词原因被对手攻讦，文彦博因此慎重提醒。

不过，苏东坡真的能做到"少作诗歌"吗？

这事在别人眼里容易，对苏东坡而言，只怕很难。

第 二 节　无家欲卜西湖邻

1089年七月初，苏东坡到杭州上任。

杭州是苏东坡非常喜欢的一个城市，在常州之外，如果让他

第四章 乡"望"

再选择一个城市作为第二故乡的话，估计十有八九会是杭州。苏东坡曾经写过一首《送襄阳从事李友谅归钱塘》，其中有诗句说："居杭积五岁，自意本杭人。故山归无家，欲卜西湖邻。"

苏东坡为什么那么喜欢杭州呢？

除了杭州位于江南富庶之地，有山有水等因素外，应该还有以下几个方面的原因。

第一，杭州是王朝云的故乡。到了杭州也就相当于王朝云回到了老家。1074年王朝云进入苏家时还只是个小丫鬟，经历了黄州共患难的岁月后，除了身份仍是妾室，在苏东坡心里，早已与王闰之一样是风雨同舟的爱人了。王朝云开心，苏东坡自然也开心。

第二，杭州也是唯一一座苏东坡曾经两度为官的城市。第一次是做杭州通判，相当于二把手，这一次则做了一州之长，身份还比一州之长高出很多，是龙图阁学士充两浙西路兵马钤辖，可以调用更多资源为老百姓造福。苏东坡后来为杭州兴修水利，治理西湖，防疫救灾，等等，做出了不少政绩，老百姓都很感念他。他在杭州也有一大批新老朋友，交游甚广。

第三，杭州离常州很近。到了杭州，他就有很多机会去往常州。有时只是经过，有时会从京杭大运河上岸，住一段时间，走亲访友，感受一下归隐生活。苏东坡14次经过常州，其中有6次发生在杭州任上。基本上每次北上赴任或者南下杭州，苏东坡都会经过常州，或者到常州转一圈，就像游子临行前回老家看看一样。

1089年的这次，苏东坡自京城开封南下杭州赴任，六月中旬第十一次经过常州。在常州下属的洛社（今无锡惠山区）留下了印记。《苏轼年谱》记载："过常州之洛社，见孙觌（仲益），命觌应对，觌应之，苏轼盛赞之。"讲的就是苏东坡经过常州之洛社，

209

到孙觌家拜访,[1]那时孙觌年方八岁,苏东坡出了一个对联"衡门稚子璠玙器"考他,结果孙觌很快对道:"翰苑神仙锦绣肠。"苏东坡认为这孩子聪明有见识,将来不简单。孙觌后来做到了中书舍人及吏部侍郎等职务,也是北宋的文学家,不过北宋灭亡时,其为宋钦宗写降表等行为,让很多人对他不齿,史书上对他评价不高。实际上,孙仲益只是受皇帝命令行事,在儒家伦理主导的社会中,人们个个标榜自己"忠君爱国",自然不敢责备皇帝,孙觌就这样当了"背锅侠"。好在人们并没有忘记他,在其下葬的常州市礼嘉镇,至今还有"孙觌村"的地名。

七月三日,苏东坡到杭州上任。

苏东坡是个一心为民又特别正直的人,在黄州以及后来漫长的被贬岁月里,他基本是个闲职甚至是个罪官,即使想做事也是不让他做的;在朝堂之上他又树大招风,总是被谏官攻讦他的诗词歌赋这儿那儿的问题,也发挥不出很大作用;真正体现他政绩和能力的地方,其实就是在地方上任职的岁月,其中又以杭州为代表。

苏东坡在杭州三年,重点做了三件事,即救灾、抗疫和治理西湖。

救灾这件事,充分体现了苏东坡未雨绸缪的预见性。元祐三年即1088年,苏东坡还没有来杭州上任,从冬天开始到1089年的春天,下雨不断,田中积水不退;五六月水退后,又遇上连月干旱。苏东坡上任伊始就注意到了这个问题。经过充分调研,他发现春天的田中积水,导致了早稻无法施种,夏天的连月干旱,又导致了晚稻遇上旱灾,两次灾情前后相接,虽然作为江南鱼米之乡,眼前可以保证衣食无忧,可到了明年青黄不接之时,估计就会有大的饥荒发生。

---

[1] 见《玉照新志》卷五。

第四章 乡"望"

此时的苏东坡下辖浙西七州，即杭、湖、秀、睦、苏、常、润，大多均为江南富庶之地、鱼米之乡。一般统辖这样的州是不敢随便上疏请求救助的，官场之上流行报喜不报忧，更何况现在"忧"还离得远呢。

苏东坡不管这些，他把当地的粮食需求和当年的粮食收成调查清楚后，对来年缺乏的粮食数量进行预测，然后上疏《乞赈济浙西七州状》，请求朝廷停止收购浙西各州常平、省仓、军粮、上供米等各种类型的钱米，减收浙西各州上供钱斛一半或三分之二，等丰年之时再分期偿还，等等。但是奏报上去渺无音信。确实，在朝廷大臣看来，苏东坡这是没事找事，灾情连影子都没有一个，你就开始预备灾情了？

苏东坡深知如果钱米都收上去了，等来年饥荒发生之时再向朝廷要回，那更是难上加难，即使好不容易申请下来，估计也已经到了饿殍遍野的程度。当年在常州城外"行歌野哭两堪悲，远火低星渐向微"的情景深深烙印在苏东坡心里，他怎么也不愿类似情况再次出现。于是动用了私人关系，直接上书当时的宰相吕大防和太师文彦博，在他们的帮助下，终于获得朝廷许可，准予保留上供米的三分之一。

这三分之一上供米的留存果然发挥了大作用，在第二年市场上的大米因紧缺而不断涨价时，苏东坡减价出售常平米，把粮价压了下来，尽力保障老百姓有饭吃。①实际上，仅靠这三分之一的米也还是不够的，苏东坡后来又申请朝廷赐予二百道度牒才解

---

① 《宋史·苏轼列传》记载："既至杭，大旱，饥疫并作。轼请于朝，免本路上供米三之一，复得赐度僧牒，易米以救饥者。"

决了赈灾问题。①

　　大灾之后，必有大疫。1090年三月间，气候转暖，瘟疫随之爆发。苏东坡的身份，迅速从"送米的"转为"送药的"。送米需要解决"米从何来"以及"如何送"的问题，送药也同样面临这两个问题。

　　首先是"药从何来"。老百姓刚刚经历了大灾，身上的钱所剩无几。如果抗疫所用的药太贵了，老百姓买不起，那么抗疫也就成了一句空话；如果不要老百姓掏钱，由政府掏钱的话，苏东坡也没有地方可以筹钱了，毕竟为了救灾他都动用了私人关系，眼下这抗疫的钱又能从哪里出呢？

　　所以，最好的办法是这药既能治病又特别便宜。当时杭州瘟疫，病人的主要症状是手脚冰凉、腹痛腹泻、发热恶寒、肢节疼痛，连医生都束手无策，苏东坡又不是医生，他哪来这样的药呢？

　　还别说，也是杭州人有福气，苏东坡还真找到了这样的药，而且这药也不是在杭州找到的，而是当年他在黄州落难时找到的。

　　当年在黄州有位眉山故人来看他，这个人叫巢谷。巢谷是一个很有故事的人，读书考不上进士，练武缺少根基，于是改练剑，但也没练出什么名堂。郁闷至极的他四海漂泊，好不容易遇到了一个知音——熙河名将韩存宝，巢谷就做了他的幕僚，过了几年安稳日子。但好景不长，韩存宝因为平叛未果，在1081年被朝廷以"出师逗挠，遇贼不击"等罪名处斩，临死前拜托巢谷，把他积攒的几百两银子送给妻儿老小，以免他们挨冻受饿。巢谷不辱使命，千里潜行至韩存宝家，很好地完成了任务。之后为避祸

---

① 宋代出家人都需有度牒，而度牒控制在朝廷手上，因持有度牒的人可以免于兵役、劳役等，故一道度牒根据不同地域情况可卖两三百千甚至五六百千，官府经常把它作为筹钱的手段。

第四章 乡"望"

而隐姓埋名,浪迹江淮一年多,终于在1082年底躲到了苏东坡家,也就是说苏东坡以"罪官"身份,收留了一个"逃犯"在家,这份忠义和胆略实在让人佩服。

不过也许正是因为苏东坡的这份收留,才让他意外得到了《圣散子》这一秘方。当时黄州出现疫情,巢谷出手救治了不少人。苏东坡想救更多人,就问他要那秘方,但是《圣散子》是巢家祖传丹方,巢谷视为至宝,从未传过外人。有感于苏东坡的恩义,巢谷最后还是把秘方给了苏东坡,但是有一个条件,就是让他发誓绝不外传。

这个方子用的药十分廉价,主要是柴胡、甘草之类的,一服药成本大概只要一钱,既便宜,又极有效果,几乎是药到病除。

这次为了救杭州老百姓,苏东坡违背了对巢谷的诺言,他把方子献了出来,让人照方抓药,散与百姓,救活了无数人。

也许冥冥中自有天意,当年苏东坡一番忠义救助了一个老乡,没想到十年后又因此救活了一个城市的人。世间万事万物,终究逃不出一个"缘"字。

解决了"药从何来"的问题,紧接着就是解决"如何送药"的问题。苏东坡在杭州成立了中国历史上第一家官民合办的医院——安乐坊,专门收治家庭穷苦的病人。同时又派人用大锅熬煮药汤,分设在杭州街头巷尾,布施老百姓喝药防疫。苏东坡创立的这一制度得到了推广,到宋徽宗年间,京城也设立了安济坊,专门救治穷人,经费由官府补贴,药品的价格仅为市价的三分之一。

药虽然便宜,但是杭州城所有老百姓都喝,加上建造安乐坊,累计成本也就上来了,平时不注重蓄财的苏东坡为此还捐出了50两黄金,这几乎是他多年为官的全部积蓄。《宋史·苏轼列传》记载:

"轼曰：'杭，水陆之会，疫死比他处常多。'乃裒羡缗得二千，复发橐中黄金五十两，以作病坊，稍畜钱粮待之。"意思就是苏东坡收集多余的钱二千缗，又拿出自己囊中黄金五十两，建造治病场所，渐渐积贮钱粮防备疫病。

苏东坡就是这么一个真实可爱的人，为了救助老百姓于危难，或者朋友于危急，他甚至可以倾其所有。这也是苏东坡为官多年一直存不到什么钱的原因，不过也因此朋友众多，在老百姓心目中口碑很好。后来他被贬到海南，穷途末路、穷困潦倒之际，正是当地的官员和老百姓冒着极大的风险给了他不少帮助，这或许与他的道德品格和早年为官的名声有很大关系吧。

苏东坡对杭州最大的贡献是根治西湖。

西湖当时有三大问题是历任太守都没有解决好的。一是居民饮用水问题。西湖的水供应全城老百姓的日常饮食，但如何送到老百姓家或者离老百姓家不远的地方，是个大问题。二是通航问题。杭州原有两条运河，即贯城而过的盐桥河与流经城外的茆山河，由于钱塘江潮携带泥沙涌入，航道变浅逐渐影响通航能力，旱灾时尤甚，城外的粮食和救济物品运不进来，城内的又运不出去，如果能够引西湖水以助力通航，可以永久地解决问题。三是西湖淤塞问题。西湖的水草极富营养，又无人管理，一年一年地滋长，已把西湖水面堙塞了将近一半，照此下去，不但老百姓的饮用水得不到保障，而且还失去了蓄水池的作用，干旱时缺水灌溉农田，雨多时又易形成洪涝灾害。

苏东坡根治西湖采用了三招。

第一招，整治六井。苏东坡早在二十年前就当过杭州通判，对杭州城内饮水情况非常了解。城内居民饮水主要靠六个水井，而六井的水又都来自西湖。如今井水变少肯定是输水管道出了问题。苏东坡找到当年帮助修整水井的僧人子珪。子珪分析当年的导水管是用毛竹做的，年长月久已经腐烂，因此建议改用瓦管，又将瓦管盛在石槽中，两边和顶部均垒上砖石用以保护。这个工程比较简单，费时个把月就完成了。西湖淡水通过六大水井再分流出去，几乎遍于全城，家家因此都有饮用之水了。

第二招，运河分流。针对钱塘江涨潮时候把泥沙带进盐桥河和茆山河的情况，苏东坡实行两河分治的办法。在江潮进入河道之处修筑一座水闸，每天潮来时，关闭盐桥河水闸，使潮水只能往流经城外郊野之地的茆山河而去，这样，流经城内大部分地区的盐桥河就不会淤塞了。同时，原来的西湖淡水从清湖河白白流走，未加利用，十分可惜。苏东坡通过引水工程，连通了清湖河与盐桥河，这样盐湖河就有了西湖的活水来源，保障了航道运输所需要的水深，城中居民就再无缺水之忧了。苏东坡还在河水转角处多设石柜贮水，保障老百姓洗濯和救火消防之用。

第三招，开浚西湖。六大水井的管道问题解决了，但是如果要从根子上解决问题那就要保障水源了。西湖的水草年年生长，盘根错节，从底向上占据了湖面，形成葑田，全湖积葑二十五万丈左右，湖水无处容纳便一年比一年少。要根治西湖，就必须除去所有葑田，还要深挖湖泥，这个工程量可是相当大。

历任太守之所以根治不了西湖，原因就是工程量十分浩大，必然牵扯出两个问题：一是钱从哪里来，二是劳工从哪里出。这两个问题苏东坡同样需要面对。

好在此时的苏东坡不仅仅是杭州太守，更是两浙西路兵马铃辖，两浙兵马都监刘季孙是他的部下，需要听他调遣。治理西湖需要大量人力，一半靠的就是刘季孙的兵工，另外一半则是以工代赈的灾民。年初的旱灾虽然让政府花了不少救济的钱，却因此换来了很多以工代赈的灾民。这也是西湖得以顺利开浚的重要原因。

至于钱的事情，苏东坡在1090年四月二十九日上书《乞开杭州西湖状》，奏请朝廷再赐度牒五十道，加上精打细算剩下来的救灾余款一万贯钱、一万石米，基本就可以保障支出了。

开挖湖泥和疏浚水草时发现了一个问题，就是这些多余的湖泥和水草往哪儿放呢？运到别处不仅占地方，还要耗费大量的人力进行搬运。天才诗人苏东坡于是想到了一个浪漫的点子，就是在湖中筑堤，既可以解决泥草问题，还可以缩短绕湖一周三十多里的距离，更主要的是，湖中有堤，这山环水绕、杨柳春风的景致，该是何等的浪漫呵。

今天杭州西湖的苏堤，果然成了一处特别浪漫的所在。每年从全国各地奔赴苏堤的人不计其数。经历了900多年的风雨，苏东坡把他的达观浪漫的精神，通过西湖苏堤这种形式传承保留了下来，造福了千千万万的人。

明朝的流放状元杨慎说：

> 宋之世，修六塔河、二股河，糜费百万之钱谷，漂没数十万之丁夫，迄无成功，而犹不肯止。视东坡杭湖颍湖之役，不数月之间，无糜百金，而成百世之功，其政事之才，岂止十倍时流乎！[1]

从苏东坡治理杭州可以看出，他实际上真是一个时时刻刻为老百姓考虑且很有魄力、颇能做事的好官，只可惜他被困在新旧党争里突围不得，一生之中的大多数时光都在流放，真正能发挥

---

[1] 见杨慎《记苏堤始末》，本段有删减。

他作用的时间并不是特别多。

1091年正月，朝廷又诏命苏东坡为吏部尚书，紧接着又改为翰林学士承旨。高太后还是心心念念地记着苏东坡，要他回朝效力，而此时的苏东坡，建设完了杭州之后正准备建设苏州，拟规划吴中水利，凿岭通运河，因罢任未果。

三月二十八日，苏东坡北归京师路上，第十二次来到常州，与张弼一起游览了常州太平寺净土院。张弼其人在历史上生卒年不详，官职也不大，但耗时三十年研究《易经》，释然顿悟，其说爻象之词，字字皆有所本，上及道德性命之理，下及昆虫草木之微，著有《葆光易解》十卷，是一部重要的解释易学的著作，可惜今已失传。苏东坡1091年与之同游常州太平寺，大概是因《易传》创作之故。此次同游，苏东坡留下了《游太平寺净土院观牡丹中有淡黄一朵特奇为作小诗》，即："醉中眼缬自斓斑，天雨曼陀照玉盘。一朵淡黄微拂掠，鞓红魏紫不须看。"[①]

第 三 节　哲宗亲政引惊雷

1091年五月二十六日，苏东坡到达京师，被任命为翰林学士、知制诰兼侍读。相当于他又回到了离开京师时的那个位置，也就是说，苏东坡再次成了宰相的候选人。

苏东坡要成为宰相，谁最担心？当然就是上次把他排挤出京城的那股势力了。上次明面上是洛蜀之争，实际上则是浑水摸鱼的朔派。司马光死后，失去了牵制之力的刘挚逐步成长为朔派领

---

① 宋周必大《游山录》载：东坡元祐六年三月二十八日，过寺赋诗，即《净土寺牡丹》。

袖。在苏东坡离京三年中,刘挚已经升为太中大夫兼尚书右仆射兼中书侍郎,也就是右相了。

当了宰相的刘挚最怕的就是像苏东坡这样的候选人了。候选候选,一不小心就把自己给候选下去了。所以苏东坡不回来则已,一回来马上就面临着一堆的弹劾,都是朔派为他准备的。

首先弹劾苏东坡的就是侍御史贾易,他与朱光庭、杨畏等人,本是洛学弟子,在程颐去职后,又都投靠了朔派刘挚。贾易以前就曾经弹劾过苏东坡,说吕陶党附苏轼兄弟,[①] 此次又与杨畏、安鼎联衔上疏,说"苏轼所报浙西灾伤不实,乞行考验"。

苏东坡吃过贾易的亏,一看他把矛头直指浙西救灾,感觉如果听任贾易这样搞下去,正在开展的浙西救灾肯定会受到影响,于是就让王遹去找御史中丞赵君锡,跟他说两浙灾伤如何严重,贾易、杨畏却说传言过当,要朝廷察其虚实,朝廷已听其奏。苏东坡希望御史中丞赵君锡出面说句公道话,不能因为要核实的原因而停止赈灾。

赵君锡这个人,看见苏东坡很受高太后喜爱,认为将来一定会平步青云,于是处处夸赞他,在苏东坡被排挤出京任杭州知州时,曾经上书说:"轼之文,追攀六经,蹈藉班、马,知无不言,故壬人畏惮,为之销缩,公论倚重,隐如长城。使之在朝,用其善言,则天下蒙福;听其谠论,则圣心开益;行其诏令,则四方风动,而利博矣。"

这种不吝赞美的奏折传到苏东坡耳里,让苏东坡真有知己的感觉,于是视其为挚友,多次推荐他,还在苏辙出使辽国时,推荐他做了副使。短短两年时间,赵君锡就从给事中升到了吏部侍郎、御史中丞。

---

① 见《宋史·贾易传》。

第四章 乡"望"

让苏东坡没想到也想不通的是,这次伤害他最深的,恰恰是这位"挚友",他竟然转身就把苏东坡出卖了,让贾易以"交通语言,离间风宪"的罪名弹劾苏东坡,从而掀起了一场轩然大波。

宋朝的制度,政务官不得与台谏往来,尽管苏东坡也是为老百姓着想,但显然已经犯禁。在贾易等人的反复攻讦之下,高太后不得不再次把苏东坡外放出京,以龙图阁学士知颍州。

实际上,高太后对苏东坡的这次回京是寄予了殷切希望的。因为惧怕回京后遭到台谏围攻,苏东坡在回京之前三次上书请辞,想到地方任职,高太后均不同意,回京之后又四次上书,其中有一封奏状甚至说道:"臣之刚褊,众所共知,党人嫌忌,甚于弟辙。岂敢以衰病之余,复犯其锋,虽自知无罪可言,而今之言者,岂问是非曲直……又欲陛下知臣平生冒涉患难危险如此,今余年无几,不免有远祸全身之意,再三辞逊,实非矫饰。"[①] 苏东坡说自己性格不容于"党人",想远离祸患保全余生,再三推辞,是出自本心而不是矫饰。话都说到这个份上了,高太后依旧不允许。其实高太后也是没有办法,她是一个聪明的人,朝堂里刘挚打压异己,她其实看得明明白白,她需要苏东坡这样没有私心又名重朝野的人与之相抗衡。本来一切都按照她的计划在推进,谁知一手好牌被贾易和赵君锡两个人给整没了,心里十分恼怒,于是以动摇朝政等为理由,采取两罢方法,在苏东坡既已去职的情况下,外放侍御史贾易以本官知庐州,贬御史中丞赵君锡为吏部侍郎,随后知郑州。

赵君锡之所以出卖苏东坡,实际上是因为判断苏东坡斗不过刘挚,苏东坡又老是上书请辞,那么今后的靠山还得是刘挚,他是拿这个"出卖"给刘挚作投名状的,没想到弄巧成拙,官职

---

① 《苏轼集》卷五十九。

不升反降。

最有威胁力的苏东坡走了,刘挚看起来大获全胜。但实际上,刘挚这次是真的惹恼了高太后。平时刘挚弄权,高太后也因为确实需要人做事,只要他不太过分也就算了,但很显然这次刘挚是过分了。

两个月后,刘挚遭到了从洛党那边投奔过来的杨畏的出卖,他们攻击刘挚曾经写信给邢恕"第往以俟休复",这句话透露出的意思是高太后有意改立自己的亲儿子,也就是宋哲宗的叔叔赵颢做皇帝,这个就犯了皇室大忌了。高太后本来就对他心存不满,于是权倾一时的尚书右仆射刘挚便被罢相了,时间就在苏东坡离京后两个月。

苏东坡在颍州整治境内沟渠,疏浚颍州西湖。六个月后,即1092年二月,苏东坡罢知颍州,以龙图阁学士充淮南东路兵马钤辖知扬州军州事。不过苏东坡在扬州的时间不长,仅过了半年,也就是1092年的八月份,苏东坡以兵部尚书兼差充南郊卤簿使召还朝廷。

扬州,就在长江的北岸,与常州隔江而望。

马上就要北返京师了,临去之前,按以前的习惯,苏东坡是会过江去看一看常州的。苏慎《苏东坡常州行踪》考证说1092年八月下旬苏东坡离开扬州,经常州至宜兴,"行临溪道中,见邑令张堂于张渚临溪。九月二日,作记赠堂。张堂,宜兴人,尝任黄州通判。"如果此考证属实的话,则这是苏东坡第十三次经过常州,也是被贬惠州和儋州前最后一次来到常州。

苏东坡回到朝廷后,一心一意想外放越州为官,越州在今浙江绍兴一带,与杭州为邻,只隔着一条钱塘江。苏东坡很乐观,以为太皇太后高氏会同意,不料非但没有同意,还诏迁端明殿学

第四章 乡"望"

士兼翰林侍读学士，守礼部尚书重任。

这是苏东坡第三次回到翰林学士这个位子上，而且还是第一次身兼两学士，意味着他又一次无限接近宰相之位了。要说这个高太后对苏东坡是真的好，真的有知遇之恩，一次次把苏东坡从外地调回京城，前前后后做了三次努力，明眼人都能看出来她就是为了把苏东坡扶上宰相之位，偏偏当时的苏东坡已经对官场心生惧意，老想着往外跑，也真是难为了高太后。

1092年是高太后最后一次帮助苏东坡了。

同样的一幕再次上演，甫一回京的苏东坡再次遭到了弹劾。这次弹劾的部分内容跟常州有关，就是苏东坡在宜兴购买的曹潜夫的那份田产。御史黄庆基说他"强买姓曹人抵当田产"，给他安了个侵占田产的罪名。苏东坡无奈，只得上书《辩黄庆基弹劾札子》进行自辩。事情调查清楚后，黄庆基因诬陷忠良而改知南康军。心生惧意的苏东坡再次请求外调，但是高太后没有同意。在苏东坡的心里，总以为外放州郡为官可以避祸，而残酷的历史真相是，只有自己掌握大权才可以最大程度地避祸，否则躲到哪里都是徒然，后来的历史事实恰好证明了这一点。

不到两年的时间里，苏东坡的职务变化了5次，吏部尚书、兵部尚书、礼部尚书等实权部门当了个遍，相当于两年当了3个尚书2个学士2任地方官，速度变化如此之快，很大的可能是因为高太后已经感觉到自己时日不多了，她必须为自己的身后布棋。放眼天下，能够被她信任又不让小皇帝排斥且身居高位的老臣，高太后认为大概也就只剩下苏东坡了。她要让苏东坡及时返回朝廷，多跟小皇帝接触，以确保她走后的朝局不要变化太大。可惜的是，苏东坡没有理解她的这番苦心，作为旧党的一众朝臣依旧吵吵嚷嚷，很少有人意识到危机的来临。

他们忘了，在他们身后，还有一群新党成员虎视眈眈地盯着他们，随时准备返回朝堂替代他们，打倒他们。

他们也忘了，年幼的宋哲宗已经渐渐长大。

此时的宋哲宗已经十七岁了。①

高太后之所以迫切需要苏东坡，原因可能包括以下几点。

第一个，苏东坡曾经当过宋哲宗的"老师"。1087年，苏东坡任职翰林学士的头衔上又加了一个侍读。所谓侍读，就是给年幼的皇帝宋哲宗讲课。当时的宋哲宗十二岁，按阳历计算实际只有十岁。估计当时的宋哲宗非常苦恼，因为他的两个"老师"虽然都是大宋王朝的顶级存在，名震朝野，但是差别却是如此之大：一个是程颐，作为后世"程朱理学"的奠基人之一，他教给皇帝的全是刻板的、严谨的、理论的知识；而另一个苏东坡，作为当时的文坛领袖，后世评价的"唐宋八大家"之一，则是洒脱的、感性的、跳跃的。他们两个，相当于一个往左拉，一个向右拉，还彼此看对方不顺眼，也不知当年的宋哲宗是怎么过来的，一般人估计都要精神分裂了。不过小皇帝从本心上应该是喜欢苏东坡一些，毕竟苏东坡讲故事，讲历史，从历史的兴衰更替中予以启迪。

高太后选择苏东坡，可能这是一个重要的因素，毕竟做过皇帝老师的并不多，而自己走后的政治现实，一定需要一个与小皇帝建立了感情联系的人。

第二个，苏东坡不容于当时的朝廷。一般人会觉得很奇怪，不容于当时的朝廷也会是一个加分项？事情的真相还真是这样的，当年的高太后十分强势，所任用的旧党官员大多数唯她马首是瞻，基本上忽略了小皇帝的存在。渐渐长大的小皇帝早就窝了

---

① 宋哲宗生于阴历1076年十二月初七（阳历1077年1月4日），按阳历计算实际只有15岁，本书尊重当时历史实际，按阴历说法17岁。

第四章 乡"望"

一肚子的火,其叛逆性格越来越严重。精明如高太后不可能看不出来,实际上当时的宰相刘挚也应该是看出来了,要不然不会有杨畏出卖的"第往以俟休复",甚至于杨畏的这个出卖,其本身就有可能是刘挚对高太后以及群臣的一个试探,借弹劾之口说出更换皇帝的意思,看看大家的反应。如果高太后默不作声,又或者群臣响应的话,说不准刘挚真有可能动手去做这个事了。也许在当时的刘挚看来,不做不行啊,面对日益长大且日益叛逆的小皇帝,如果不先行筹谋好,很有可能死无葬身之地。

高太后的反应是罢免了刘挚的职务,她做出的是维护小皇帝的选择。

那么也就只有一种结果了,小皇帝在高太后死后必将即位。如果站在小皇帝叛逆的角度来看,凡是现在朝廷支持的,他必然反对;凡是现在朝廷反对的,他必然支持。

应该说高太后的这种担心是对的,后来的历史事实也证明了这点,只是她没有想到的是,小皇帝的怨恨之重和报复之烈已经远远超过了她的预知。虽然苏东坡不容于朝廷,但他却是高太后着意栽培的"红人",且还有苏辙,当时他已担任门下侍郎也就是副宰相,朝廷之局势岂能与他无关?更主要的是,作为小皇帝的宋哲宗是宋神宗的儿子,而高太后是宋神宗的母亲,小皇帝对祖母这么多年的付出和培养没有感恩之心,有的只是对她大权独揽的不满,对她改变宋神宗国策的愤恨。

作为宋神宗的儿子,他要继承父亲所定的国策,换句话说,那就是要恢复王安石变法。在恢复王安石变法的这个大前提下,所有守旧派都会成为牺牲品,又岂是一个苏东坡所能改变的?不但不能改变,如果要对守旧派开刀,作为旧党中名气最大、影响

223

最广又把柄最多[①]的苏东坡，恰恰是最好的第一选择。

1093年九月初三，太皇太后高氏崩于寿康殿，尊号"宣仁圣烈太皇太后"。

高太后死前一天，左相吕大防、右相范纯仁以及知枢密院事韩忠彦入宫问安，高太后当时尚能言语。据范纯仁的曾孙范公偁所作《过庭录》记载："后曰：'老婆待死也。累年保佑圣躬，粗究心力，区区之心，只欲不坠先烈。措世平泰，不知官家知之否？相公及天下知之否？'辞气愤郁，吕公未及对。哲庙作色叱曰：'大防等出。'三公趋退，相顾曰：'吾曹不知死所矣。'"

《过庭录》记载的这段话，大意就是高太后说自己要死了，多年辅佐小皇帝，尽心尽力，只希望天下太平，不知道大家明不明白。吕大防等人还没来得及回应，宋哲宗就不高兴地赶大家走。三个人出来后叹息着说："我们将来必然死无葬身之地。"

山雨欲来风满楼，一场席卷全国的剧变即将开始。

第 四 节　歧路别离幸有家

1094年六月二十五日，安徽当涂渡口的姑孰古城，正是杜甫所写"江碧鸟逾白，山青花欲燃。今春看又过，何日是归年"之时，一个风烛残年的老人，站在自家船头，看着子女们乘坐另一条船顺江而下的帆影，也不知此生此世是否还能再次相见，其中的辛酸和苦楚，也只有当事人自己知道了。

---

① 当时苏东坡的文集已大量刊行于世，要从他的文集中捕风捉影地找到一些所谓的把柄，确实是一件比较容易的事情。

第四章 乡"望"

这个老人正是苏东坡,时年五十九岁,乘船顺江东下的是他的儿子、儿媳及孙子等一大家子人,他们要去的地方是常州。此前,大儿子苏迈已经提前去阳羡安排好了,就等着所有人前去相会。

所有人都可以去,唯独最想念常州的苏东坡却不能。当涂渡口,正是他们一家人从京城同行至此的最后一站。此地而后,一家人分成两个部分,大部分在二儿子苏迨的带领下,顺水东下去常州;只有他在姜室王朝云和小儿子苏过的陪同下一路西去,之后在湖口折而南下进赣江,过惶恐滩,翻大庾岭,一路南行至惠州,万里征程,生死未知。尤其是一百八十年后文天祥留下"惶恐滩头说惶恐,零丁洋里叹零丁"的惶恐滩,更让苏东坡体会到了命运的无常与行走的艰辛,他在此地留下了"山忆喜欢劳远梦,地名惶恐泣孤臣"的孤臣诗句。当然这都是后话,此时的苏东坡,眼睁睁地看着一家人顺水东下却无能为力。

他是多么希望自己也在那条船上呵。

临别前,他给二儿子苏迨写了6篇赋,似乎有万千的话要叮嘱他。他在《书六赋后》中说:

> 予中子迨,本相从英州,舟行已至姑孰,而予道贬建昌军司马惠州安置,[①]不可复以家行。独与少子过往,而使迨以家归阳羡,从长子迈居。迨好学知为楚词,有世外奇志,故书此六赋以赠其行。

大意是说,二儿子苏迨,本来准备一起去英州的,舟行至当涂的姑孰,贬谪我为建昌军司马、惠州安置的诏命到了。我不可

[①] 此间苏东坡还是"建昌军司马、惠州安置",后面将要抵达虔州时,新的被贬诏命又来了:苏轼落建昌军司马,贬宁远军节度副使、惠州安置。

以再带着一家老小去惠州了。于是决定和小儿子苏过一起去。苏迨把家人带往阳羡,跟着大儿子苏迈一起生活。

苏东坡在这里提到了"以家归阳羡"。在危急患难之时,幸亏常州有个家,可以帮助苏东坡安顿一家老小的生活。

前文说过,苏东坡在京城担任高官,怎么突然跑到当涂了,而且一大家子前往常州,他自己却要贬往惠州?

其实这一切都是从高太后死、宋哲宗亲政这个剧变开始的。这场剧变针对的第一人,恰恰是皇帝的老师苏东坡。1093年九月,[①]此时正是高太后大孝之时,朝廷告下,苏轼罢礼部尚书任,以两学士充河北西路安抚使兼马步军都总管,出知定州军州事。皇帝在守制期间,以这样的任命,宣告了一个属于他的新时代的来临。

皇帝下手的对象,第一个为什么会是苏东坡呢?前面已经分析了原因,就是如果要恢复王安石变法,那么苏东坡就是最合适的第一个清除对象,影响大又很容易找到漏洞;而且把苏东坡逐出京城,正好跟高太后希望苏东坡发挥老师的作用相反,免得他在京城里碍手碍脚,阻止恢复新法。

按照惯例,守边将帅前往边关履任,都需要入朝面辞。然而苏东坡前去面辞时,皇帝却不肯见了。苏东坡只好留下《朝辞赴定州论事状》,在状里不顾自身安危仍然进言说:"臣恐急进好利之臣,辄劝陛下,轻有改变,故进此说。敢望陛下留神社稷、宗庙之福,天下幸甚。"

苏东坡此去,后来再也没有返回朝廷,甚至再也没有踏进京师半步。宋哲宗对童年时候的师生之谊,没有表现出半点留

[①] 宋代王宗稷《东坡先生年谱》说的是八月份,而翁方纲《苏诗补注》引《实录》说的则为九月份。如果八月份,则出任定州是高太后的安排;如果是九月份,则必出于宋哲宗之意。本书根据高太后一再拒绝苏东坡外放的请求,采信第二种。

第四章 乡"望"

恋,甚至连最后一面都不肯见了,苏东坡今后的人生命运由此可想而知。

时近深秋,冷雨萧瑟,苏东坡与苏辙两人都感觉到了丝丝寒意。那天深夜,两人对坐无眠,谁也不知道今后的路会是怎样。

离京前,苏东坡尽遣京中家臣,他已经做好了最坏的打算。

苏东坡没有想到的是,这一次离别遣散,竟然遣出了后来亡国之君宋徽宗赵佶的权臣——高俅。据王明清《挥麈后录》记载,苏东坡在遣散家臣时,其中有一位名叫高俅的年轻人,苏东坡看他识文断字,毛笔字又写得好,对于书画也颇有造诣,不忍心让他流落民间,于是就把他推荐给了好朋友同时也是驸马都尉的王诜,这个王诜就是"乌台诗案"时给他报信的那位。王诜与端王赵佶交好,此时的皇帝是宋哲宗,端王赵佶是他的弟弟,还只是一个没有多少实权的王爷。大概在宋哲宗死前不久,因为一次偶然事件,高俅认识了端王赵佶。

《挥麈后录》中说,王诜与赵佶在等候上朝时相遇,赵佶忘了带篦子刀,就向王诜借了一个,用后觉得不错,王诜就说晚上派人送一个新的来,这派去的人就是高俅。当时赵佶正在园中踢毯,很会踢球的高俅看到后,露出不以为然的神色。赵佶注意到了这个神情,问他会踢球吗?高俅说会,于是二人对踢,赵佶被高俅的球技征服,就从王诜那儿把高俅要了过去,高俅就此变成了端王赵佶的亲信。

高俅来到赵佶身边不久,宋哲宗驾崩,从来没有想过继承皇位的赵佶居然鬼使神差地继位了,成了宋徽宗。也许认为高俅是自己的幸运星,宋徽宗对高俅特别信任并着意扶持,这个苏东坡府中原本只会抄抄字的的小文书,从此鸿运当头,青云直上,一直做到了主管全国兵马的最高军事长管——太尉,权倾一时。

高俅与蔡京、童贯等人一起，都是《水浒传》里面的大反派，历史上口碑也不佳，不过据《挥麈后录》记载，高俅倒也懂知恩图报，他一直记着苏东坡遣散家臣时对他的推荐之恩，"然不忘苏氏，每其子弟入都，则给养问恤甚勤。"对后来的苏氏子弟，一直礼遇有加，尽力帮助。

　　《挥麈后录》的作者是王明清，他的外祖父是曾纡，而曾纡就是当年北宋宰相曾布的儿子，据说当年苏东坡推荐高俅给王诜之前，是先推荐给曾布的，只不过因种种原因没有推荐成。所以这个资料的可信度还是很高的，且该书为《邵氏闻见录》的续编，大抵皆为当事人耳闻目睹，有"不愧实录"之誉。

　　1093年十月二十三日，苏东坡至定州履任。半年后，又连续被贬，先是落端明殿学士兼翰林侍读学士，罢定州任，为承议郎责知英州军州事。贬到这个份上，虽然位置低微，但好歹还有实职，可以拿薪水。没想到人还在赴任的路上，追贬的文书又来了，被责授建昌军司马，惠州安置，之后更进一步被贬为宁远节度副使，惠州安置，不得签书公事，一切又回到了十四年前被贬黄州的处境了。

　　苏东坡倒霉的时候，有一个人却得到了火箭提拔，从"提举洞霄宫"这一道观的住持，迅速被提升为当朝宰相，全面主持恢复王安石变法。

　　这个人就是章惇。

　　可怜的大宋王朝，在不到三十年的时间里，先是王安石变法，然后司马光废除了王安石变法的所有举措，之后章惇又把王安石变法复原了，这样反反复复地折腾，也不知当年老百姓的日子是怎么过的。毕竟法令这东西，最忌朝令夕改，变化不定。

　　比大宋王朝的老百姓更可怜的是那些官员，他们要么在庙堂

第四章 乡"望"

之上掌握生杀大权,要么在贬谪路上任人宰割,这样的两极分化,不在于他们的政治威望高不高,个人品德好不好,政绩能力行不行,而只在于他们的站队,是站在改革派也就是新党一边,还是站在保守派也就是旧党一边。

关键是,无论他们怎么站队似乎都是错的,如果站新党,高太后掌权时就倒霉。比如蔡确,新党执政时曾经官至宰相,是继王安石、吕惠卿之后的新党核心人物,到高太后时遭到一贬再贬,最终被贬至英州别驾、新州安置。这新州位于岭南的蛮荒之地,生还概率不高,最终蔡确也确实病死于新州。如果站旧党,那比新党更惨,至少得倒霉两次,比如苏东坡,第一次倒霉弄出个"乌台诗案",被贬到了黄州,第二次倒霉被贬到了惠州,这还不够,后来又继续追贬,一直贬到了九死之地海南。

1094年六月,苏东坡在前往贬所的途中,行至当涂,又接到了新的被贬诏书,即上文所说的落左承议郎,责授建昌军司马,惠州安置,不得签书公事。而且苏东坡还与别人不同,在贬谪他的同时还附有告词,历数他的种种罪行,其中一节如下:

> 朕初即位,政出权臣,引轼兄弟以为己助。自谓得计,固有悛心。忘国大恩,敢肆怨诽。若讥朕过失,何所不容?乃代予言,诬诋圣考,乖父子之亲,害君臣之义。在于行路,犹不戴天;顾视士民,复何面目?以至交通阉寺,矜诧幸恩;市井不为,缙绅共耻。尚屈葬典,止从降黜。今言者谓轼指斥宗庙,罪大罚轻。国有常刑,朕非可赦。宥尔万死,窜之远方。虽轼辩足以饰非,言足以惑众,自绝君亲,又将奚憝?保尔余息,毋重后怨。

杀人诛心，相比被贬谪至惠州而言，这篇告词更加诛心，尤其是"忘国大恩，敢肆怨诽""宥尔万死，窜之远方"等等；更让苏东坡痛苦的是，这篇告词还是他曾经的好朋友林希写的。就在几年前苏东坡刚进翰林院时，好朋友林希还撰启祝贺他，说他和苏辙"兄弟以方正决科，迈晁董公孙之学"。

当然，林希也有他不得已的苦衷。章惇执政后，把旧党往死里整。吕大防降知随州，刘挚降知黄州，苏辙降知袁州，之后又逐次加重处罚。吕大防被贬为舒州团练副使，循州安置，未及赴任而病死于被贬途中；刘挚被贬为黄州光禄卿，蕲州居住，后又因牵涉"同文馆之狱"[①]，被流放至新州，含冤而死；苏辙被贬筠州居住，后又被贬化州别驾，雷州安置。此外包括范祖禹被贬贺州安置，刘安世被贬英州安置等等。一众旧党人物，不管当年是蜀派还是朔派，几乎无一幸免，统统被贬过岭南。

北宋的岭南地区，包括春、循、梅、新、高、窦、雷、化八州，曾流行一句俗话："春、循、梅、新，与死相邻；高、窦、雷、化，说着也怕。"也就是说官员被贬到了这些地方，基本上和判死缓甚至死刑差不多。

相互之间存在着极大仇恨的新旧党争，林希焉能不怕？幸好他还有可以被利用的地方，那就是文章写得好，章惇要用他写告词，潜意识里还要与苏东坡比一比，至少不能差得太远。

当年和林希一样转变立场出卖队友的还有林畀等人，他们明哲保身是保住了，却在历史上留下了不小的污点。据说林希完成对苏东坡的贬谪告词后，投笔长叹说："坏了一生名节。"

[①] 前文说过，杨畀出卖刘挚时说他写信给邢恕"第往以俟休复"，有废掉宋哲宗以立高太后亲儿子的想法。章惇执政后，蔡确的儿子蔡谓前来举报。章惇让蔡京以刑讯逼供刘挚，地点即在同文馆，史称"同文馆之狱"。

第四章 乡"望"

章惇对旧党进行了近乎疯狂的迫害,已经超出了理智范围。后人分析大概有三个原因。一来这本就是宋哲宗的意思,当年一众旧党人物围绕着高太后转,把他这个小皇帝冷落一边,视若无物。围着高太后转时有多红,现在轮到他掌权时就该有多冷。二来是新党核心人物蔡确的死。旧党执政时把宰相蔡确贬到新州,他最后死在了新州,这份刻骨的疼痛和怨恨刻进了章惇心里,执政后他也如法炮制,甚至变本加厉,把另一个大宋宰相同时也是旧党核心的刘挚贬到了新州,最后刘挚也死在了新州。也就是说,新州死了两位大宋的宰相。新州在今天广东省的新兴县,据说历史上还有唐代的两位宰相被贬至此而身亡,可见其蛮荒之地名不虚传。三来就是与苏东坡的"因爱成仇"。苏东坡与章惇本是一对挚友,相交几十年,甚至在苏东坡身陷"乌台诗案"时还冒着政治风险不遗余力地救他。苏东坡被贬黄州时,当时身为副宰相的章惇还给他去信安慰。苏东坡在回信中也说:"一旦有患难,无复有相哀者。惟子厚平居遗我以药石,及困急又有以收恤之,真与世俗异矣。"而旧党执政后,当时朝堂之上变法派的主要人物纷纷被贬黜离京,只剩下了一个章惇苦苦维持,初任右司谏的苏辙上书《乞罢章惇知枢密院状》,给了他致命一击,五天后章惇即被贬知汝州,随后又改提举杭州洞霄宫,成为"洞霄宫里一闲人,东府西枢老旧臣"。

或许章惇认为苏东坡对不起他。苏东坡落难时,他不顾个人安危屡次相救,鼓励他、帮助他;而等到他自己身处困境时,苏辙竟然给了他最后一刀,虽然不是苏东坡所为,但谁都知道这两人是一体的,是心连心的,而且也没有看到苏东坡为他仗义执言。实际上也不是苏东坡不肯帮他,而是形势使然,章惇当时太惹眼了,已经成了新党留在朝堂上唯一的死硬派,高太后要想废除新法，章惇是必然要被清除的，这个是党争之祸，个人感情左右不了大局。

章惇与苏东坡兄弟因爱成仇后，当初关系有多好，后来对他们的迫害就有多深。

无可奈何花落去，似曾相识燕归来。

苏东坡的贬谪之旅由此开始了，而且似乎再也没有了出头之日。一大家子那么多人，难道又要重演当年黄州的悲剧，跟着他四处漂泊、四海为家吗？

关键时候，苏东坡还是有一个坚实的依靠的，那就是常州。苏东坡让一家老小都搬到常州去住，此次万里投荒，九死一生，苏东坡没有理由让大家跟着自己去受苦，他想独自一人前往贬所。

没有人同意苏东坡的这个想法，1094年苏东坡已经是一个年近六旬的老头了，去的地方又是蛮荒之地，家人如何放心让他一个人前往？而且此前不久，他的第二任夫人王闰之逝世了，对这样一个孤独的老人，王朝云也愿意患难与共，生死相随，照顾好他的饮食生活。

最后商量的结果是，除了王朝云和最小的儿子苏过陪着他去岭南，其余的人都到常州安居。

对于苏东坡而言，这已经是最好的安排了。

第 五 节 惠州筑屋白鹤峰

1094年九月，苏东坡翻过大庾岭，正式进入北宋人眼中的九死之地岭南，十月二日，抵达惠州贬所。

第四章 乡"望"

情形跟当年被贬黄州时差不多,基本没有工资,不能签书公事,不能随意离开被贬之地。

他在黄州时刚开始是住在定惠院的寺庙里,那么惠州又能住在哪里呢?

惠州也有一个寺庙,叫做嘉祐寺。不过刚开始苏东坡住的是合江楼。那时宰相章惇对他的严厉打击还没有贯彻下来,加上惠州太守詹范又是已故的黄州太守徐大受很好的朋友,所以苏东坡享受了一段时间的优待。詹范把苏东坡和王朝云、苏过安排在三司行馆合江楼,也就是三司巡查时所住的地方,相当于高级领导来访时所住的宾馆。不过好景不长,只住了16天,他们就搬到嘉祐寺了。北宋的寺庙兼具旅馆功能,经常为谪官提供落脚的地方,所以王朝云也能跟着去。

嘉祐寺旁边有一座小山,山上有松风亭,与寺庙离得很近。苏东坡经常去松风亭坐坐。有一次腿软,只走到一半就走不动了,看看松风亭还在树林的远处,心想何时才能到松风亭啊?正在苦恼不已时,苏东坡忽然顿悟:我为什么一定要到松风亭呢,难道脚下这地就不可以歇脚吗?想通了此节,被贬惠州时种种不得志的苦闷,瞬间就烟消云散了。

人间所惑,大多只是一个执念而已。

苏东坡为此做《记游松风亭》短文:

余尝寓居惠州嘉祐寺,纵步松风亭下。足力疲乏,思欲就亭止息。望亭宇尚在木末,意谓是如何得到?良久,忽曰:"此间有甚么歇不得处?"由是如挂钩之鱼,忽得解脱。

若人悟此,虽兵阵相接,鼓声如雷霆,进则死敌,退则死法,当怎么时也不妨熟歇。

世间诸般困苦，表面上源于万事万物，实际上最终还是自己放不过自己。

苏东坡彻底放下了自己。这次被贬惠州，所处之地实际上比当年的黄州要差上不知道多少倍，但是他的心境，已跟当年黄州写作《寒食帖》时不可同日而语了。苏东坡常常问自己"此间有甚么歇不得处？"既是可歇，则随处可歇，天地之大，每一处都是可以容身之处。

在这样的一种心境下，苏东坡写万里家书给苏辙，写的却是在惠州啃羊脊骨时的美味，而且写得绘声绘色，仿佛从来没有吃过这般美味一样。苏东坡是这样写的：

> 惠州市井寥落，然犹日杀一羊，不敢与仕者争，买时，嘱屠者买其脊骨耳。骨间亦有微肉，熟煮热漉出。不乘热出，则抱水不干。渍酒中，点薄盐炙微焦食之。终日抉剔，得铢两于肯綮之间，意甚喜之，如食蟹螯。率数日辄一食，甚觉有补。子由三年食堂庖，所食刍豢，没齿而不得骨，岂复知此味乎？戏书此纸遗之，虽戏语，实可施用也。然此说行，则众狗不悦矣。

大意就是惠州地区偏僻，市场寥落。集市上每天只杀一只羊，一般都是权贵买走。我苏东坡知道自己是个罪官，不敢和他们争买羊肉，所以每次买的都是大家不要的羊脊骨，这羊脊骨的骨头中间也有一些肉。把羊脊骨煮透了，浇上酒，撒上盐，放在火上烤，烤到微焦就行了，可以拿着筷子在这些羊脊骨中剔碎肉吃，味道堪比虾蟹。子由你天天吃好羊肉，牙齿陷到肉里都碰不到羊骨头，怎么能吃出这种美味来？这种吃法好是好，就是可惜肉都被剔光

第四章 乡"望"

了,狗没有肉吃会很不开心的。

苏东坡这种积极乐观的人生态度,有一个人如果知道了肯定不高兴,这个人就是章惇。当年他提举洞霄宫时有多难受,现在他就希望苏东坡有多痛苦。

为了给苏东坡找罪受,大宰相章惇安排了一个人来做广南东路提点刑狱,这个人叫程之才。提点刑狱司是北宋朝廷派出的"路"一级司法机构,简称"提刑司"或"宪司",监督管理所辖州府的司法审判事务,可以随时前往各州县检查刑狱,举劾在刑狱方面失职的州府官员。

惠州在广南东路提刑司所辖范围,据李一冰《苏东坡新传》以及不少地方记载,章惇似乎是想借程之才之手来治理罪官苏东坡的,最好能查出一些"铁证"或者"罪证"来。章惇对苏东坡知根知底,知道程之才是他的表兄。前文已经说过,苏东坡有且只有一个成年的姐姐苏八娘,小时候经常在一起玩,感情很深。苏八娘后来嫁给了程之才,由于在程家受到虐待,年仅十八岁就死了。苏东坡的父亲苏洵悲愤不已,宣布与程家断绝关系,两家由此变成了仇人,老死不相往来。新旧党争中,苏东坡和程之才又分属不同的阵营,程之才还曾经诬陷苏东坡,称他以运送父亲苏洵尸骨回乡安葬为由,贩卖私盐苏木。两人关系的恶劣程度由此可想而知。

所以,章惇安排程之才来做广南东路提点刑狱的确是一记高招,程之才的到来也的确让苏东坡感到恐慌。他托程乡县令侯晋叔先行致意,探了口风后,才试着写信邀请程之才从驻节地韶州前来惠州一见。苏东坡说:"昔人以三十年为一世,今吾老兄弟不相从四十二年矣。念此令人凄断,不知兄果能为弟一来否?"

身为罪官,苏东坡是不能出惠州往见程之才的,没想到程之才还真的应邀而来。大概是1095年三月初,程之才从韶州来到惠州,经历了那么多年的风风雨雨后,一对儿时的玩伴如今终于握手言和了。程之才不仅是苏东坡的姐夫,更是苏东坡嫡亲舅舅家的儿子,小时候苏东坡跟苏八娘经常一起去外公外婆家玩,那时就认识只比他大两岁的程之才了。

相逢一笑泯恩仇,人到老时,很多事情都看开了,所有的仇怨也都飘走了,只剩下曾经的美好和浓浓的亲情。

只是辛苦大宰相章惇了,机关算尽,算是白忙活了一场。不仅是白忙活一场,反而给苏东坡创造了不少便利,比如程之才住三司行衙,也就是合江楼,知道苏东坡原来也住在这儿,就指示地方官吏等自己走后再把苏东坡接回来。1095年的三月十九日,苏东坡从嘉祐寺又搬回了合江楼居住。

程之才此举,应该是违背了章惇意愿的,所以当章惇得知真实情况后,就把程之才调离了广州。没了庇佑,苏东坡只好再次迁回嘉祐寺。就在这来来回回的折腾中,苏东坡强烈地渴望有一个属于自己的家。

此时的苏东坡已经年过六十了,在这岭南蛮荒之地,他抱着对生活的极大热忱和对美好生活的极度向往,义无反顾地又开始了建造新居。

苏东坡终其一生都在为有个家努力,对于我们常人来说,有一个安居之地并不是多难的事,而对于苏东坡来说,却总是求而不得。

眉山有老家,但是自从1068年他和苏辙带着全家离开之后,就再也没有回去过,算起来已经整整二十七年了。

常州有家,苏东坡买了田地,建了房屋,也安排了一大家子人前往居住。在风雨飘摇又没有什么经济来源之时,也幸亏在常

第四章 乡"望"

州有这么一个落脚之地，解决了一家老小的生活起居问题。但是常州的家其他人都可以回去，唯独苏东坡不行。除非国家大赦天下，他才有北归的一线希望。

宋哲宗在位十五年，共实施了八次大赦天下，离苏东坡被贬惠州最近的一次是1095年九月。苏东坡托程之才探听消息："今日伏读赦书，有责降官量移指挥。自惟无状，恐可该此恩命，庶几复得生见岭北江山矣。"苏东坡的意思是自己也没什么大罪，或许符合此次大赦的条件，那样的话就可以活着回到岭北了。

这里所说的"生见岭北江山"，大概就是指活着回到江南富庶之地常州了，毕竟他的一大家子都在那儿。苏东坡想活着回到那儿养老，然而他还是把政治斗争的残酷性想得简单了些。仅过了两个月，朝廷传来消息，其他人都可以列为赦免对象，唯有"元祐臣僚独不赦，终身不徙"。

这"终身不徙"四个字彻底打消了苏东坡北归的念头，他明白这是新旧党争，与自身有没有罪已经关系不大了。他由此写信给程之才说："某睹近事，已绝北归之望。然中甚安之，未说妙理达观。譬如原是惠州秀才，累举不第，有何不可，知之免忧。"

苏东坡说自己已经想通透了。如果跟屡试不中的惠州秀才相比，人家一辈子都进不了中原，日子不是照样过吗？不过说归说，苏东坡还是挺想念家人的。

回不了江南常州的苏东坡，满满的都是对常州的思念。在那里，山是蜀山，水是太湖，自己建造的蜀山草堂里总是高朋满座，月圆之夜，还可以携酒泛舟太湖，与三五好友饮酒作诗，观奇景，看日出，交流宇宙的浩渺和人生的意义，这些原本就是他归隐常州的愿望，然而安排好了一切之后，自己却回不去了。

回不去的苏东坡决定自己动手，他要在岭南这九死之地再造出一个家来。

　　1096年二月，苏东坡在惠州归善县城东面的白鹤峰上相中了一块地，这里前有东江，后有白鹤峰，面积有几亩大，确实是造房子的理想之地，苏东坡一眼就看中了，花钱买了下来。

　　这是苏东坡人生中最后一次大规模盖房子，后来被贬海南时还盖过一次，不过那只是简单地搭个栖身之所而已，跟这次充满激情地、想好好地生活一番不可同日而语。苏东坡几乎倾尽了全力，他把自己剩下的钱几乎都投到了盖房子上。按他的设计，房子共分为前后两进：前面小屋三间，中间隔个庭院，可以种植花草树木；第二进为堂屋三间，可以会客、读书、习字。两进之间的左侧比较空阔，可以盖卧室、厨房、厕所等等，周围再围上廊芜，共计有二十余间房屋。

　　谁说岭南是九死之地？苏东坡偏偏要在岭南活出个高质量的生活品位来。

　　实际上，苏东坡盖房子，有一个很重要的因素可能是为了王朝云，毕竟一个女人颠沛流离地跟着他，一会儿在合江楼，一会儿又在嘉祐寺，尤其是寺庙里十分不便。王朝云虽然没有说什么，但是苏东坡还是想给她一个完整的家，至少要让她能在自家的厨房里烧自己喜欢吃的菜。他觉得一辈子欠她太多，至少这点微薄的希望应该能够满足吧？

　　然而苏东坡没有想到的是，岭南九死之地这句话不是吓人的，这里天气湿热，有瘴毒，还有瘟疫，又缺医少药，就在苏东坡兴致勃勃、充满干劲地打造新居时，王朝云却不幸染上了瘟疫，大概1096年的六月下旬得病，七月初五就过世了。如此匆忙，匆忙得让苏东坡没来得及做好任何思想准备。

　　白鹤峰上正在筹建的新居，二月份他跟王朝云一起去选定的地皮、一起设计的图纸、一起憧憬着未来的生活，如今盖房子所需的木料、泥石等一切准备工作刚刚铺开，未来新居最主要的人却撒手人寰了。

生活的苦难和政敌的报复，苏东坡其实都不怕，但王朝云的死，却让这个孤独的老人撕心裂肺。他写了一首《西江月·梅花》，称赞王朝云"高情已逐晓云空，不与梨花同梦"。

一年后的1097年三月，白鹤峰上的新居建成，苏东坡终于有了一个惠州的"新家"。然而这个"新家"，也如同苏东坡在黄州所盖的雪堂一样，因为朝堂上的新旧党争而面临着相同的命运。

第六节 天涯何处无芳草

一个成功的男人背后往往都站着一位伟大的女性。

苏东坡的背后却站着三位，她们像接力一样，温暖、关怀和支持着苏东坡，陪伴着苏东坡走过了不同的人生阶段。

结发妻子王弗是苏东坡心中最深的痛。她陪着苏东坡从十九岁走到了三十岁，共计十一年，正是苏东坡奋发向上、青春有为、活力四射的阶段，是苏东坡从四川眉山一个默默无闻的读书人走向声震朝野、闻名天下的大才子的坚实支柱。她于1065年逝世，没有看到苏东坡后来被贬生活的种种经历，死后归葬四川眉山彭山县安镇乡可龙里，[①]就在婆婆程夫人、公公苏洵坟墓旁边不远处。

---

① 苏东坡在《亡妻王氏墓志铭》里说："治平二年（1065）五月丁亥，赵郡苏轼之妻王氏（名弗），卒于京师。六月甲午，殡于京城之西。其明年六月壬午，葬于眉之东北彭山县安镇乡可龙里先君、先夫人墓之西北八步。"

生前她照顾得最多的就是婆婆，死后能够与婆婆相守在一起，也算是有个依靠了。苏东坡还在坟墓周围种满了松树，相传有三千株之多。十年后的某个晚上，在远隔千里的密州，苏东坡忽然梦见了她，挥笔写下了整个北宋情感最深、内心最痛的词《江城子·十年生死两茫茫》，前文已经介绍过，此处不作详述。

第二任妻子王闰之是陪伴苏东坡时间最长的，她陪伴苏东坡从三十三岁走到了五十八岁，共计二十五年。王闰之是王弗的堂妹，嫁给苏东坡后跟着他宦海沉浮，历尽坎坷，吃尽苦头，却始终夫唱妇随，任劳任怨。她把王弗生的长子苏迈视同己出，又为苏东坡生了两个儿子苏迨和苏过，一家老小的生活重担全压在她身上，尤其是被贬黄州的艰难日子里，她精打细算，量入为出，把全家安排得井井有条，和睦相处，让苏东坡始终有一个温暖的家。

王闰之对苏东坡的支持，可能还不仅仅是生活上的饮食起居。回看苏东坡的一生，他的高光时刻发生在1093年的八月前，那时他是端明殿学士兼翰林侍读学士、守礼部尚书，妥妥的宰相候选人。然而八月一日王闰之去世，紧接着九月份，苏东坡最大的靠山高太后驾崩，紧接着苏东坡就被贬出了京城。也就是说，王闰之死后一个月，苏东坡就迎来了命运的转折点。从此以后，他从最高处一路向下，最终被贬到了海南。失去了王闰之的苏东坡似乎再也没有了好运气，如果无法用科学来解释的话，那只能说是一种命运的巧合吧。

王闰之走了，走在苏东坡的高光时刻，这也是她的幸运吧，不用为后来的苏东坡担惊受怕。很多年后，苏东坡也故去了，子女们把王闰之与苏东坡合葬在了一起。他们的墓地，不在眉山，不在常州，而在河南的郏县小峨眉山东麓茨芭镇。

第四章 乡"望"

只剩下一个王朝云了,这是唯一一个陪他到达了岭南的女人,也是最懂苏东坡的人。她陪着苏东坡把王闰之没有陪他走完的路继续走下去,如果从王闰之身后算起,那么就是从苏东坡五十八岁陪到了六十一岁,但如果从王朝云嫁给苏东坡算起,那就是从苏东坡四十五岁陪到了六十一岁,共计十六年。

王朝云是一个悲情女子,生下的唯一一个儿子死在了金陵,埋在那么远的地方,无亲无故,连个上坟的人都没有;她自己万里追随苏东坡,陪着苏东坡到了岭南,接替王闰之打理苏东坡的饮食起居,却没有陪他到终点,只过了三年就去世了。死后她也没能去四川眉山,也没能与苏东坡合葬,也没有回故乡杭州,而是孤零零的一个人被埋在了惠州丰湖栖禅寺东南的松林中。后来栖禅寺的僧人为这个美丽聪慧的女子盖了一座亭子,因为王朝云弥留之际口诵的是《金刚经》"六如偈",即"一切有为法,如梦幻泡影。如露亦如电,应作如是观",故取名"六如亭"。

六如亭落成后,苏东坡写了一副楹联来表达对王朝云的相识相知相爱相思:

不合时宜,惟有朝云能识我;
独弹古调,每逢暮雨倍思卿。

其中的"不合时宜"和"独弹古调"各有一个属于他们两人的故事。

"不合时宜"说的是苏东坡在汴京当翰林学士时,曾经有一次手抚肚子问身边的人:这里面装的是什么?有人说见识,有人说文章,还有人说才气等等,苏东坡一直摇头,唯有王朝云说:"学士一肚皮不合时宜。"苏东坡哈哈大笑,深以为然。

"独弹古调"暗指的是王朝云弹奏苏东坡创作的那首《蝶恋花·春景》①，这也是苏东坡流传最广的千古名篇之一。如果说苏东坡送给王弗的是那首经典名篇《江城子·十年生死两茫茫》，给予王闰之的是死后能够埋葬在一起，那么留给王朝云的就是这首不输于《江城子·十年生死两茫茫》的《蝶恋花·春景》②了，全词如下：

花褪残红青杏小。燕子飞时，绿水人家绕。枝上柳绵吹又少。天涯何处无芳草。
墙里秋千墙外道。墙外行人，墙里佳人笑。笑渐不闻声渐悄。多情却被无情恼。

相传当年在惠州时，王朝云为苏东坡解闷，很喜欢唱的就是这首词，不过每次唱到"天涯何处无芳草"时总会悲不自胜，默默流泪。苏东坡问她原因，王朝云说："妾所不能竟者，'天涯何处无芳草'句也。"

现在的人把"芳草"比喻美人，"天涯何处无芳草"也就变成了哪里都有可以爱的人或者值得爱的人，意思是没必要死守一方。而在古代，芳草更多的是一种漂泊的况味。古人认为芳草是柳绵所化，柳绵随风而飞，随风而逝，漂泊不定，而芳草恰恰遍及天涯。在天涯的每个角落，没有芳草到不了的地方，这情形跟苏东坡是如此相似。当年的苏东坡，足迹遍布大半个中国，临到

---

① 也有人认为"独弹古调"不是指弹奏苏东坡的那首曲子。不管是不是，在苏东坡的心里，弹奏"枝上柳绵吹又少"的王朝云是他心中永远的痛，借楹联来表达自己的哀思那是确定的。

② 此作品的创作时间尚有争议，薛瑞生本、邹同庆、王宗堂本均据《冷斋夜话》所载考证系于绍圣二年春，即1095春作于惠州。

第四章 乡"望"

老了,还被"风"吹赶着,越贬越远,沦落天涯。

也许在王朝云的心里,她一遍又一遍地在为苏东坡担心着、伤怀着:

枝上的柳绵越吹越少,我的夫君呵,你沦落天涯,哪里才是你的归宿?

这是王朝云用生命在为苏东坡弹唱,只是当时的苏东坡还没有明白过来。

王朝云死后,苏东坡黯然神伤,终生不听此曲。

六如亭至今还在,就在惠州的西湖边上,孤山东麓。惠州也有西湖,也有孤山,一切的地名、景物,仿佛就像回到了故乡杭州,仿佛王朝云就睡在故乡的怀抱里。

只是千百年过去,每逢暮雨,那个"倍思卿"的人是否还在?他是否依旧还在天涯流浪?

生命是短暂的,而苏东坡与王朝云患难与共、不离不弃、万里相随的爱情则是永久的,永存于每个人的心里,代表着对人世间真善美的不懈追求和精神寄托。

王朝云走后,苏东坡的饮食起居没人照顾了,"独过侍之,凡生理、昼夜、寒暑所需者,一身百为,不知其难。"[1] 也就是说只有小儿子苏过可以帮忙了,作为一个二十多岁的小伙子,实在太难了。大概远在常州的苏迈、苏迨知道了这一消息,十分着急,刚好苏迈要赴韶州担任仁化县令,于是两兄弟商量后,决定由苏迈带领自己家妻小和苏过家妻小一起去惠州,留下苏迨一家守着宜兴的家底,作为总后方,以备不时之需。

这个决策在当时看来是十分正确的,只是形势比人强,他们没有想到的是,宜兴的这一大家子动身前往惠州,后面却发生了一系列变化,让他们和苏东坡团聚在一起生活的希望落了空。

---

[1]《宋史·苏轼传》。

根源还在于章惇,他对苏东坡采取的措施是"必欲除之而后快"。北宋著名文学家、书法家、江西诗派开山之祖,同时也是"苏门四学士"之一的黄庭坚曾作《跋子瞻和陶诗》,里面明确提到:"子瞻谪岭南,时宰欲杀之。饱吃惠州饭,细和渊明诗。彭泽千载人,东坡百世士。出处虽不同,风味乃相似。""时宰欲杀之"指的就是宰相章惇想杀苏东坡,但是囿于北宋不杀士大夫的规定,所以只能通过其他方法了。贬谪岭南只是开始,让程之才担任广南东路提刑是第二招。

第三招就是免去了苏迈仁化县令之职。理由是朝廷颁布了新的法令,责官的亲属,不得在责地邻邑做官。而惠州就在韶州的隔壁,苏迈人还在路上,官就已经被免掉了。本来一家老小还指望着苏迈出任一个小小的县官能够补贴一下全家生计,这个希望又落了空。

第四招更狠。苏东坡在惠州白鹤峰下盖新居,至1097年闰二月建成,花费了整整一年工夫,这里面的一砖一瓦,一草一木,都是按照苏东坡的意思,由苏东坡亲历亲为监工建造的。最关键的是,儿子苏迈还带来了一家老小,大人小孩,子孙绕膝,欢声不绝,然而搬入新居仅仅过了两个月不到,朝廷的贬谪之令再次下来了,这次更惨,由"宁远军节度副使、惠州安置"[①]变为"责授琼州别驾,移送昌化军安置"。

这昌化军在哪儿呢?昌化军就是北宋的儋州,位于今天的海南。北宋的地方设路、州、县三级,其中,州又有府、州、军、监之分,重于州者为府,轻于州者为军。比如苏州当时就是平江府,杭州后来也升为临安府,而昌化军则比州轻。

① 苏东坡在南行途中,新的被贬诏命又来了:苏轼落建昌军司马,贬宁远军节度副使、惠州安置。

第四章 乡"望"

"移送昌化军安置",也就是说朝廷要苏东坡去海南了,到了海南,基本上就是死刑,生还的希望非常渺茫。

苏东坡好好地在岭南,怎么又引起了朝廷的注意,非要把他贬到海南呢?说到底,还是苏东坡的诗惹了祸。

第一首是作于1095年的《惠州一绝》,那时苏东坡刚到惠州不久,吃荔枝吃出感觉来了,于是就作了这首诗:

> 罗浮山下四时春,
> 卢橘杨梅次第新。
> 日啖荔枝三百颗,
> 不辞长作岭南人。

第二首是作于王朝云逝世后的1097年初春,此时苏东坡尚未搬进白鹤峰新居。经过半年的适应和调整,苏东坡慢慢地从失去王朝云的苦痛中走了出来,作了一首《纵笔》:

> 白头萧散满霜风,
> 小阁藤床寄病容。
> 报道先生春睡美,
> 道人轻打五更钟。

相传这两首诗先后传到了章惇那儿,章惇很是生气,觉得苏东坡在岭南的日子过得太好了,居然"不辞长作岭南人",还"报道先生春睡美",这分明是跟朝廷较劲,不把朝廷的贬谪当回事,甚至是讥讽朝廷了。

章惇的怒气上来了,既然你苏东坡这么厉害,在岭南过得这么舒服，那好，那你就去海南吧，看你还能"春睡美"不？

最惨的是，章惇还配有第五招，那就是准备派吕升卿、董必两人察访岭南。吕升卿是吕惠卿之弟，他们兄弟两人与苏轼、苏辙仇恨很深，董必则是新党中有名的刽子手，打压旧党毫不留情。章惇起用两人按察两广，其意不言自明。

当时朝廷中还保留有曾布这个不倒翁，他是难得的既能容于旧党又能容于新党的人，大概是人缘极好，做人又留有余地的缘故吧。如果此次章惇的意见得以实施，那对于被贬岭南的一众旧党人物而言，无异于一场浩劫，他于心不忍，找了个机会私下跟皇上进言道：

> 窃闻欲遣升卿等按问梁焘，焘之所言，证佐已具……况升卿兄弟与苏轼兄弟切骨仇雠，天下所知，轼、辙闻其来，岂不得震恐？万一望风引决，朝廷本无杀之之意，使之至此，岂不有伤仁政？兼升卿凶焰，天下所畏，又济之以董必，此人情所以尤惊骇也。[①]

曾布没有直接为元祐旧党求情，他只是跟皇帝分析说，吕升卿兄弟与苏轼、苏辙有着切骨仇恨，天下共知，万一苏轼、苏辙听说吕升卿要来按察两广而自杀了，那么以苏轼那么高的名气，肯定会伤及皇帝您的仁政，在历史上，在老百姓心里都会留下恶名的。吕升卿已经这么恐怖了，再加上一个董必，那就更加让人害怕了。

也幸亏曾布的这一番言语提醒了皇帝，宋哲宗深以为然，于是对章惇等谕曰："朕遵祖宗遗志，未尝杀戮大臣，其释勿治。"

---

① 见宋代陈钧编著的编年体史书《皇朝编年纪要》。

第四章 乡"望"

朝堂上的这场争论没有刀光剑影，但实际上却比刀光剑影凶险万倍。章惇的这一建议要是真的落实了的话，已经贬到岭南毫无还手之力的元祐旧臣，估计没有几个人能活着回来。苏东坡和苏辙算是逃过了一劫。

1097年四月十七日，"责授琼州别驾，移送昌化军安置"的诏命到了惠州。十九日，苏东坡被迫匆忙起程，连告别的时间都没给他留下。

白鹤峰上那处刚刚建立的新居，从此只能在梦中相见了。

走前，苏东坡迫切需要解决的是资金问题。1093年苏东坡从定州被贬南下时，苏辙曾经分俸七千支援苏东坡，苏东坡把这笔钱大部分给了苏迈，①正是这笔钱解决了一大家子人在宜兴的生活开支。苏东坡开支很大，积累不多，剩下来不多的薪俸则由其本人带到了惠州。到了惠州后，苏东坡虽然不得签书公事，但他是个闲不住的人。他帮助当时的惠州太守詹范又是修桥，又是筑堤，又是修建水利工程等等，捐了不少钱。后来自己在白鹤峰下盖新居，基本上把剩下的钱也用光了。

这次去海南未知之地，身上没有钱那是不行的，他只好向当时的广州太守王古求援，请他帮忙发放近三年来身为罪官的俸禄。所谓俸禄，其实只是一些用于糊口的实物配给，折算下来大概也就二百余千，这在苏东坡以前身为朝廷要员的时候，一个月的收入都跟这差不多，②如今可能真是穷疯了。王古是苏东坡的好朋友，因帮他做了这件事情而受牵连，等到苏东坡赴海南经过广州时，

---

① 《苏轼全集》中【与参寥子十一首（之七）】载："及子由分俸七千，迈将家大半就食宜兴，既不失所补，何复挂心，实然此行也。"
② 北宋官员收入差距非常大，文官第一阶使相带观文殿大学士知藩府最高可得俸禄六千余贯，而基层普通县令大概两三百贯。待阙官员也就是无实任的官员待遇很差，将近一半属于农民水平，甚至还有不少无俸可领。

乡归——苏东坡的第二故乡之毗陵我里

王古因"妄赈饥民"而降调袁州。苏东坡惭愧不已,连王古约他在半道中再见一面都不敢了。

苏东坡在广州与子孙诀别,大家齐集江边,都知道他这一去基本上就是埋骨海南了,所以痛哭之声不绝于耳,闻者无不落泪。

他给王古留了封书信,以代面别:

> 某垂老投荒,无复生还之望,昨与长子迈诀,已处置后事矣。今到海南,首当作棺,次便作墓。乃留手疏与诸子,死即葬海外。庶几延陵季子赢博之义,父既可施之子,子不独不可施之父乎?生不挈家,死不扶柩,此亦东坡之家风也。

从广州南下,苏东坡准备由雷州半岛南端的递角场乘船渡海。行至梧州地界,忽然听说了弟弟苏辙一路南行,已经赶到了附近,离他不过两百多里。苏东坡既高兴又难过。高兴的是他心心念念的弟弟苏辙,居然还能见上最后一面,这是他没有想到的;难过的是,弟弟苏辙是被朝廷作为罪官,从江西筠州给贬过来的。

在梧州通往藤州的路上,两人四年来首次相见,这也是风雨同舟、患难与共的兄弟俩最后一次见面。他们在一起吃了一顿饭,就在见面地点旁边一个不知名的汤饼店里。宋代的"汤饼"就是现在的面条,苏辙吃不惯路边摊上的粗食,吃得愁眉苦脸难以下咽,而早已习惯了岭南生活的苏东坡却吃得津津有味,还打趣弟弟:"九三郎,尔尚欲咀嚼耶?"于是大笑而起。[①] 翻译过来就是:兄弟,就这粗食,你还要细嚼慢咽品尝味道吗?

---

① 宋陆游《老学庵笔记》引吕周辅言:东坡先生与黄门公南迁,相遇于梧、藤间。道旁有鬻汤饼者,共买食之。恶不可食。黄门置箸而叹,东坡已尽之矣。徐谓黄门曰:"九三郎,尔尚欲咀嚼耶?"大笑而起。秦少游闻之,曰:"此先生'饮酒但饮湿'而已。"

第四章 乡"望"

这就是苏东坡随遇而安的人生观，也是他的美食观，有好吃的就仔细品尝，不放过任何一丝美味；没好吃的就囫囵吞枣，解决温饱问题。

见面后，兄弟俩自藤州至雷州一路同行，相当于两个罪官组团赴任，只不过弟弟苏辙的赴任地点比较近，就在雷州，而苏东坡到了雷州后还要继续前行。雷州太守张逢、海康知县陈谔没有把他们当罪官，而是远远地出来迎接，招待他们在监司行衙住下，第二天又设宴招待。毕竟这两人虽然都被免了官，但一个是大宋文坛领袖，官场上无人不知的苏大学士，另一个则是前副宰相，在这样一个偏僻之地同时出现，那也是十分不容易的事情。四天后，张逢还安排专人与苏辙一起，送苏东坡到海边的递角场，准备从这里出海前往海南。宋代的递角场，在今天的徐闻县南山镇一带，是历史上著名的港口和海盐生产基地。宋代《岭外代答》载："雷州徐闻县递角场，直对琼管，一帆济海，半日可到，即其所由之道也。"

渡海前一夜，苏东坡为痔疮所困，辗转呻吟，整夜未眠；而苏辙陪在哥哥身边也是一夜未睡，背诵陶渊明《止酒》诗，劝告他以后一定要少喝酒。

1097年六月十一日，苏东坡与弟弟苏辙在递角场海边分离，凄然渡海。这一对历史上有名的兄弟从此永别，直到苏东坡病逝，兄弟俩再也没有见过面。那一年，苏东坡六十二岁，苏辙五十九岁。

苏东坡渡海前，也对老家做了安排。老家眉山有祖坟，有父母和王弗的坟墓，还有些许田产，当年委托堂兄苏子安和邻居杨济甫代为照管，一晃三十年过去了，苏子安也已逝世，而苏东坡兄弟俩依旧没能回去。想到家乡，苏东坡感怀不已，挥泪作书告别杨济甫：

> 某兄弟不善处世，并遭远窜。坟墓单外，念之感涕。惟济甫以久要之契，始终留意，死生不忘厚德。①
>
> 今日到海岸，地名递角场，明日风顺即过矣。回望乡国，真在天末。留书为别。②

第 七 节　儋州此去愿有期

1097年七月初二，苏东坡在小儿子苏过的陪同下到达了昌化军贬所。

至此，苏东坡一家分成了三个部分，即：常州的苏迨及其妻子，因是老二，姑且称为二房吧，他们在宜兴守着一家人的根，根基不动，到哪儿心里都有底；惠州的苏迈带着自己一家和苏过一家，即长房和三房，他们守着白鹤峰上的新居，虽然苏东坡在这里只住了两个月，但他们还是有了念想，守在这里也算是个中转站，一边北上连着常州，一边南下连着儋州；而儋州只有苏东坡和苏过两人，孤悬海外。

要说苏东坡还是挺有福气的，虽然一次比一次贬得远，但身边总还是有儿子陪着，而且像接力赛一样，刚好能够传接下去。苏东坡一生被贬安置的有三个地方：黄州、惠州、儋州，总体上一次不如一次。四十五岁被贬黄州时，陪同苏东坡前去的是长子苏迈，时年二十二岁，当年他们骑着马，在漫天风雪之中朝着黄

---

① 《苏东坡全集》正文·卷八十四【与林济甫二首（之一）】。
② 《苏东坡全集》正文·卷八十四【与林济甫二首（之二）】。

第四章 乡"望"

州艰难前行。之后不久,一大家子都跟着来了,躬耕东坡,筹建雪堂,虽然辛苦,却家人团聚,其乐融融;五十九岁被贬惠州的时候,距离被贬黄州已经过去了十四年,当年只有九岁的苏过已经长到二十三岁了,于是接替哥哥的使命,陪着老父亲去岭南。这次基本上是坐船去的,一路上要比骑马好很多,关键是同行的还有一个王朝云,她帮助苏东坡打理饮食起居,一切都不用过多操心。

到了六十二岁,苏东坡又被贬儋州,这是他的最后一次被贬了,此时王朝云已死,只有苏过一人陪同了。他们渡过海峡向琼州府报到后,[1] 沿着海南岛西北隅走"月半弓",从澄迈经临高到昌化军,即今天的儋州市中和镇一带。因为苏东坡痔疮发作无法骑马,这次他们是雇人抬轿去的。坐于轿中,也不知苏东坡是否想起了前两次被贬的经历,那年那月那人,他们共同经历了许多,如今一个在海的另一边,一个在世界的另一边。

沿途都是高山密林,两人只能穿行于山谷间。途经一座高山时,苏东坡对这座山的高兀很是惊奇,慨叹良久,于是把它命名为"儋耳山"并作诗《儋耳山》云:

> 突兀臨空虛,
> 他山总不如。
> 君看道傍石,
> 尽是补天馀。

苏东坡慨叹这里的"道傍石"都是补天剩下的,其实也是在慨叹自己一生都想有所作为,但是一生老是被弃用,老是耗费在

---

[1] 因苏东坡的职务是琼州别驾,移昌化军安置,故先向琼州报到。

贬谪之旅中无所作为。

从琼州府到昌化军，苏东坡七月初二才到，在路上走了大概半个多月。

昌化，古儋耳城，唐朝设置昌化郡，宋朝废为昌化军。古代这里是一个生存环境极其恶劣的地方，非人所居。①《儋县志》说："盖地极炎热，而海风甚寒。山中多雨多雾，林木阴翳。燥湿之气不能远蒸而为云，停而为水，莫不有毒。"又说："风之寒者，侵入肌窍；气之浊者，吸入口鼻；水之毒者，灌于胸腹肺腑。其不死者几希矣。"

如此恶劣的环境之下，能有一个遮风挡雨的地方就显得很有必要了，但是苏东坡连住的地方都没有。不同于黄州和惠州可以旅居于寺庙之中，这里没怎么开化，商旅不通，寺庙也不多。好不容易有一个冼庙，始建于唐，是祭祀岭南军事家冼夫人的，不过苏东坡去时，冼庙已经残败，"庙貌空复存，碑版漫无辞。"②那是无法住人的了。最后经过交涉，暂时租住在一个破旧的官屋里。这官屋年久失修，破落到什么程度呢？就是到处漏水，风吹雨打时更厉害，几乎没有躺着睡觉淋不到雨的地方。

幸好来了一位新任的昌化军使张中，③他跟雷州太守张逢熟悉，对苏东坡十分敬重。在他的主持之下，以整修伦江驿需要房店临时替代的名义，派兵将苏东坡租住的官屋进行了修补。苏东

---

① 苏辙《亡兄子瞻端明墓志铭》。
② 《和陶拟古九首其一》中有"冯冼古烈妇，翁媪国于兹"和"庙貌空复存，碑版漫无辞"的诗句，可见当时冼庙已经破败不堪了。
③ 北宋在路下设有府、州、军、监等行政单位，州的长官称知州事，简称知州。府是有着特殊地位的州、首都、陪都和皇帝担任过节度使的州都称为府。军多设在沿边地区，兼领县政，形同州级。后来军等同于州，并非与军事有何关联，故州可退为军，军也可进而为州，军使即为军之行政长官，相当于太守。监为管理国家经营的矿冶、铸钱、牧马、制盐等区而设，兼理民事。

第四章 乡"望"

坡从此以后可以睡得安稳了。

不过这个安稳很快就没有了。

原因是章惇让董必出任了广南西路察访使。北宋时的广南西路下辖雷州、琼州、儋州、崖州四个州，换句话说，苏辙所在的雷州和苏东坡所在的儋州都在董必的察访范围内。

董必先是察访了雷州。

这一察访就查出了问题。董必弹劾雷州太守张逢以官员礼节招待苏东坡兄弟，罪状主要包括：一，苏氏兄弟来时率本州官吏至门首迎接；二，招待苏氏兄弟在监司行衙住宿；三，大摆酒宴为苏氏兄弟接风；四，帮助苏辙租屋且经常送酒馔给苏辙。

弹劾的结果，雷州太守张逢的职务被免掉了。苏辙换到另外一个名叫循州的地方重新安置。

张逢其实挺无辜的，从人性的角度来说，对自己治下的一个落难罪官提供最基本的生活帮助，只不过是人之常情，谁能确保自己一辈子风光呢？果然，仅仅过了三年，朝廷又发生了变化，昔日至高无上的宰相章惇同样被贬到了雷州，体验当年苏辙的生活。

只不过那是三年后的事了，此时的苏辙仍旧是最痛苦的，他不得不离开与苏东坡隔海相望的雷州，去到一个陌生的没有任何关系的循州。苏东坡在海南得到消息后，让人传话给苏迈，无论如何要帮苏辙一把。后来苏辙把一大家子人带到白鹤峰上，与苏迈他们住在一起，自己只带着小儿子苏远，乘一叶小舟赴贬所了。

雷州查完，董必接下来要查的就是儋州了。人还未去，他就已经掌握了昌化军使张中修缮伦江驿的事情，董必准备以此为突破口，彻查苏东坡。世人都知道，苏东坡因为写诗做文章比较多，如果一定要牵强附会查什么东西的话，还是比较容易找到把柄的。

又一场"乌台诗案"处于酝酿中了。

当年苏东坡还是湖州太守时尚且无力自保,如果这次再度爆发,以他罪官的身份,恐怕只有死路一条了。

幸好,董必最终还是打消了去儋州察访的念头,据说是有人劝止了他。这个人名叫彭子民,只是董必的一个小小的随员,不过董必挺信任他。彭子民流着眼泪跟董必说:"人人家各有子孙。"① 彭子民的意思是做事不能太绝,要为子孙后代留条路,这既是为了别人,同时也是为了自己。董必顿时醒悟了过来,于是只派了一个使者渡海。这使者就按照当时朝廷"流人不许占住官屋"的规定,把苏东坡父子赶出了租住的官舍。

苏东坡和苏过两人没有地方住了,只好找到了城南一处桄榔林暂时栖身。这时的处境,形同桥洞下的乞丐,桥洞还可以为乞丐遮风挡雨,这桄榔林又哪里挡得了雨呢?然而身处此境,苏东坡依然倔强地作诗大加称赞,大意就是此地甚好,其在《桄榔庵铭并叙》中说:"东坡居士谪于儋耳,无地可居,偃息于桄榔林中,摘叶书铭,以记其处。"全诗摘录如下:

九山一区,帝为方舆。
神尻以游,孰非吾居?
百柱赑屃,万瓦披敷。
上栋下宇,不烦斤斧。
日月旋绕,风雨扫除。
海氛瘴雾,吞吐吸呼。

---

① 苏东坡好朋友王巩《甲申杂记》载:潭州彭子民,随董必察访广西,时苏子瞻在儋州。董至雷,议遣人过儋。彭顾董泣涕下曰:"人人家各有子孙。"董遂感悟,止遣一小使臣过儋,但有逐出官舍之事。

第四章 乡"望"

> 蝮蛇魑魅，出怒入娱。
> 习若堂奥，杂处童奴。
> ……

大意就是：茫茫大地本为一体，由天帝划分出九州。只要形神俱在，哪里都可以作为我的居室。桄榔林中的树枝坚实就像数百根石柱，树叶茂密就像千万块瓦片。天为被，地为床，日月为我环绕周边，风雨为我打扫庭院。海风瘴气吞吐呼吸，毫无阻碍。蛇鼠怪物进出自由，就像童仆一样……

苏东坡甚至还在《答程天侔书》中说："尚有此身，付与造物，听其运转，流行坎止，无不可者。"这份超然自得，顺其自然，当真是把当年密州《超然台记》的那份超然发挥到了极致。

后来在军使张中的帮助下，加之周边老百姓的出力帮忙，大概仅用了个把月时间，苏东坡在海南的新居就建成了，这下子总算是解决了住宿问题。

只不过出力最大的张中，因为屡次帮助苏东坡，被朝廷以"役兵修伦江驿就房店为名，与别驾苏轼居"为由，免去了昌化军使职务。

张中也是性情中人，与苏东坡十分投缘。当年苏东坡刚到儋州时，举目无亲，语言不通，又买不到可以吃的粮食，只好煮蔓菁、芦菔、苦荠充饥，生活极差。至于肉食，更是难得一见，当地人以熏鼠、烧蝙蝠以及蛤蟆为肉，苏东坡又无法适应。他在《答程儒书》中说："此间食无肉，病无药，居无室，出无友，冬无炭，夏无寒泉，然亦未易悉数，大率皆无耳。"

正是张中，给他架起了一座与当地老百姓沟通的桥梁。在张中的介绍下，苏东坡逐渐认识了一些当地土著如黎子云、符林等人。黎子云是耕读之家,就像当年黄州卖酒卖鱼的潘丙等人一样,也懂得一些诗书,而且其书架上居然还有几册《柳宗元集》。苏东坡因为跨海而来,一应行李从简,只带了本陶渊明集,这下有书可看了,几本书均被他视为珍宝。[①] 符林还是一个老秀才,儋州穷乡僻壤,大多数人都不识字,秀才在这里极为难得,苏东坡总算有了可以交流之人。在众人的帮助下,苏东坡的生活慢慢有了起色。尤其是张中,作为昌化军长官,总是有些渠道的,能够与海峡对岸的雷州、广州等地建立联系,通过海运采购一些粮食作物过来。

张中看起来也不受朝廷重视,能派到儋州这种死地的,基本上都是弃子,就像苏东坡《儋耳山》那首诗里所说的:"君看道傍石,尽是补天馀。"不少人可能宁愿不做官,也不愿意来。没有什么背景又不受待见的张中其实是极有才的,他本是宋神宗熙宁三年进士,金榜高中时名列第四名,只因救了一个高丽人并跟他唱诗而受到处分,从此很难受到重用,混了二十多年,终于还是被人一脚踢到了荒岛上。

心情郁闷的他能在荒岛上认识苏东坡,自然觉得开心。

两人很快成为密友,张中几乎天天都来跟苏东坡或者苏过下棋,有时还会坐在一起喝点自制的酒,谈谈人生和诗歌,还有苍生百姓。

张中被免职后,也没觉得有多少悲伤,相反,他怕自己一去之后苏东坡会很伤心,日子会很难过。所以 1099 年二月被免职后,他居然一直逗留到十二月才走。最后到了非走不可之时,他跑到

[①] 《苏东坡全集》卷八十四【答程全父推官六首(之三)】载:"流转海外,如逃深谷,既无晤语者,又书籍举无有,惟陶渊明一集,柳子厚诗文数册,常置左右,目为二友。"

第四章 乡"望"

苏东坡家里坐了一个通宵。人在孤苦之中结下的情谊比什么都珍贵。苏东坡与这位患难之交告别时,作了一首《和陶与殷晋安别》,① 虽然很想超然一点,终究还是无比凄怆,其诗云:

> 孤生知永弃,末路嗟长勤。
> 久安儋耳陋,日与雕题亲。
> 海国此奇士,官居我东邻。
> 卯酒无虚日,夜棋有达晨。
> 小瓮多自酿,一瓢时见分。
> 仍将对床梦,伴我五更春。
> 暂聚水上萍,忽散风中云。
> 恐无再见日,笑谈来生因。
> 空吟清诗送,不救归装贫。

诗的大意是:我这一生可能要永久地被抛弃在此地了。我在此地居住的时间长了,听不到朝中消息,每天往来的都是黎族百姓。这里有一个奇士张中,在此地为官,与我为邻。我们时常相会饮酒下棋,甚至通宵达旦。他的酒大多是自己酿造的,即使只有一点都会分给我喝。有时我们同卧一室,一起度过不眠之夜。短暂的相聚就如同水上的浮萍,转眼间就被风吹散了。此生恐怕无缘再见,只能把希望寄托来生。看张中的行囊如此穷酸,我却无力相助,只能写这样一首清诗为他送行了。

张中是开封人,曾做过象山县尉等小官,此次被免职后,也

---

① 陶渊明与殷晋安是挚友,两人离别时陶渊明作了一首《与殷晋安别》的诗,苏东坡和此诗以表达自己与张中的感情,正如同陶渊明与殷晋安之间的情谊。这首诗实际作于 1099 年三月张中刚被免职时。

有人说是贬到了隔海而望的雷州，做了一名小小的雷州监司，不久就病逝了。两人分别时所说的"恐无再见日"，竟然一语成谶，留下了太多的遗憾。

第 八 节　沧海何尝断地脉

在元祐诸臣中，苏东坡是唯一一个被贬过海的人，换句话说，苏东坡虽然不是旧党中的实力派领袖——前后分别是司马光和刘挚，但却是旧党中受迫害最惨的，他成了唯一一个被放逐到海南的旧党代表。

对于苏东坡来说，年过花甲之时不但做不到子孙绕膝，还不得不奔赴死地，实在太残酷了。不过事物都有两面性，对于当时的海南来说却是极其幸运的。如果不是新旧党争，不是新党这么残酷的打压苏东坡，凭着海南那种还没怎么开化的地方，如何能够迎来北宋最著名的文坛领袖苏东坡呢？

这块贫穷落后没怎么开化的地方，迎头撞上了学问才情纵横千古的苏东坡，碰撞出了许多令人啼笑皆非的故事。

当时的海南人缺医少药，更缺乏药理知识，他们生病后不是治病而是求神。为了劝谕大家相信医药，不可迷信巫祝。苏东坡把柳宗元的一篇《牛赋》加上自己写的长跋，交给琼州僧人道赟让他代为传布，希望改变一下这种风俗：

岭外俗皆恬杀牛，而海南为甚。客自高化载牛渡海，百尾一舟，遇风不顺，渴饥相倚以死者无数。牛登舟皆哀鸣出涕,既至海南,耕者与屠者常相半。病不饮药,但杀牛以祷,富者至杀十数牛。死者不复云,幸而不死,即归德于巫。以巫为医,以牛为药,间有饮药者,巫辄云神怒,病不可复治,亲戚皆为却药,禁医不得入门,人牛皆死而后已。地产沉水香,香必以牛易之黎,黎人得牛,皆以祭鬼,无脱者。中国人以沉水香供佛,燎帝求福,此皆烧牛肉也,何福之能得?哀哉!

　　余莫能救,故书柳子厚《牛赋》以遗琼州僧道赟,使以晓喻其乡人之有知者,庶几其少衰乎!庚辰三月十五日记。

　　苏东坡在长跋中说海南生产沉水香,沉水香一定要用牛来同黎人交换,所以黎族人虽然穷却还是有一些牛的。海南人生病后,不求医不吃药,而是杀牛来祭鬼,偶然病好了,都归功于巫祝,大多数情况都是人死了,牛也没了,老百姓更穷了。中原的人用沉水香供奉佛祖祈求福祉,到了海南却变成了祭鬼神烧牛肉。所以苏东坡苦口婆心地劝导黎族百姓,生病了不要杀耕牛,而是要求医问药。

　　苏东坡也真是操碎了心,堂堂文学大师、文化巨匠,就为了劝导人家吃药治病这么简单的事情而努力不止、奋斗不息,偏偏人家还不信。苏东坡认为仅仅靠劝导可能还不行,这儿没有医药,而他只是一个"罪官",没法让朝廷来做这个事情,于是只好自己前往田间寻觅药草,四处搜集药方,甚至以身试药,生生地把自己变成了一个"医药学家"。

　　苏东坡还托朋友千辛万苦地通过海运捎药过来,他在《答程全父推官六首(之六)》中说:

　　久不得毗陵信,如闻浙中去岁不甚熟,曾得家信否?彼土出药否？有易致者，不拘名物，为寄少许。此间举无有，得者即为希奇也。间或有粗药，以授病者，入口如神，盖未尝识耳。

这封回信传达了两个意思：第一，好久没有收到毗陵的信了。毗陵就是常州，苏东坡听说浙中一带去年歉收，不知道常州怎么样。他问程全父有没有收到来自常州的"家信"。程全父就是程天侔，当时在广东路罗阳郡任官。经常用海船从海峡北岸为苏东坡运来一些米酒糖药，以及来自常州等地的万金家书等。第二呢，就是问程全父要一些药品，能买到就行。这里的人因为长期不吃药，所以生病了服点药反而特别灵验。

当时海南疟疾横行，据传苏东坡还从海峡对岸弄来了黑豆，加上自己采摘的药草，制成辛凉解毒的药物——淡豆豉，疗效很好。此法后来得到推广，海南百姓广泛种植黑豆，配以草药，曾经危害一时的疟疾就此治好了。

苏东坡收集的药方和治病救人的经验，后来被编成了一本医书《苏学士方》，再后来又与北宋大科学家沈括所撰的《良方》合编成了《苏沈良方》，包括医方、医论、本草、灸法、养生及炼丹等内容，介绍了苍耳、菊、海漆、益智花等30余种药物的性状、产地和功用，为我国中医的发展起到了重要作用。

为了改进海南人的陋习，苏东坡在海南岛除了兼职当医生和药剂师，又兼职当了文化启蒙大师。因为如果没有文化的启蒙，当地人只相信巫祝鬼神之类的话，那么再好的医药都是白搭。

今天海南省的东坡书院据说就是当地人的文化启蒙之地。当年，前文所说的经张中介绍认识的黎子云一家就住在这里，苏东坡在《和陶田舍始春怀古二首，并引》中记载说：

第四章 乡"望"

> 儋人黎子云兄弟,居城东南,躬农圃之劳。偶与军使张中同访之。居临大池,水木幽茂。坐客欲为醵钱作屋,予亦欣然同之。名其屋曰载酒堂,用渊明《始春怀古田舍》韵。

苏东坡说黎子云兄弟"居临大池,水木幽茂",但是茅屋破旧,日子清贫。于是大家凑钱帮他们建了房子,取名载酒堂。这个载酒堂后来就成了苏东坡讲学、会友之地。据说他还在这里教书育人。可以想象的是,苏东坡曾经身为帝师,只给皇帝一个人授课,如今这份待遇全都送给了普通老百姓的贫寒学子,而且不收钱,也不知道皇帝要是听说了,会不会气个半死。

苏东坡的这份赤子之心,终于收到了效果。在他的带头作用下,海南教书育人的风气逐渐得到普及,海南历史上第一个举人姜唐佐和第一个进士符确都曾经受教于他,从他这里受益匪浅。

姜唐佐曾于1099年九月份来到苏东坡身边,跟着苏东坡学习,一待就是半年之久,直到1100年三月才离开。姜唐佐的到来,很好地填补了张中离去后苏东坡的孤寂,他经常陪伴老人夜谈,喝茶,吃菜饭,苏东坡曾致书说:"……夜话,甚慰孤寂。"[①] 后来两人告别时,苏东坡在他的扇子上写下了两句诗:"沧海何曾断地脉,白袍端合破天荒。"意思就是虽然隔着沧海,但地脉和中原都是相连的,从来没有断过。只要一心一意,努力不止,海南的读书人就一定能够实现"破天荒"的使命。姜唐佐请苏东坡把这首诗写完,苏东坡说等他实现了梦想后再为他补充。1103年,姜唐佐不负众望,成为海南省有史以来考中的第一位举人,终于实现了"破天荒",不过此时苏东坡已经过世两年了。后来姜唐佐路过汝阳,专门去拜访了赋闲在家的苏辙,跟他提起了这件事,

---

① 《苏轼全集》【与姜唐佐秀才六首(之二)】。

苏辙想起兄弟两人一生一世的交往，不禁泪如雨下，于是题笔写下了《苏辙续东坡题扇赠姜唐佐诗》：

>生长茅间有异芳，风流稷下古诸姜。
>适从琼管鱼龙窟，秀出羊城翰墨场。
>沧海何曾断地脉，白袍端合破天荒。
>锦衣今日千人看，始信东坡眼力长。

这首诗应该算是苏东坡逝世后兄弟两人合写的唯一一首诗。明朝唐胄《正德琼台志》记载：

>苏颍滨云："吾兄子瞻谪居儋耳，琼州进士姜唐佐往从之游，子瞻爱之，赠之诗曰：'沧海何曾断地脉，白袍端合破天荒。'且告之曰：'异日登科，当为子成此篇。'后崇宁二年正月随计过汝阳以此句相示，时子瞻之丧再逾岁矣！览之流涕，念君要能自立而莫与终此诗者，乃为足之云。"

《正德琼台志》是一部著名的地方史志，也是海南保存最完整、最早的一部史志，可信度非常高。文中的苏颍滨是苏辙的别号，因其晚年定居颍川，自号颍滨遗老，故有人称他为苏颍滨。

姜唐佐成为海南第一位举人后不久，苏东坡在海南的另一位学生符确考中了进士，成为海南的首位进士。此后，海南人才辈出，至1906年科举考试废除时，共考中了举人767名、进士97名。其中，苏东坡被贬谪的儋州地区，由于深受苏东坡讲学的影响，加上符确在朝廷任职期满返归儋州后，在昌化创建兴贤坊，供周边各村子弟上学读书，还将八亩盐田收租所得投入教育，培养人才，形

第四章 乡"望"

成了浓厚的办学气氛。所以儋州考取功名的人数比海南其他地方的人数都要多。海南第一位进士是1109年及第的符确，最后一位进士是1889年及第的王云清都是儋州人，因此有"进士首儋尾亦儋"之说。明代海南进士唐胄编撰的《重建儋州学记》中记载，"琼之有士始于儋，琼之士亦莫盛乎儋。"真实再现了海南儋州当时鼎盛的学风。

苏东坡在海南岛的三年，没有因为身陷绝境而意志消沉，自暴自弃，而是以惊人的毅力克服重重困难，不仅努力生活着，还不断地造福当地老百姓，引导他们挖井、种水稻，帮助他们看病，普及药理知识，义务开展文化启蒙活动。在物质条件极度匮乏无肉可食的情况下，他还发明了火烤生蚝的吃法，并认为"食之甚美，未始有也"，甚至专门为此写了一篇《食蚝》的短文：

> 己卯冬至前二日，海蛮献蚝。剖之，得数升，肉与浆入水，与酒并煮，食之甚美，未始有也。取其大者，炙熟，正尔啖嚼，又美吾所煮者。海国食蟹螺八足鱼，岂有厌？每戒过子慎勿说，恐北方君子闻之，争欲为东坡所为，求谪海南，分我此美也！

苏东坡风趣地叮嘱苏过说：不能让朝廷中的士大夫们知道这件事，要不然那些官员们争先恐后地都要贬到海南来，争着抢着要吃这鲜美的生蚝，到时自己就没得吃了。

很显然，生蚝再怎么好吃，官员们也不可能为了它而愿意贬到海南这绝地来，苏东坡的乐观幽默由此可见一斑。

苏东坡就是苏东坡，无论他的政敌们多么想置他于死地，多么想让他活得生不如死，他始终都能找出乐子来，在他所经过的每一个生命的荒芜之地,他都能够努力地顺其自然,然后春风化雨,润物无声,让所到之处鲜花遍地,瓜果飘香,色彩斑斓。

苏东坡还在一篇短文中表达了他能够乐观豁达的原因,是因为他能够跳出眼前的有限范围,置身在更宽广的空间看待问题,也就是能够用一种超然的心态对待眼前的困境。这篇小短文的题目为《在儋耳书》:

> 吾始至南海,环视天水无际,凄然伤之曰:"何时得出此岛耶?"已而思之:天地在积水中,九州在大瀛海中,中国在少海中,有生孰不在岛者?覆盆水于地,芥浮于水,蚁附于芥,茫然不知所济。少焉,水涸,蚁即径去,见其类,出涕曰:"几不复与子相见。"岂知俯仰之间,有方轨八达之路乎?念此可以一笑。戊寅九月十二日,与客薄引小醉,信笔书此纸。

当然,苏东坡也不是无懈可击的,他的软胁正是他的思乡之情,尤其是在这孤寂的海岛。每当夜深人静的时候,这孤独的老人,必然会想起陪伴他走过风风雨雨岁月的王弗、王闰之和王朝云,那短松冈上、六如亭边,在他离开了之后,一切是否依然如故?他有家不能回,一个家分成了三个部分,常州一块,惠州一块,儋州一块。所以对他而言,来自惠州,尤其是来自更远的常州的书信就成了他生活中的热切期盼。正如前文提到的,他在《答程全父推官六首》之中问:"久不得毗陵信,如闻浙中去岁不甚熟,曾得家信否?"身在海南,他依旧牵挂着常州的情况、常州的家信。

当时常州的老朋友钱世雄受苏东坡牵连已被解职,[①] 但他依旧

---

① 也有书载钱世雄因受苏东坡连累而于1095年被捕下狱,后放归,削职为民。

第四章 乡"望"

此心不改,不管朝廷怎么对他,依旧担心着年迈的苏东坡在海南怎么活下去,想尽一切办法给苏东坡写信、寄药。苏东坡到海南的第二年,还收到了钱世雄从常州寄过来的"太清中丹"药丸。药丸本身不贵,可是在古时相隔七千余里,又远隔重洋地捎到,殊为不易。苏东坡后来在回信中提到这事时说:"某启,去年海南得所寄异士太清中丹一丸,即时服之,下丹田休休焉。数日后,又得迨赟来手书。"

让苏东坡没有想到的是,就在因为交通隔离,来自常州的信息越来越少之时,居然从常州来了一个人,这个人叫葛廷之,属于当年常州下辖的江阴县人。葛廷之克服重重困难,翻山越海,不远万里来看望苏东坡。当年卓契顺为了传递常州音信,靠着化缘步行至惠州;而这次葛廷之从常州来,则是挑着一种有柄的笠帽,一路制作一路贩卖为生,穿越了几乎大半个北宋。苏东坡留他一起生活了一个多月。

葛廷之向苏东坡请教为文之法。苏东坡用了一个比喻,形象地说明了他是如何写文章的,这个方法到今天对学生们写作文依旧有很大的帮助:

"儋州虽然数百家之聚,州人之所须,取之市而足,然不可徒得也,必有一物以摄之,然后为己用。所谓一物者,钱是也。作文亦然,天下之事,散在经子史中,不可徒使,必得一物以摄之,然后为己用。所谓一物者,意是也。不得钱不可以取物,不得意不可以用事,此作文之要也。"

这段内容记载在南宋诗评家葛立方的《韵语阳秋》里。葛廷之是葛立方的堂兄,当年仅有十九岁。

葛廷之临走时，送了一项自制的龟帽给苏东坡，代表吴越之民祝他长寿。苏东坡很是喜欢，挥毫写了一首诗，其中有"君今此去宁复来？欲慰相思时整视"。就是说你走了后不会再来了，我思念你时可以拿出龟帽来看一看。

这位可怜的老人，他已年过花甲，却不能回到常州，甚至连惠州都不能去，如果没有朝廷对他的恩惠，他不能离开儋州这荒凉的地方。葛廷之赠送的龟帽，让他感觉到了来自第二故乡的气息，所以才会"欲慰相思时整视"。

他是多么热切地渴望回到中原啊。就像他在惠州、在海南一篇接一篇和着陶渊明的诗一样，其实和陶诗只是一种宣泄，他是多么热切地渴望像陶渊明一样躬耕于自己所心宜、所选择的归老之地——那片远在常州的热土，位于太湖之滨、蜀山之下的阳羡故里。

他还有没有机会回去呢？

当时的大宋宰相是章惇，在他的主持下，整个大宋帝国已全面恢复王安石变法，全国都在章惇的铁血手段下推进新法的落实，元祐旧臣死的死，贬的贬，已基本没有还手之力。以当时的情形来看，除非出现奇迹，否则苏东坡活着回去的机率基本等于零。

第五章 乡「归」

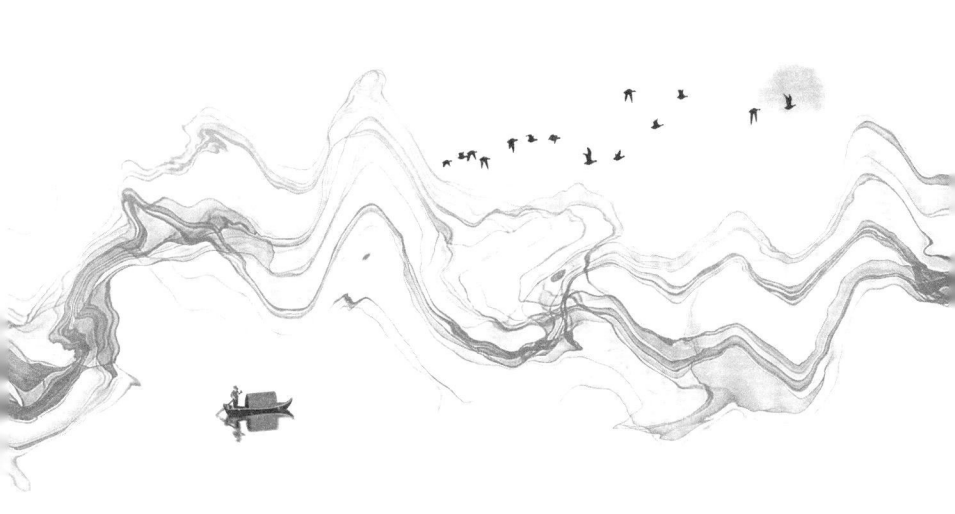

公元1100年，就在苏东坡以为此生必死海南绝地之时，让他意想不到的是，奇迹竟然出现了，他竟然获得了返回中原的机会。

这个机会不是苏东坡自己创造的，实话说，元祐诸臣的命运，没有一个是掌握在自己手里的。

这个机会是老天爷给予的。

第五章 乡"归"

第 一 节 青山一发是中原

1100年正月，年仅二十五岁的宋哲宗崩逝，如果按照阳历年计算，实际上仅仅二十三岁，正是年轻气盛、风华正茂的年纪。然而尽管如此年轻，这位做过苏东坡学生又翻脸不认人的皇帝还是意外驾崩了。

更重要的是，宋哲宗后继无人。先前宋哲宗还有一个儿子，就是自己的宠妃刘氏生的，宋哲宗因此高兴地册封刘氏为皇后，结果高兴了也就一个月左右，小皇子竟然病死了。

可别小看宋哲宗无后这件事。正是因为宋哲宗病逝，以及小皇子先他一步病死这两件事相叠加，才使得苏东坡迎来了对其命运有着重要影响的三位太后中的最后一位——向太后。这关键的两件事，缺少其中任何一项都无法导致向太后掌权，而如果没有向太后掌权，苏东坡就不会获得回到中原终老常州的机会。

历史有时就是如此奇妙。

当然，仅有这两件事也还是不够的，只能说这两件事给向太后掌权创造了机会，具体能不能掌权，最终还是要取决于她与宰相章惇的博弈。

宋哲宗无后，按照北宋皇位继承的办法，还可以采取"兄终弟及"的方式。宋神宗一共生了十四个儿子，长大成人的也有六个，除了六子赵煦，也就是宋哲宗，其他的还包括九子赵佖、十一子赵佶、十二子赵俣、十三子赵似、十四子赵偲。六个儿子主要的派系有两支，即六子赵煦（宋哲宗）和十三子赵似，他们都是德妃朱氏所生；十二子赵俣、十四子赵偲的生母是贤妃林氏。另外两个九子赵佖、十一子赵佶的生母都已过世，缺少母系的支持，在皇位争夺中基本靠边站，其中又以十一子赵佶更加没有希望，因为其生母陈氏没有背景，去世时也才是低级的第四等美人，与第一等的德妃之间还相差着三个等级。

也就是说，宋哲宗死后，最有希望竞争皇位的是德妃朱氏和贤妃林氏两支。其中又以德妃最有希望，因为她的儿子宋哲宗死了，那么另一个亲生儿子，也就是十三子赵似继承皇位似乎也就顺理成章了。

当时的宰相章惇想扶持的就是这个十三子赵似。对他而言，宋哲宗生前给了他无上的荣耀，几乎对他言听计从，也因为这个原因，他与德妃朱氏关系维持得比较好，所以扶持宋哲宗的亲弟弟、朱氏的亲儿子上位对他而言无疑是最好的选择。

但是这个方案有一个人不支持，不仅不支持，还强烈反对，这个人就是向太后。

向太后何许人也？她有什么能力反对？

向太后是宋神宗的正牌皇后，也就是前面所提到的对苏东坡有知遇之恩的第二位太后——高太后的儿媳，其地位在德妃朱氏之上。只是因为没有儿子，所以在宋神宗死后，她才审时度势地选择与高太后保持一致，支持了德妃的儿子宋哲宗继位，这才有了高太后从 1085 年至 1093 年的垂帘听政。宋哲宗亲政后，朱氏地位得到了极大提高，除了名份上还没有上升到皇太后地位，其他的规格礼仪基本上都享受到了，而且因为是皇帝的亲生母亲，

第五章 乡"归"

巴结的大臣不少,也就是说,向太后的地位受到了严重威胁。宋哲宗亲政后,他对高太后的全盘否定以及对她所任用人物的全盘打击,向太后都看在了眼里。

如果此次宋哲宗的亲弟弟上位,在章惇的帮助下,朱氏的地位会进一步提升,那么将来向太后的下场可想而知。

幸好宋哲宗没有儿子,假如宋哲宗的儿子还在的话,朱氏在章惇的支持下以太皇太后的身份掌权,这是天经地义的,任何人都反对不了的。宋哲宗后继无人这才给了向太后翻盘的机会。

向太后能够翻盘,是因为她占了一个"礼"字。按"立嫡不立庶"的礼制的话,那么向太后是嫡,其他的都是庶,纵是身为皇帝之母的朱氏也不例外,十三子赵似要想继承皇位,如果得不到向太后的支持,明显行不通。只能按"立长不立幼"的礼制了,按照这个礼制,首先应该考虑的是九子赵佖,不过很不幸,这个赵佖是个盲人,自动退出皇位竞争的行列。

赵佖之下是谁呢?中国历史上鼎鼎大名的宋徽宗粉墨登场了,他就是向太后所选中的人——第十一子赵佶,是最没有势力、最没有背景的,甚至他的母亲临死之时还仅仅只是一个美人。

因为没有势力没有背景,才更需要向太后,也因为没有势力没有背景,向太后才更好把控。最关键的是,在向太后的支持下,此时的赵佶刚好占有了两个礼制的先手,按"立嫡不立庶"的话,向太后自己没有儿子,长期收养了赵佶,也明确表态支持赵佶,虽然不是纯正的"嫡",但比其他人更能站得住脚;按"立长不立幼"的话,九子赵佖之后最大的就是他了。

当然,除了以上摆在明面上的原因,还有一点是群臣没有说出来的:拥立十三子赵似,功劳肯定是章惇的,与群臣关系不大,群臣也捞不到什么好处;而且章惇在推行新法时手段过狠,大家其实还是有点担心章惇继续执政的。

种种机缘巧合下，1100年二月，赵佶继位，成为北宋第八位皇帝。只是让向太后没有想到的是，她亲手选择的皇帝在她死后是如此地昏庸无能，正如当时反对赵佶继位的章惇所说："端王轻佻，不可以君天下。"这位端王赵佶继位二十七年后就亡了国。

赵佶继位，向太后顺理成章地成为实际的掌权者。位极人臣的章惇从此开始走下坡路了，他也开始了苏东坡当年一贬再贬的经历，最远被贬到了与苏辙相同的地方——雷州。与此同时，韩忠彦被任命为相，追复文彦博、司马光、吕公著、吕大防、刘挚等33人官。

苏东坡终于迎来了生命中的春天。他的第一个起复命令是"苏轼以琼州别驾、廉州安置、不得签书公事"，虽然仍是罪官，但安置点已经从海南放归到了广西的廉州。宋朝起复官员是有一整套规定流程的，所以虽然苏东坡职务没什么变化，但明眼人都看得出来，政治风向已经发生了显著变化，甚至有人开始在传苏东坡这次回去是要当宰相的。

1100年五月，苏东坡获准北归。离开海南前夕，苏东坡赋诗《澄迈驿通潮阁二首》，其中第二首表达了其"青山一发是中原"的心情：

> 余生欲老海南村，
> 帝遣巫阳招我魂。
> 杳杳天低鹘没处，
> 青山一发是中原。

六月二十日夜，苏东坡告别海南，登船北归，二十一日抵达

第五章 乡"归"

三年前从这里离开的递角场,之后顺利抵达徐闻县,见到了预先约好在此的秦观。

秦观是"苏门四学士"之一,当年苏东坡被贬出海之时,秦观也受牵连被贬横州(今广西横县),接受编管,人身自由得不到保障。在前途渺茫和孤寂无助之下,秦观感念旧日朋友风流云散,极度伤感之下写下了一首《千秋岁》,其中名句"春去也,飞红万点愁如海",道不尽人世沧桑。此词历经两年传到了海南岛上的苏东坡那里,经过重重磨难的苏东坡写下了《千秋岁·次韵少游》:

岛边天外。未老身先退。珠泪溅,丹衷碎。声摇苍玉佩、色重黄金带。一万里,斜阳正与长安对。

道远谁云会,罪大天能盖。君命重,臣节在。新恩犹可觊,旧学终难改。吾已矣,乘桴且恁浮于海。

谁也没有想到,秦观后来又由横州贬到了雷州,与苏东坡隔海相望。这首词写完没多久,他们就在雷州见面了,此番两人心情大好,秦观也复命宣德郎的官职了,需要去横州赴任,两人在一起游玩了大概四五天时间,之后各奔东西。

苏东坡没有想到的是,这是他最后一次见到秦观。

两人分别后,秦观匆匆赶路,经过藤州,大概是因为农历七八月份,岭南一带天气特别热,秦观很有可能是中暑了,于是暂住藤州。大家都以为不是什么大毛病,休息了一两天后,秦观气色不错,遂于八月十二日出游。一路上与大家谈论头天晚上梦中所得的诗句,兴致很高,至华光亭,感到口渴,让人去取水。水送到时,秦观两眼盯着那碗清洌的水,看了一看,就此含笑而逝，[1]结束了自己极尽失意的人生。

苏东坡九月初七得信后，匆匆赶往藤州，但是秦观的女婿范温已经扶柩北上，走了都有半个月了。伤心不已的苏东坡在写给朱行中的信中说："少游遂卒于道路，哀哉！痛哉！世岂复有斯人乎？"[2]

信中的少游指的就是秦观。后来，苏东坡还将秦观一首词的末两句写在扇子上，并缀以悼词说："少游已矣，虽万人何赎？高山流水之辈，千载而下，令人腹痛。"这首让苏东坡无限感慨的词叫做《踏莎行·郴州旅舍》：

雾失楼台，月迷津渡。桃源望断无寻处。可堪孤馆闭春寒，杜鹃声里斜阳暮。

驿寄梅花，鱼传尺素。砌成此恨无重数。郴江幸自绕郴山，为谁流下潇湘去。

八月二十四日，苏东坡的第二个起复命令来了："迁舒州团练副使，量移永州。"北宋的舒州大概在今天安徽省的安庆市及下辖潜山县一带，永州在今天湖南省的永州一带，基本上都脱离岭南地区了。虽然官职变动不大，但地点却是一步步地往中原地区靠了。

此时的苏东坡人还在廉州合浦，即今天广西省北海市合浦县一带，他是按照新任皇帝的第一道诏令于1100年七月初四抵达的，生活了不到两个月就收到了这个好消息，于是五天后就离开了廉

---

[1] 《宋史·秦观传》载："至藤州，出游华光亭，为客道梦中长短句，索水欲饮，水至，笑视之而卒。"
[2] 《苏东坡全集》【朱行中舍人四首（之四）】载："少游遂卒于道路，哀哉！痛哉！世岂复有斯人乎？"

州，打算东行至广州，然后从广州北上至韶州，经南雄往北翻过大庾岭去湖南长沙，再由长沙去永州。

第 二 节　曾见南迁几个回

大庾岭在中国的文化地理版图上，是中原地区通往岭南的重要隘道，是很重要的一个界限。如果一个官员被贬谪，出了大庾岭往南，就相当于出了中国主流文化圈，也意味着政治生涯的彻底终结；而且由于岭南地区夷獠杂居，语言不通，加上气候湿热、瘴疠横行，进入岭南地区的人往往还有性命之忧。当然，如果一个官员能够活着回到大庾岭，那就算是捡回了一条命，从政治生命上来说，也存在着死而复生的可能。

1100 年十二月初七，苏东坡抵达韶州，准备在这里稍稍休整后，继续往北至南雄，然后从南雄翻越大庾岭北归。

苏东坡准备离开岭南地区了，那么他建在惠州白鹤峰上的房子如何处理呢？

前文已经说过，住在白鹤峰新居的是苏迈一家，还有苏过的妻子儿女，他们怎么办呢？

实际上，苏东坡经过广州的时候，苏迈已经率领长房和三房的一大家子人离开了惠州，前往广州汇合。而且这汇合的人中不仅有长房和三房，还有二房的苏迨。

苏迨不是在常州吗，怎么跑到广州来了？

原来就在苏东坡启程从海南北归前后，苏迨实在无法忍受对父兄的思念，加上因为自己多病，学医颇有心得，以为到惠州能够为家里人作点贡献，于是就把妻小留在了常州，自己则千里迢迢地赶往惠州来迎苏东坡。不过刚到惠州，苏迈又要赶往广州，于是一起同行，这样一家人就在广州团聚了。

一直跟随苏东坡生活的苏过在一首诗里记载了这件事情："忆昔与仲别，秦淮汇秋潦。相望一叶舟，日断飞鸿杳。伯兄阳羡来，万里逾烟峤。未温白鹤席，已饯罗浮桥。江边空忍泪，我亦肝肠绕……"诗里的"忆昔与仲别"指的就是当涂那次一家分别的场景，"伯兄阳羡来"则是指苏迈从常州过来，还没来得及在白鹤峰上的新房子里住上几天，就匆匆忙忙的告别了。

从此以后，惠州白鹤峰上的那座新居——花费了苏东坡无数心血的新房子，就此与苏东坡及其家人告别了，他们一去之后再也没有回来。

1100年九月下旬，苏东坡一家在广州团聚。苏迈从常州带来了钱世雄的书信以及相关人的信息：钱世雄已经被废黜多年；参寥本来想以和尚身份云游海南，借机看望苏东坡，还没来得及成行即被勒令还俗，发配到兖州编管；定惠院德高望重的守钦长老也被强令还俗，羞愤之下已然仙逝。苏东坡深为自己给朋友们带来的困厄难过，又为他们逐步走出低谷而高兴。于是修书一封宽慰钱世雄：

某得来书，乃知廖明略复官，参寥落发，张嘉父春秋博士，皆一时庆幸，独吾济明尚未，何也？想必在旦夕。因见参寥复，恨定惠钦老早化，然彼视世梦幻，安以复为……旧有诗八首寄之，已写付卓契顺，临发，乃取而燔之，盖亦知其必厄于此等也。今录呈济明，可为写放旧居，挂剑徐君之墓也。

第五章 乡"归"

苏东坡在信中宽慰钱世雄，也就是文中的"济明"：既然廖明略复官了，参寥也落发了，估计你的复职也应该快了。

向太后掌权以后，旧党或者与旧党相关的人员，处境一天天地好转了。不少人认为苏东坡这次大难不死，就像当年被贬黄州后复出一样，仍有极大的可能被朝廷重用。所以当他路过广州时，待遇就明显不一样了。岭南三监司——转运使兼代广州经略使程怀立、提刑使王进叔、提举广东常平孙叔静这三大巨头齐齐出面款待，真让人有种恍如隔世的感觉。其中负责地方政务的广东提举孙叔静是杭州人，他的两个儿子分别娶了"苏门四学士"中晁补之和黄庭坚的女儿，这份交情更加不一样。苏东坡带领全家于十一月上旬离开广州时，孙叔静还带着儿子坐一小船追来，在大风大浪中一直把他们送到了四十余里外的金利山，于崇福寺饯别后才回去。

1100年十一月，苏东坡起复的第三道诏命来了："苏轼复朝奉郎，提举成都玉局观，在外军、州任便居住。"这道诏书意义重大，要知道1085年苏东坡起复到京城担任中书舍人时，最关键的一步也是由"汝州团练副使、不得签书公事、常州居住"起复为"朝奉郎起知登州"，这意味着苏东坡不再是罪官，而且还有不错的薪酬可拿，以朝奉郎的官阶，今后也可以随时调到某个州担任知州，或者直接起复到朝廷担任要职了。

对苏东坡来说，有薪酬可拿实在是太重要了，这几年来因为是罪官，基本没有薪水，实在是穷怕了，一家老小那么多人，仅靠常州的那点田地维持生计，真的是勉为其难。当然，比有薪酬可拿更让苏东坡高兴的是"在外军、州任便居住"这几个字眼。

"任便居住"啥意思？就是说你苏东坡可以根据自己的意愿挑选自己想居住的地方。

乡归——苏东坡的第二故乡之毗陵我里

苏东坡一旦自由了,那么他第一个想到的居住之地或者说养老之地是哪儿呢?他在《与孙叔静三首》之中,明确地表明了他的选择:

> 玉局之除,已有训词,似不忘也。得免湖外之行,余生厚幸。至英,当求人至永请告敕,遂渡岭过赣归阳羡,或归颍昌,老兄弟相守,过此生矣。①

苏东坡的意思是:提举成都玉局观的任命,已有训词了。不用再去永州了,打算越过大庾岭后经过江西,然后回到阳羡,或者去颍昌府,跟弟弟苏辙相守,度过余生。此时他的态度已经比较明朗了,就是两个选项,或去常州,或去颍昌。至于两个选项中具体选择哪个尚未有定论,毕竟一边是亲情,是他北归时心心念念想见一面又未见成的弟弟,而另一边是他一直想归老隐居的地方。

不管最终结果如何,重要的是,北返,继续北返。

1100年十二月下旬,苏东坡到达了大庾岭脚下的南雄,从这里再往北就是著名的梅关古道,这里梅岭虎踞,两峰夹峙,是沟通南北的咽喉要道,也是古代中原人和中原文化向岭南迁播的交通命脉。

当时已临近岁末,加上苏东坡身患痔疾,行走不便,于是就在南雄休整,度过了农历的除夕年,这应该是苏东坡在岭南最后一次过年了,也是分别七年后全家人团聚在一起过的第一个年。谁都没有想到的是,这竟然是苏东坡陪他们度过的最后一个年。

1101年正月初四,苏东坡一家离开南雄,前往大庾岭。

---

① 《苏东坡全集》【与孙叔静三首(之二)】。

第五章 乡"归"

大凡从岭南捡回一条命的人，在翻越大庾岭时都会百感交集，毕竟，这意味着经历重重苦难之后，新的生活将会从此开始。作为一代文豪，苏东坡在大庾岭上更是不同，他遇见了一个不仅知道他大名，还为他抱不平的老翁。宋代史料笔记《独醒杂志》记载说："东坡还至庾岭上，少憩村店。有一老翁出，问从者曰：'官为谁？'曰：'苏尚书。'翁曰：'是苏子瞻欤？'曰：'是也。'乃前揖坡曰：'我闻人害公者百端，今日北归，是天佑善人也。'东坡笑而谢之。"

就连大庾岭上的一个普通老百姓，都知道苏东坡遭人百般陷害，今日能够北归是天佑善人，由此可见苏东坡的影响，以及他能够活着回来多么不容易。

这的确是一件十分不容易的事情。元祐诸臣中被贬过岭南的官员里，死在岭南的三品及以上的大臣就有左相吕大防、右相刘挚、尚书右丞梁焘、翰林学士范祖禹等等，苏东坡的好友秦观也死在了岭南。

就连苏东坡的家人里面，当年陪同他一起奔赴岭南的王朝云，也已病逝于岭南，成为他心中永远的痛。

当年翻越大庾岭没有回来的，除了王朝云，还有一个被苏东坡视为家人的巢谷。在苏东坡被贬黄州时，巢谷曾经与苏东坡一家生活了一年多，帮助苏东坡开荒种地，辅导苏迨、苏过的功课，还曾经传授苏东坡《圣散子》药方救助当地老百姓。苏东坡到京城当大官后，巢谷就回到了眉山老家。直到苏东坡被贬海南时，巢谷才自筹路费去找他。步行几千里进入岭南，先找到了当时被贬谪在循州的苏辙。苏辙看他"瘦瘠多病"，于是劝他"君意则善，然自此至儋数千里，复当渡海，非老人事也"。但是巢谷认为苏东坡风光之时有许多人围着他，落难之际因担心受到连累,恐怕都会离他而去,此时正是苏东坡最痛苦最需要帮助的时候,所以执意要去。苏辙当时囊中羞涩,只好东拼西凑地帮他补了一些路费。

巢谷南行至广州的新会县时,行李及路费被人偷了,幸好偷窃之人在新州被抓,于是匆匆忙忙地赶去。连日来的赶路加上又气又急,老人终于顶不住了,病死在新州一个荒凉的旅舍中。巢谷在新州没有一个朋友,于是官方草草收殓了他的尸体。

直到一年半后苏东坡途经广州时,才知道了这件事,巢谷的尸骨才得以回归故里。苏东坡的弟弟苏辙后来在《巢谷传》里,记录了这位追随苏东坡而死在岭南的"家人":

> 元符二年春正月,(巢谷)自梅州遗予书曰:"我万里步行见公,不自意全,今至梅矣。不旬日必见,死无恨矣。"予惊喜曰:"此非今世人,古之人也!"既见,握手相泣,已而道平生,逾月不厌。时谷年七十有三矣,瘦瘠多病,非复昔日元修也。将复见子瞻于海南,予愍其老且病,止之曰:"君意则善,然自此至儋数千里,复当渡海,非老人事也。"谷曰:"我自视未即死也,公无止我!"留之,不可。阅其橐中,无数千钱,予方乏困,亦强资遣之。船行至新会,有蛮隶窃其橐装以逃,获于新州,谷从之至新,遂病死。予闻,哭之失声,恨其不用吾言,然亦奇其不用吾言而行其志也。

逝者已矣,往事不可追。

大庾岭上,一向乐观豁达被称为天生乐天派的苏东坡,无限伤感地流下了两行清泪。

这七年的岁月,这患难的人生,这埋骨于彼的亲人和朋友们呵!

苏东坡挥笔写下了一首留给大庾岭的诗，诗名为《赠岭上老人》，也就是送给岭上那位说他"天佑善人"的老者。其诗云：

> 鹤骨霜髯心已灰，
> 青松合抱手亲栽。
> 问翁大庾岭头住，
> 曾见南迁几个回。

第三节 东归北去复徘徊

过了大庾岭后，牵挂了七八年之久的江南已经在向苏东坡招手了。

不过要往江南去，还需继续北返，而北返，面临的最大威胁就是七年前他所经过的赣江十八滩，他曾经把其中最险恶的"黄公滩"故意改名为惶恐滩，并留下了"山忆喜欢劳远梦，地名惶恐泣孤臣"的诗句。

此番北上，赣江的十八滩还是要过的。不过此时赣江水浅，无法通航，他只能寄住于虔州，等待水涨。这一等就是两个多月。

在等待江水的日子里，苏东坡再次写信给钱世雄，想提前安排好到常州后住在哪里的问题：

> 已到虔州，二月十间方离此。此行决往常州居住，不知郡中有屋可得以典买者否？……如闻常州东门外，有裴氏宅出卖，虔士霍子侔大夫言。告公令一千人事与问当，若果可居，

为问其值几何，度力所及，即径往议之。俟至金陵，当别遣人咨禀也。

此时苏东坡的内心，在远在许昌的苏辙没有力邀的情况下，还是倾向于回常州的。

可能也有不少人困惑，苏东坡不是已经在阳羡盖了东坡草堂吗？为什么还要急着到常州城内买房呢？

一种可能的原因是宜兴的东坡草堂房屋实在太少，而且比较简陋。随着苏东坡三个儿子俱已结婚生子，且孙子孙女逐渐长大，最大的孙子苏箪已经超过二十三岁了，应该已经婚配，再加上一些长期跟随的人，队伍比以前不知扩充了多少。这样一算起来，宜兴的房屋确实是容纳不下了。而且宜兴的房屋是在当年常州的乡下，住在那里更像是个老财主，北宋有官位有名望的人，大多都在城里有宅院，这样会客来往都很方便。住累了还可以随时回到乡下种种菜散散心，两边轮换着住住，确实不错。

可能还有一些人会困惑，苏辙不是被贬雷州了吗？后来又改到了循州，怎么跑到许昌了？

这也仍然是托了向太后的福。向太后掌权后，让苏东坡内迁至廉州的同时，诏命苏辙去岳州，比苏东坡早几个月离开岭南；然后又早几个月被任命官职，诰授太中大夫、提举凤翔府上清太平宫，外州军任便居住。苏辙对官场比苏东坡热心，他恐形势有变，所以早一步赶到帝都附近的许昌，这儿他有田产，住在这里名正言顺，同时离帝都很近，他还可以随时了解时局，预先进行筹划。也正因为这个原因，苏东坡北上时始终没有见到苏辙。

苏东坡北上到了虔州，因水浅只能困在这里等江水，原预计二月中旬会等到，结果江水没等到，却等到了他以前的死对头刘安世。

刘安世也是旧党，只不过是旧党中朔派的核心之一，以前因为担心苏东坡会当上宰相，所以帮着刘挚处处跟苏东坡作对，搞了不少弹劾苏东坡的材料。旧党倒台，章惇执政后，宰相刘挚被贬新州并且死于新州，刘安世的日子也不好过，他被贬到英州，继而又被贬到梅州，几番折磨下来还没死，于是新党下令把他囚在槛车里，准备拉到京城再审。走了没几站路，宋徽宗继位，向太后掌权，他也被赦免了，两个命不该绝的死对头，这时相遇在虔州，成了同路人。

时过境迁，当初的理想、竞争、谋划等等，早已成了过眼云烟，剩下的全是北归的喜悦，经历了重重风雨后，两人一切都看淡了，他们重新认识了彼此，成了最好的旅伴。

三月二十四日，江水终于来了，而且很大。由于江水涨得很快，赣江三百里之险，一夜尽没，船行非常顺畅，第二天就到了庐陵，即今天的江西吉安，革命胜地井冈山所在地。此后过南昌，经九江、湖口、舒州，四月二十四日至当涂，在当涂收到了钱世雄的信，回信约定五月上旬到润州（镇江）的金山寺相见。

五月初一，苏东坡一家到达了金陵，也就是今天的南京。15年前，王安石曾寄住于此，正是他推行的变法导致了后来惨烈的新旧党争，死了那么多的宰相和大臣，这是当初谁也没有想到的。当年，苏东坡在这里拜访过王安石，如今那个骑着毛驴的、孤独的、又颇有争议的老人早已不在了，而新旧党争依旧在延续着，并且愈演愈烈。

到了金陵，江南的常州只有一步之遥了，但是同样的，中原也在向他招手。

北上，还是东去？

苏东坡在给苏辙的儿女亲家黄寔的信中,再一次流露了想去常州的想法:

> 行计屡改。近者幼累舟中皆伏暑,自愍一年在道路矣,不堪复入汴出陆。又闻子由亦窘用,不忍更以三百指诿之,已决意旦夕渡江过毗陵矣。荷忧爱至深,故及之。子由一书,政为报此事,乞早与达之。①

苏东坡"已决意旦夕渡江过毗陵矣",这个想法还是没有实现,因为他受到了弟弟苏辙较大的影响。苏辙不仅自己在信里劝,而且还发动了王原、孔平仲、李之仪等一帮老熟人来劝,苏东坡不想让弟弟伤心,于是改了主意,决定北上中原,去许昌与苏辙一起。

他在给李之仪的信中说:"得子由书,已决归许下矣。"这次不仅书面答应了,还付诸了行动,主要做了两件事:

第一,让苏迈、苏迨去处理常州的田产。既然已经决定与弟弟在一起,那最好是在许昌重新买房了。苏东坡手上也没有多少钱,卖了常州的房正好应急。随着后来行动的再次改变,这个计划应该没有落实。另外就是苏迨的妻儿还守在阳羡,让苏迨去接他们一起北上。

第二,安排北上行程,预备沿京杭大运河,自淮泗上溯汴河,至陈留登岸,改陆行至许昌。

如果没有什么大的变故,苏东坡的这个安排应该就是最终的安排了。

尽管已经做好了安排,苏东坡还是决定当面跟钱世雄说清楚,弟弟苏辙让他往北去,好友钱世雄劝他回常州。即使不去,也要

---

① 《苏东坡全集》【与黄师是】。

第五章 乡"归"

当面对钱世雄表示感谢。于是按照四月份当涂的约定,来到了镇江金山寺,见到了钱世雄。

这是他们相隔至少七年之后的一次重逢。七年中,两人都经历了生死考验,许多事情也已发生了根本变化,只有他们的情谊一直还在。

金山寺的住持再也不是佛印了,当年那个总是喜欢跟苏东坡开玩笑的佛印去哪儿了?

佛印1098年即已去世了,当时苏东坡还在岭南,之后更进一步被贬到了海南,彼此之间联系非常困难,据说佛印曾经给苏东坡写了一封信,内容如下:

> 子瞻中大科,登金门,上玉堂,远放寂寞之滨,权臣忌子瞻为宰相耳!人生一世间,如白驹之过隙,三二十年功名富贵,转盼成空,何不一笔勾断,寻取自家本来面目?万劫常住,永无堕落,纵未得到如来地,亦可以骖驾鸾鹤,翱翔三岛为不死人。何乃胶柱守株,待人恶趣?
>
> 昔有问师,佛法在甚么处?师云,在行住坐卧处,著衣吃饭处,痾天剌撒处,没理没会处,死活不得处。子瞻胸中有万卷书,下笔无一点尘,到这地位,不知性命所在,一生聪明,要做甚么?三世诸佛则只是一个有血性的汉子。子瞻若能脚下承当,把三二十年富贵功名,贱如泥土,努力向前,珍重,珍重![1]

佛印说"权臣忌子瞻为宰相耳",他劝苏东坡"人生一世间,

---

[1] 李一冰《苏东坡新传》引宋人钱世昭《钱氏私志》记载,《钱氏私志》在史实性上仅作参考。

如白驹之过隙，三二十年功名富贵，转盼成空。何不一笔勾断，寻取自家本来面目？"

不知苏东坡是否想到了佛印生前留给他的这些话。或许，他之所以约在金山寺相见，也有借此缅怀佛印和尚的意思吧。当时金山寺里有一幅苏东坡的画像，是苏东坡的好朋友、著名画家李公麟所绘。[1]苏东坡看到后，感慨万千，他与李公麟相交近二十年，极盛时期两人曾天天在一起书画酬唱。那一年春闱之后（1088年），以苏东坡为首的十六位北宋名流在王诜府中雅集，被李公麟绘成了《西园雅集图》，那是何等的盛况啊。如今世事变化，沧海桑田，尘归尘，土归土，正如佛印所说："人生一世间，如白驹之过隙，三二十年功名富贵，转盼成空。"

饱经沧桑的苏东坡略一思忖，提笔写下了那首含泪带悲的、发人深省的《自题金山画像》诗：

心似已灰之木，
身如不系之舟。
问汝平生功业，
黄州惠州儋州。

这首诗后来被称为是苏东坡的绝命诗[2]，仿佛冥冥之中从万里之外回到金山寺，就为了对自己的一生进行自省式地回顾。一生漂泊，半生功业，最后都落在了被贬的三个州——黄州、惠

---

[1] 也有说1100年李公麟归隐舒城的龙眠山，得悉苏东坡北归到达金山寺后专门赶过来为他画像。
[2] 大多数人认为的绝命诗是苏东坡的这首《自题金山画像》，可能是因为本诗影响大，且形象概括了苏东坡一生。实际上，苏东坡后来在常州还作了一首《梦中作寄朱行中》，因此也有不少人认为这才是其绝命诗。

州和儋州。

也许正是在这里，苏东坡于苦难之中发现了人生的真正意义吧。

第 四 节　毗陵我里迎东坡

五月中下旬，苏东坡移舟仪真，从这里既可以转入京杭大运河北上，又可以横渡长江至常州。按照他与苏辙的约定，基本上确定是北上了。

如此一来，苏东坡辛辛苦苦自海南北归至岭南，又自岭南北归至江汉，然后在金陵、仪真一线，已经到了离家门口很近的地方了，却不得不离开自己心心念念的归老之地常州。

关键时候，一个人物的离世以及由此引发的蝴蝶效应改变了这一进程。

这个人物就是向太后。元祐诸臣纷纷起复，苏东坡和苏辙得以顺利北返，其实都与向太后的支持和帮助分不开。只是可惜的是，向太后掌权仅仅一年时间，就于1101年正月十三崩逝。

向太后的死，对旧党影响很大，不过这种影响短时间内并没有显现出来，原因是向太后在死前，利用短短的一年时间，已经在朝堂布好了局。她把韩琦的儿子韩忠彦提拔为宰相，韩琦是旧党中的元老派，尤其反对王安石变法，他曾经当过宰相，资历深，威望高，留给儿子的政治资源比较多，估计这也是向太后选择韩忠彦主持大局的原因之一，就像当年高太后选择铁腕人物司马光一样。韩忠彦当宰相后，在向太后的支持下，起用了一大批旧党人物，把章惇贬至雷州，大大削弱了新党势力，短短一年时间内就把宋哲宗时期的政令给扳回来了不少，时人以为高太后时期的执政风格又回来了，不少人称这段时间为"小元祐"。

向太后逝世于正月十三，恰恰是苏东坡刚刚翻过大庾岭即将进入中原大地之时。这样的巧合仿佛在告诉苏东坡，以前有向太后支持，以后只能靠自己了。

北宋朝堂的政局，在向太后离世后，依旧保持了一段时间的惯性。如果按照这种惯性发展下去，民间纷传的苏东坡即将出任宰相的传言，倒确实有变为现实的可能。

这种强大的舆论也影响了章援的判断。章援是章惇的大儿子，他深信在天下人的热切盼望之下，朝廷多半会顺应舆情，拜苏东坡为相。鉴于当年章惇为相时曾经残酷迫害过苏东坡，他担心苏东坡也会如法炮制。在诚惶诚恐、忧思百结之下，他终于鼓起勇气给苏东坡写了一封长信，约700字，写得言辞哀婉，分寸火候俱佳，大意是知道苏东坡这几年倍尝艰苦，如今父亲也算是在为当年的行为接受惩罚，不奢求能够得到苏东坡原谅，只是希望苏东坡能够理解一个儿子对父亲的拳拳之心，今后对他父亲手下留情。

那时苏东坡已经在病中了，基本闭门谢客，很少动笔。看了章援的信后，想起与章惇的一世交情，当年那么好，后来那么狠，豁达的苏东坡其实早就放下了彼此之间的恩怨，他强撑病体回复说：

> 某自仪真得暑毒，困卧如昏醉中，到京口，自太守以下，皆不能见，茫然不知致平在此，得书，乃渐醒悟。伏读来教，感叹不已。某与丞相定交四十余年，虽中间出处稍异，交情固无所增损也。闻其高年，寄迹海隅，此怀可知。但以往者，

第五章 乡"归"

更说何益,惟论其未然者而已。主上至仁至信,草木豚鱼所知也。建中靖国之意,又恃以安。又海康风土不甚恶,寒热皆适中。舶到时,四方物多有,若昆仲先于闽客,广舟准备备家常要用药百千去,自治之余,亦可及邻里乡党。又丞相知养内外丹久矣,所以未成者,正坐大用故也。今兹闲放,正宜成此。然可自内养丹,切不可服外物也。某在海外,曾作《续养生论》一首,甚欲写寄,病因未能。到毗陵,定叠检获,当录呈也……书至此,困惫,放笔,太息而已。

这封回信很长,是写给曾经想置自己于死地的政敌的儿子的,心中没有一丝仇恨和怨气,更没有幸灾乐祸,有的只是真诚、理解和宽容。

其实此时的苏东坡,与章援判断的形势大好完全相反,他已嗅到了危险气息,感知到了朝堂之上正在酝酿的新变化。这个新变化明面上来自韩忠彦,根子上却还是源于向太后的过早去世。

没有了向太后的支持,韩忠彦发现自己想要进一步恢复旧党的努力处处受制,不仅没有办法继续推进,还受到了御史们的轮番进攻。

其原因就在当时的右相曾布。

韩忠彦是左相,曾布是右相,左相位在右相之上,向太后当年如此设置是有其充分考虑的。因为曾布是三朝元老,无论是新党执政还是旧党上台,他都能调和好,向太后需要他这样一个政治上的润滑剂;而且曾布这人对旧党持同情态度,当年还救过苏东坡,制止了吕惠卿的弟弟吕升卿巡视惠州、雷州、儋州一带的提议。至于用韩忠彦为左相,是因为向太后需要一个能够拨乱反正,力挽狂澜的人,这个人的政治态度必须明朗,不能像曾布一样骑墙。

应该说，向太后的这种安排是十分高明的，但是它有一个前提，就是必须有向太后坐镇，起到压舱石的作用。向太后一死，问题马上就显现出来了，原因是左相韩忠彦压不住阵脚，根本不是三朝元老曾布的对手。而偏偏曾布又是个权力迷，为了争权夺利，牵制和削弱韩忠彦的势力，他提出了调和论，也就是再也不要什么党争了，党争死了那么多人，实在是国家之大不幸。为了避免党争，他提出了旧党不用苏东坡、苏辙，新党不用章惇、蔡卞。曾布的这一手非常厉害，因为党争之祸人所共知，大家都十分痛恨，宋徽宗也深以为然，这才有了1101年改国号为"建中靖国"。

曾布的这一手，无形当中就阻止了韩忠彦大规模起用旧党的努力。反过来，曾布以新旧两党量才录用为旗号，与御史中丞赵挺之一起，把一批新党成员放进了御史、台谏等关键位置。作为新党，这些人天然就跟韩忠彦不对付，再加上向太后安排的任伯雨、江公望、陈佑等支持韩忠彦的人，他们反对调和论，也因此惹得想搞调和的宋徽宗不高兴，于是这些人纷纷罢职。

实际上，北宋发展到中后期，新旧两派积怨已深，调和的理想固然很好，但哪里又调和得了，所谓调和，只不过是曾布利用调和争权夺利罢了。曾布的争权，客观上阻止了旧党的起复，助力了新党的集结和抱团。在任伯雨、江公望、陈佑等人纷纷罢职后，孤掌难鸣的韩忠彦遭到各方弹劾，相位已经岌岌可危了。

山雨欲来风满楼。

远在仪真的苏东坡已经感觉到了来自朝堂的层层杀气，金山约会，又进一步从程之元、钱世雄等人那里确认了他的判断。

关键时候，苏东坡再一次改变了预定计划，重新选择了常州。对于饱经政治磨难的他而言，此时离朝堂越远越好，而许昌离帝

第五章 乡"归"

都太近了,尽管弟弟苏辙一再邀他同去,但是形势所迫,他确实不能去了。

他的名气实在太大了,又在舆论的风口浪尖上,此番如果去许昌,那么给宋徽宗什么样的感觉?兵临城下吗?即使你已无心,却不能不考虑朝堂的感受。

苏东坡托黄寔转交一封信给苏辙,他在这篇《与子由书》上写道:

> 兄近已决计从弟之言,同居颍昌,行有日矣。适值程德孺过金山,往会之,并一二亲故皆在坐。颇闻北方事,有决不可往颍昌近地居者。事皆可信,人所报,大抵相忌安排攻击者众,北行渐近,决不静尔。
>
> 今已决计居常州,借得一孙家宅,极佳。浙人相喜,决不失所也。更留真十数日,便渡江往常。逾年行役,且此休息。恨不得老境兄弟相聚,此天也,吾其如天何!然亦不知天果于兄弟终不相聚乎?士君子作事,但只于省力处行,此行不遂相聚,非本意,甚省力避害也……兄万有一稍起之命,便具所苦疾状力辞之,与迨、过闭户治田养性而已。千万勿相念,今托师是致此书。①

苏东坡在这封信中最终确定了回归常州,而且是彻底地回归田园,即使有起复之命也找个理由把它推掉,坚决不去了,他要跟子女们在一起享受天伦之乐了。

至此,北上和东归之争方才尘埃落定,苏东坡归养的最终目的地——常州已是无可置疑了。

今天看来,宋哲宗的突然病逝,向太后的短暂执政,在苏东

---

① 《苏轼集》卷八十五【与子由二首(之一)】。

坡能够北归这件事上发挥了决定性作用。如果没有宋哲宗的死和向太后的执政，那么苏东坡无论如何也回不到常州，只能终老海南，死在海南。

但是，如果向太后活得时间长一点，比如再多活一年，活到1102年的话，那么元祐党人继续被起用，政治环境继续好转，苏东坡就极有可能被召回朝廷，那么常州就会与之失之交臂。

哲宗儿子的死、哲宗的死、向太后的死，这些事件相继发生，而且先后顺序不能颠倒，而且时间不多不少，刚刚正好，只有这所有的条件都符合了，苏东坡才有可能最终归老常州，这种几率实际上比中彩票都难。

只能说是天意如此了。

苏东坡决定归隐常州时，身体状况已经急转直下，大不如前了，原因还是一家人一直寄住在船上，正是农历五六月份，天气十分炎热，河面上太阳直晒加上暑气蒸腾，即使年轻人都受不了，何况一个六十六岁的老人？

搞不清楚苏东坡为什么要停留在仪真那么长时间，类似的错误1084年他就已经犯过，当时也是因为在船上住的时间太长了，天气太热，导致王闰之生病，最小的儿子还因此死在了南京。这次似乎仍旧没有吸取教训，虽然理由也有几条，比如要等仪真的几间房子变卖成现钱，不过这个是可以等到以后再办的。最直接的原因，可能就是北上还是东归举棋不定，白白错过了最好的回归常州的时间。

当然，如果细细盘算的话，可能还有一个比较重要的理由，那就是苏东坡非常好的朋友，著名画家米芾正在仪真办西山书院，他将于六月十一日赶赴京城，苏东坡滞留仪真，可能也有一部分原因是为了跟米芾多交流几天。在苏东坡生命的最后时光里，见

第五章 乡"归"

得最多的朋友，除了后来在常州时的钱世雄，大概就是这个时候的米芾了。

时令已是六月盛暑，船上热得无法成眠，苏东坡通宵露坐，又喝了不少的冷饮，如此折腾，至六月初三夜突然猛泻了起来，一直泻到天亮，米芾亲来探望，后来还为他送来了麦门冬饮子调理肠胃，苏东坡强撑病体，伏在枕上给他作书道：

岭海八年，亲友旷绝，亦未尝关念。独念吾元章迈往凌云之气，清雄绝世之文，超妙入神之字，何时见之，以洗我积岁瘴毒耶！今真见之矣，余无足言者。

苏东坡对米芾如此惺惺相惜，在书信中一点儿都不掩饰对米芾的欣赏，也难怪他抱病都要等到六月十一日送走米芾后。那天告别时，苏东坡从床上起来，一直送到了闸屋下，米芾没有想到的是，这是他们的最后一次告别。

六月十四日，苏东坡抱病给章惇的儿子章援写信，即前文所说的对章援700字长文的回复，里面提到"自半月来，日食米不半合，见食即先饱"，而且还说"今且速归毗陵，聊自憩，此我里"。意思就是半个月来，每天吃不了什么东西，看见食物就饱了，所以他要赶紧回到常州，在那儿好好休息，那里是他的故乡。

苏东坡在这里用了"此我里"三个字，这位饱经沧桑的老人，在生命的最后时刻，他想到的是回归故里——他已经把常州当成自己的故里了。

六月十五日，病体稍安的苏东坡坐船去常州。进入常州境内，运河两岸挤满了老百姓，大家都想看看久闻大名的苏东坡。《邵氏闻见后录》卷二十记载："东坡自海外归毗陵，病暑，着小冠，披半臂，坐船中。夹运河岸，千万人随观之。东坡顾坐客曰：'莫看杀轼否？'其为人爱慕如此。"

苏东坡的声名，生前即已名满天下。在信息传播没有什么渠道的当时，老百姓对苏东坡的认可，依靠的就是口口相传。大概钱世雄把苏东坡要来常州的消息透露了出去，没有想到苏东坡人气如此之高，仅靠口口相传就引起了这么大的轰动，造成万人空巷、大家齐聚运河两岸欢迎的盛况。这一幕苏东坡应该终生难忘，他的选择是对的，不管朝廷如何对待他，成功也好，失败也罢，常州和常州的老百姓，他们一直都在等待着，等待着苏东坡的归来，不离不弃。

船到常州城西27里的奔牛埭，也就是今天的奔牛镇，钱世雄早早地等在此地迎接。登船后，苏东坡跟钱世雄说："万里生还，乃以后事相托也。惟吾子由，自再贬及归，不复一见而决，此痛难堪。"苏东坡打算把后事托付给钱世雄，心中唯一牵挂的还是弟弟苏辙，万里生还，却没能与弟弟见上一面，此痛难堪。

苏东坡所说的"后事"，就是被他认为生平最重要的三本著作《易传》《书传》《论语说》，这是他花费了无数心血撰写的，其中的《易传》还是继承父亲苏洵的遗志，在苏洵基础上创作完成的。苏东坡认为他平生的得意之作就在这三本书上，如今，他把这三本书郑重地托付给钱世雄，并且叮嘱钱世雄说："某前在海外，予得《易》《书》《论语》三书，今尽付子，愿勿以示人。三十年后，会有知者。"

苏东坡的这三本书虽然成书时间各有不同，但最终都是在海南勘校完成，所以又被后人系统地称为"海南三书"。苏东坡逝世后不久，新党蔡京执政，把元祐党人列为奸党，党禁森严，苏东坡的著作一度被列为禁书。宋徽宗宣和年间，有一本《毗陵易

第五章 乡"归"

传》在四川流行，作者为毗陵先生，其实就是苏东坡的那本《易传》。[①]因苏东坡逝世于常州，而毗陵是常州的古称，所以刊印者冒了很大风险，以"毗陵"代指的方式，通过改名换姓让《易传》得以面世。现存最早刻本是明万历二十二年（1594年）陈所蕴冰玉堂刻的《东坡易传》；[②]明代著名的思想家、藏书家焦竑在编辑《两苏经解》时，把搜集到的《东坡书传》纳入了进去，现存最早刻本是明万历二十五年（1597年）金陵毕氏刻本。这样，苏东坡的《易传》《书传》得以流传至今。《论语说》则坎坷多艰，大概在明朝正统至万历年间失传，所幸包括朱熹《论语集注》《论语或问》等同时代的人在不少著作里都有援引，其逸文经后人苦心辑补，已搜集到100余条。舒大刚于《三苏全书》中将诸佚文增补汇合为现存的《论语说》。[③]

在钱世雄的安排下，六月十五日晚，苏东坡的船泊于顾塘桥畔，从此结束了离开海南以来长达一年的漂泊，全家住进了孙氏馆。

第 五 节　滚滚长江东逝水

在今天的江苏省常州市天宁区延陵西路前北岸，有一处非常富有诗意的古代建筑——藤花旧馆，这里就是当年苏东坡曾经寄住的地方——孙氏馆所在地。因苏东坡寓居于此，曾经手植一株紫藤而得名。该紫藤穿过九百多年的风雨，历经宋、元、明、清

[①] 陆游《老学庵笔记》："是书虽遭元祐党禁，不敢题显轼名，故称毗陵先生，以轼终以常州故也。"
[②] 见邵玉健著《苏轼全传·毗陵我里》。
[③] 见邵玉健著《苏轼全传·毗陵我里》。

时代，一直存活至新中国成立后，郁郁葱葱，生气蓬勃。每到花开时节，一朵朵紫藤花挂满枝头，仿佛刚刚从北宋那个文人治国的典雅辉煌时代中苏醒过来，还带有"一蓑烟雨任平生"的苏东坡况味，如梦似幻，自然随意，笑看八方来客。这株紫藤已毁于"文革"时期，现今所存为后人所植。不过从苏东坡寓居时留存至今的尚有"东坡井"一口、洗砚池一方。为欢迎乾隆皇帝南巡，该洗砚池于1757年移至东坡公园内的舣舟亭。[1]

藤花旧馆目前已作为苏东坡纪念馆而列入江苏省文物保护单位。九百多年前的1101年农历七月二十八日，也即阳历8月24日，一代文豪苏东坡病逝于此，享年六十六岁。苏东坡生于宋仁宗景祐三年十二月十九日，即公元1037年1月8日，死于宋徽宗建中靖国元年七月二十八日，即公元1101年8月24日，在我们这个世间停留了23464天。

苏东坡在常州的最后岁月就是在今天的藤花旧馆，也就是当年的孙氏馆度过的。他在孙氏馆安顿下来后，第一件事就是向宋徽宗上奏《乞致仕表》，请求在常州退休养老。他在《乞致仕表》中哀情至切地写道：

> 臣素有薄田，在常州宜兴县，粗了饘粥，所以崎岖万里，奔归常州，以尽余年。而臣人微罪重，骨寒命薄，难以授陛下再生之赐，于五月间行至真州，瘴毒大作，乘船至润州，昏不知人者累日。今已至常州，百病横生，四肢肿满，渴消唾血，全不能食者，二十余日矣，自料必死。臣今行年六十有六，死亦何恨，但草木昆虫贪生之意，尚复留恋圣世，以

---

[1] 赵怀玉《东坡先生寓常录跋》云："有洗砚石池，乾隆中，上幸江浙。邑之荐绅以东门外文成里，相传为先生舣舟处，遂建舣舟亭。而移此石池贮之。"

第五章 乡"归"

辞此宠禄，或可苟延岁月，欲望朝廷哀怜，特许臣守本官致仕臣无任。

苏东坡上表请求退休后，朝廷准其以本官致仕。他终于获得了自由之身，可以过自己想过的生活了。然而造化弄人，属于苏东坡的时间已经不多了。从六月十五日算起，至七月二十八日逝世，苏东坡最后待在常州的时间一共是43天。其间病情大致分为两个阶段。

第一阶段从六月十五日至七月十三日，总体上病情逐渐平稳且渐有好转迹象，尤其是七月初五到七月十三日期间，状况总体不错，苏东坡甚至还动笔给米芾写了封短信，又把在惠州所作的《江月五首》抄写出来赠送给钱世雄。在与死神缠斗的这些日子里，苏东坡大概是想起了惠州岁月，他在《江月五首（并引）》中说：

岭南气候不常。吾尝云：菊花开时乃重阳，凉天佳月即中秋，不须以日月为断也。今岁九月，残暑方退，既望之后，月出愈迟。予尝夜起登合江楼，或与客游丰湖，入栖禅寺，叩罗浮道院，登逍遥堂，逮晓乃归。杜子美云："四更山吐月，残夜水明楼。"此殆古今绝唱也。因其句作五首，仍以"残夜水明楼"为韵。

惠州所作的这五首诗，苏东坡从"一更"写到"五更"，这里把其中第一首的"一更"和第四首的"四更"摘录如下：

一更山吐月，玉塔卧微澜。
正似西湖上，涌金门外看。

乡归——苏东坡的第二故乡之毗陵我里

> 冰轮横海阔,香雾入楼寒。
> 停鞭且莫上,照我一杯残。
> ……
> 四更山吐月,皎皎为谁明。
> 幽人赴我约,坐待玉绳横。
> 野桥多断板,山寺有微行。
> 今夕定何夕,梦中游化城。

苏东坡《江月五首》作于 1095 年,大概是九月中旬吧,那时王朝云还在,不过已经是她陪伴苏东坡的最后一个秋天了。就像苏东坡说的"菊花开时乃重阳,凉天佳月即中秋,不须以日月为断也"。在苏东坡的心里,大概这就是王朝云陪他度过的最后一个中秋节吧。他把这五首抄送给钱世雄时,不知心里是不是想到了那年那月那人。

大概在七月十三日前后,苏东坡写了他这一生中的最后一首诗——《梦中作寄朱行中》:

> 舜不作六器,谁知贵玙璠。
> 哀哉楚狂士,抱璞号空山。
> 相如起睨柱,头璧相与还。
> 何如郑子产,有礼国自闲。
> 虽微韩宣子,鄙夫亦辞环。
> 至今不贪宝,凛然照尘寰。

南宋朱弁在《风月堂诗话》中称:"或言东坡绝笔于此诗。其爱行中也甚矣。"王宗稷《东坡先生年谱》引宋人曾端伯《百

第五章 乡"归"

家诗选》称:"东坡梦中寄朱行中一篇,南迁绝笔也。"这"南迁绝笔"是指南迁回来之后的绝笔。也就是说苏东坡在常州所作的这首寄给朱行中的诗,应该就是苏东坡人生中的"绝笔诗"了。

朱行中是湖州人,素以廉洁著称。苏东坡从海南北归时,在英德北江段巧遇从庐州赴任广州太守的朱行中,两人就廉洁问题有过深刻交流。[①] 苏东坡临终之前以做梦形式写了这首绝笔诗,尤其是最后两句"至今不贪宝,凛然照尘寰",正是其一生廉洁不贪、品质像宝玉一样光照尘寰的写照。所以这首绝笔诗又被很多研究人员称为廉洁诗。

第二阶段是从七月十四日至七月二十八日,这期间苏东坡的病情急剧恶化,以至回天乏力,无法可想。由于气息逆冲,苏东坡卧床十分痛苦,常州晋陵知县陆元光送嬾板以受其背,苏东坡靠着它休息十分舒服,于是"公殊以为便,竟据是板而终"[②]。

陆元光后来定居常州剑井,即今天的常州市丁堰镇樟村一带,[③] 其子十分崇仰苏东坡,恭请当时的苍梧太守、常州人胡德辉为该嬾板作铭:

> 参殁易箦,由殪结缨。毙而得正,匪死实生。堂堂东坡,斯文栋梁。以正就木,犹不忍僵。昔我邑长,君先大夫。侍闻梦奠,启手举扶。木君戚施,匪屏匪几。诒万子孙,无曰不祥之器。[④]

铭文一共66个字,陆元光之子将其镌刻在东坡的嬾板之上,

---

① 《苏东坡研究》苏慎《梦中作寄朱行中注》。
② 《梁溪漫志》卷四。
③ 见《晋陵樟村陆氏宗谱》。
④ 《梁溪漫志》卷四。

由陆家世代供奉。在漫长的时间长河里，几经历史变迁，东坡嫩板后来不知所踪，但这66个字却保留了下来，成为常州陆氏与苏东坡之间的一段佳话。

七月十八日，苏东坡对守在床边的三个儿子说："吾生无恶，死必不坠，慎无哭泣以怛化。"①苏东坡告诉子女们不要为他担心，他平生未尝为恶，自信不会进地狱，到时慎毋哭泣，让他坦然归去。

七月二十三日，杭州径山寺维琳长老来到苏东坡身边，他是专为苏东坡的生死大事而来的。二十五日，病势稍缓的苏东坡手书一纸与维琳道别："某岭海万里不死，而归宿田野，遂有不起之忧，岂非命也夫！然死生亦细故尔，无足道者，惟为佛为法为众生自重。"②意思就是：我流放在万里之外的蛮荒之地多少年都没有死，现在好不容易回到了自己所要归老的田园，却病得要死了，这难道不是宿命吗？不过个人生死只是天地间的一件小事情，没有什么值得抱怨的，只有佛、法和众生才需要放在心上。

苏东坡看淡生死，到临终时依旧心怀悲悯，念念不忘普度众生，这是一种何等宽广博大的胸怀呵。

二十六日，苏东坡神志清明，口答维琳一偈："与君皆丙子，各已三万日。③一日一千偈，电往那容诘？大患缘有身，无身则无疾。平生笑罗什，神咒真浪出。"为了向维琳解释"平生笑罗什，神咒真浪出"，此时说话已经比较吃力的苏东坡，拿笔写下了"昔鸠摩罗什病亟，出西域神咒，三番令弟子诵以免难，不及事而终"。意思是当年鸠摩罗什病危的时候，让弟子念诵西域神咒帮他解除灾难，但最终也没有把他救回来。

---

① 苏辙《亡兄子瞻端明墓志铭》。
② 宋傅藻《东坡纪年录》。
③ 三万日是苏东坡心里估计的概数，实际为两万三千四百六十四天。

第五章 乡"归"

苏东坡与维琳道别的手书以及解释"平生笑罗什,神咒真浪出"的 26 字,成为苏东坡留给人世间最后的文字。

七月二十八日,苏东坡的生命走到了尽头。临终前神志依然清醒。维琳在他耳边大声说:"端明勿忘(西方)。"[1]苏东坡回答:"西方不无,但个里着(力)不得。"钱世雄补充:"固先生平时履践,至此更须着力。"苏东坡说:"着力即差。"语毕气绝,长子苏迈问今后事,已经不能作答了。

苏东坡从住进孙氏馆到后来病逝,差不多有一个多月的时间,好友里面只有钱世雄和维琳两个经常探视,并最后为他送终。

苏东坡一生朋友遍天下,远的姑且不说——因为信息传出去需要时间——那么近在咫尺的常州朋友呢?比如与他有"鸡黍之约"的蒋之奇,与他有"庐里之约"的胡宗愈,还有同学兼亲戚单锡等人,他们怎么没来呢?

胡宗愈是常州晋陵县人(今常州市区),高太后掌权时,与苏东坡一起都受到了重用,官至给事中、御史中丞,最高做到了副宰相。两人同朝为官,政见相同,惺惺相惜。苏东坡那时已在常州买田,见他是常州人,于是相约以后回到常州养老,并在一首写给胡宗愈的诗里专门说道:"某已卜居毗陵,与完夫(胡宗愈)有庐里之约。"只可惜胡宗愈没有等到这一天,他于 1094 年病逝于吏部尚书任上。

蒋之奇和单锡在苏东坡定居常州这件事上,发挥的作用不小。尤其是单锡,苏东坡还把自己的外甥女嫁给了他。有了这样一层亲戚关系后,苏东坡每次来常,只要有时间都会到他家住上几天。后来苏东坡被贬惠州,单锡对其留在常州的家人多有照顾,只不过没过多久单锡就去世了。苏东坡闻讯还作了《祭单君贶文》,

---

[1] 宋傅藻《东坡纪年录》。

其中有"念我孤甥，生逢百艰。既嫔于君，谓永百年。云何不吊，衔痛重泉。何以慰君，千里一樽"。

也就是说，苏东坡临终时，胡宗愈和单锡均已先于他而逝，且隔了有五六年之久了。只剩下一个蒋之奇，不过他不在常州，而在京城，此时他正由正议大夫、同知枢密院事进一步提拔为知枢密院事，相当于副宰相，掌兵权。作为日理万机又心系军国大事的朝廷要员，自然没有时间回常州了。

真正让人困惑的是苏辙，以他与苏东坡那种千古罕有的兄弟情，在苏东坡病重特别想见他一面之时，怎么就没有赶来常州相见呢？从六月初犯病到七月二十八日过世，有将近两个月时间，就算古代交通不便，时间其实还是绰绰有余的。

一种可能的解释是苏辙重视程度不够，也许他认为就连海南那种不是人住的地方，苏东坡都能挺过来，现如今已经到了常州，只要好好地休养几天应该就没事了。

其实，当时牵制苏辙更大精力的还是朝堂。1101年北宋的政局正处在一个关键的分水岭上，向左转还是向右转，将决定着今后新旧两党的命运。作为元祐旧臣中所剩无几的元老和标志性人物，在苏东坡病退的情况下，苏辙义无反顾地扛起了这个维系旧党的政治使命。就像当年司马光留在离帝都不远的洛阳一样，他留在离帝都不远的许昌，既是对旧党的一种鼓励，起到凝聚人心的作用，又便于跟朝堂内部尚存的政治资源保持沟通。

对于此时的苏辙而言，朝堂随时都会发生巨大变化，他需要争取最好的结果，所以不到万不得已不能离开，实际上他也确实走不开。

此时旧党留在朝堂中的人已经不多了，任伯雨、江公望、陈佑等人纷纷去职，能够起到核心作用的，只剩下一个韩忠彦了。

第五章 乡"归"

关键时候，韩忠彦又犯下了一个致命错误，为了对付被宋徽宗信任的曾布，他无奈之下引进了蔡京为援。

蔡京何许人也？

蔡京就是《水浒传》中的那个大反派，在真正的历史中，他也是个大奸臣。早年王安石变法，他成为年轻的新党成员，一路得到重用，37岁即做到了龙图阁学士权知开封府。司马光执政时，他立马改换门庭投向旧党，司马光要求五天之内全部废除雇役法，重新起用差役法，旧党成员无一人能够做到，他却铁血执行，整个宋朝境内只有蔡京治下的开封全部按时完成。司马光高兴地对他说："使人人奉法如君，何不可行之有。"等到新党的又一大佬章惇拜相执政后，他又成了章惇的得力助手，代理户部尚书一职。在章惇就恢复免役法进行研究时，蔡京进言说"取熙宁成法施行之尔，何以讲为"，态度与元祐时截然相反。向太后掌权后，章惇被贬，蔡京也受到了牵连，被贬到杭州担任提举洞霄宫这一虚职。

在新党里面，曾布视蔡京、蔡卞兄弟俩为最大竞争对手，因此关系向来不和。此次蔡京被贬，也与曾布有很大关系。曾布常常跟向太后、宋徽宗说要摒弃党派之争，"左不可用轼、辙，右不可用京、卞。"① 这里的"京、卞"就是指蔡京兄弟俩。曾布还进一步跟向太后说："京、卞怀奸害政，羽翼党援，布满中外，善类义不与之并。若京留，臣等必不可安位。"②

正是因为看到了曾布与蔡京的不和，韩忠彦认为蔡京肯定会帮自己，于是向宋徽宗建议起用蔡京。

一场政治大灾难由此拉开了序幕。

---

① 《续资治通鉴》卷八十七。
② 《续资治通鉴·宋纪·宋纪八十六》。

其实，仅靠韩忠彦的建议是远远不够的。在此之前，蔡京就已经做足了功课。当时童贯奉宋徽宗之命南下江浙求购书画及奇巧之物，身在杭州的蔡京使出了浑身解数讨好童贯，又将其搜集的艺术品包括王羲之的字、顾闳中的画，还有宋徽宗梦寐以求的南唐周文矩的《重屏会棋图》献出。通过童贯，蔡京已经讨得了宋徽宗的欢心。而且最关键的是，蔡京本人书法造诣堪称一绝，宋徽宗还是端王的时候就十分喜欢他的字。宋朝书法最高水平的宋四家"苏、黄、米、蔡"，后世甚至有不少人说其中的蔡不是蔡襄，而应该是蔡京，只不过大家不齿蔡京为人而把他的名字给换掉了，由此可见其书法水平之高。

如此有才又讨喜的蔡京，宋徽宗如何不喜欢？他只是缺少一个调回朝堂的理由罢了。作为宰相的韩忠彦的提议正合其意。而曾布久在朝堂，最善于鉴貌辨色，连身为旧党的左相都提议了，他更加没有什么反对的理由了。于是蔡京很快起复为翰林学士承旨。

韩忠彦、曾布都没有想到的是，两人鹬蚌相争，最终得利的是蔡京。1102年五月，韩忠彦被罢左相，闰六月，曾布被罢右相。七月，蔡京升为右相，之后不久即升为左相，开始了四起四落，持续十七年的执政生涯，一直到"靖康之耻"北宋灭亡前三年。

蔡京执政后，宗徽宗彻底迷失了自我，整日声色犬马，沉迷于从各地搜刮来的奇花异石和奇珍异品，朝政几乎全部交给蔡京打理，旧党由此遭到了毁灭性打击。

1102年九月，朝廷诏籍元祐奸党120人，由宋徽宗亲笔御书，刻成石碑，立于端礼门前。

1103年四月，诏苏洵、苏东坡、苏辙、黄庭坚、秦观、范祖禹、范镇等诗文及刻板悉数焚毁。九月，诏宗室不得与元祐奸党

第五章 乡"归"

子孙为婚姻。

1104年六月，蔡京重籍奸党，将他所厌恶的部分新党人员以及元祐大臣的子弟一网打尽，全部列入奸党名单，人数增至309人，宰执以司马光为首恶，待制以上官员以苏东坡为首恶。仍是皇帝御书勒碑，蔡京又自写一份，颁令天下各州、军刻石于官府衙门内厅堂前，永为万世臣子之戒。

……

1124年，蔡京最后一次出任宰相，不久后被免职。

1127年，金军南下攻取北宋首都汴京，掳走宋徽宗、宋钦宗二帝，以及皇后、太子、皇孙、驸马、公主、嫔妃、宗室、大臣以及教坊乐工、技艺工匠等数千人，同时掳走百姓男女不下十万人，一路烧杀淫掠，很多公主嫔妃因不堪受辱而自杀。金人还命令徽、钦二帝及其后妃、宗室到金太祖庙去行"牵羊礼"，又下令皇太后、皇后入金宫"赐浴"……史称"靖康之耻"。

当然，以上一切都发生在苏东坡逝世后，苏东坡自己是不知道了，但是苏辙却活到了1112年，这期间经受了很多苦难，尤其是他的名字被列入元祐奸党名单，随着各地奉令镌刻"元祐奸党碑"而全国皆知。

如果要探讨这一切的起源，似乎都可以回溯到1102年五月韩忠彦被罢左相这一标志性的事件。正是韩忠彦的去职，标志着从欧阳修、文彦博、司马光以来的旧党集体走下了历史舞台。北宋中后期的新旧党争以全面消灭旧党而结束，但同时却开启了由新党蔡京专权的时代。

1102年五月韩忠彦被罢左相这件事，实际上并非完全不可避免。这也是为什么1101年六七月间苏辙滞留许昌不肯随便离开的原因，因为他的眼光，已经敏锐的地捕捉到了历史的这一时间节点。

  1101年的上半年，实际上正是朝堂最有可能重新起用苏东坡的时候。苏东坡病重，那么下一个极有可能起用的就是苏辙。向太后掌权只有一年时间，尽管因为寿命太短而导致了旧党的被动局面，但其实历史还是给予了旧党两次拯救自己的机会。

  第一次机会是1100年四月份任命韩忠彦为宰相时。当时向太后还在世，而且身体很好，不少人说如果这次任命的不是缺少权谋手段、行事又优柔寡断的韩忠彦，而是苏辙的话，那么后面也就没蔡京什么事了，旧党也不至于后来被整治得那么惨。这话有一定的道理，以苏辙雷厉风行的霹雳手段，到向太后逝世时估计就已经全面形成了旧党掌权的局面，要知道当年司马光接任宰相，从1086年二月拜相至九月去世，中间只有七个月，但他已经完成了全部废除王安石变法的历史重任，朝堂之上也基本形成了旧党人员执政的一边倒局面。旧党执政的局面一旦形成，后面即使宋徽宗想翻盘都难，况且宋徽宗不像宋哲宗那样怀着坚定目标一定要翻盘，对于他而言，新党旧党谁上台执政都一样，他本人没多少追求也没什么政治理想，只要能够享乐就行。

  可惜的是，向太后没有选择苏辙，就当时而言，向太后可能更看重人气最旺的苏东坡。更大的原因是，无论是苏东坡还是苏辙，如果要被重新起用，都需要按程序来。他们实在被贬得太厉害了，经过连续三次提拔，苏东坡好不容易回到了朝奉郎、提举成都玉局观这一职务，苏辙也好不容易回到了太中大夫、提举凤翔府上清太平宫这一职务，虽然只是个闲官，但下面再提拔的话就是通往翰林学士进而提升至副宰相了。也许在向太后的棋局中，接替韩忠彦的就是苏东坡或者苏辙，只是可惜的是，时间已经来不及了，这时已经到了十一月份，距离向太后逝世仅有两个月。

第五章 乡"归"

第二次就是1101年的一月份至六七月份，向太后刚刚去世不久，宋徽宗亲政，此时蔡京尚未进入他的视野，新皇帝未来的辅佐大臣尚未明朗，朝政走向也尚未明晰，此时对新旧两党来说都是最关键的时候，而且旧党的形势明显占优，只可惜韩忠彦把向太后为他准备的一手好牌打了个稀巴烂。

那时韩忠彦做了什么呢？

失去了靠山的韩忠彦什么都没有做，干等着曾布以中间路线为借口把旧党人员逐出了朝堂。

当时苏东坡的声望如日中天，北归路上所过之处基本上都受到了老百姓的夹道欢迎，诚如当年司马光回归汴京之时一样，强大的民意支持是苏东坡回归朝廷最强大的政治资本，这也是章援之所以认为他会拜相的重要原因。如果韩忠彦能够加以利用，让旧党成员在朝堂之上推波助澜，那么苏东坡回归将是大势所趋，即使曾布想阻止也将面临很大困难。[1]

可惜的是韩忠彦并没有这么做，白白错失了机会。

当然，苏东坡病重可能是其中的一个重要原因。但是向太后去世之后，如果朝廷能够继续向苏东坡传递最明确的信息，比如起复他为翰林学士承旨之类的话，那么苏东坡就不可能在金陵仪真一带，在天气正热的五六月份，为了北上还是东去逗留那么长时间，也就不可能染上暑疾，以苏东坡当时的身体素质，再活上个五六年甚至十来年都是有可能的。

即使苏东坡依旧病重不可阻挡，或者下定决心归隐常州，只要旧党在朝堂之上努力争取了，至少也能够为苏辙复出创造条件。

不过，以上所有的假设，其时间窗口都是1101年的六七月

---

[1] 张廷坚为谏官，曾上疏召用苏东坡、苏辙，被认为是朋党，受到责罚。故以民意为由，反映真实的民意方是正道。

之前，而且越早越好，越往后越被动。因为在这年春天，"绍述之说"已起。苏东坡逝世后，绍述之说日盛一日，且蔡京通过童贯，逐步进入了宋徽宗视野，他将在年底起复为龙图阁学士、知定州，之后不久复职为翰林学士承旨……历史已经为他的粉墨登场创造了足够条件。

1101的六七月，孤勇的苏辙徘徊在离帝都咫尺之遥的许昌，他在做着最后的努力。然而这咫尺之遥，终成天涯。

属于苏东坡、苏辙的时代已经结束了。

滚滚长江东逝水，浪花淘尽英雄。青山依旧在，几度夕阳红……

第 六 节　千里归葬小峨眉

苏东坡逝世后，遗骨并未葬于常州，而是遵照其遗命，于1102年六月份与其妻王闰之一起，合葬于汝州郏城县上瑞里之峨眉山，即今天的河南省平顶山市郏县城西27公里处的小峨眉山，位于茨芭镇苏坟村东南隅。

之所以不就近葬在常州，而是千里迢迢地北上，葬在当年朝廷令他担任汝州团练副使、本州安置的汝州，是因为其弟弟苏辙曾在这里为官，在汝州下辖的郏城县置有产业。苏东坡在写给苏辙的信中曾说："即死，葬我嵩山下，子为我铭。"又在另一封信中说："葬地，弟请一面果决。八郎妇可用，吾无不可用也。更破十缗买地，何如？留作葬事，千万莫徇俗也。"苏东坡的意思是葬在嵩山下就可，至于具体葬在哪儿无所谓，请苏辙自己决定，八郎妇能够葬的地方，他也没什么不可以的，何必另外再花十缗

第五章 乡"归"

钱买地呢？把这钱省下来办理丧事就行了，不要沿用习俗。

当年苏氏兄弟连年被贬，几无俸禄，子孙又多，实在是囊中羞涩，所以苏东坡才要求一切从简，或许这就是其葬在今天郏县茨芭镇苏坟村的真正原因吧。

当年苏东坡从黄州出发，左拖右拖就是不肯去汝州上任，一直拖了一年半，好不容易才到了离汝州不远的南都，结果再未前进一步，而是如愿以偿地南返常州。死后却因为想要与弟弟相伴，又从常州归葬汝州，也算是一种命运中的巧合或者说是补偿吧。

苏东坡逝世后，吴越之民相哭于市，士君子在家竞相吊祭，无论贤愚都叹息流泪。京师大学堂里的老师和学生，数百人集合在慧林佛舍，举行饭僧之会。[1] 然而，作为北宋帝国的精英、北宋文坛领袖、先皇帝的老师，一代文豪苏东坡辞世，朝堂里竟然没有作出任何反应，反而是民间反响如此强烈。

在宋徽宗这样的亡国之君，以及蔡京这样的以权谋私的奸臣治理下，北宋朝堂与民意之间的距离越来越大，大宋王朝的衰朽，已经不可避免地到来。

由于新旧党争，苏东坡一生坎坷多艰，仕途的近一半时间都在贬谪之中，逝世后也没有得到安宁，被蔡京作为首恶之一到处刻碑宣扬，终宋徽宗一朝，苏东坡都没有得到应有的尊重。

很有意思的是，北宋亡于金朝，而这个由北方游牧民族建立的金朝，却对苏东坡及其代表的中原文化表现出了足够的尊重。

宋徽宗曾下诏说："轼、庭坚获罪宗庙，义不戴天，片纸只字，并令焚毁勿存，违者以大不恭论。"[2] 当时在北宋境内，经过连续

---

[1] 苏辙《亡兄子瞻端明墓志铭》："吴越之民相与哭于市，其君子相吊于家，讣闻四方，无贤愚皆咨嗟出涕。太学之士数百人，相率饭僧慧林佛舍。"
[2] 《续资治通鉴长编拾补》卷四十七。

几次全国范围内的查禁，苏东坡和黄庭坚等人的书籍在市面上已难见其踪，但北宋灭亡后，金军南下却自北方带来了大量的苏、黄作品。当年苏东坡才气不仅誉满北宋，而且在辽、金等同一时代并存的政权中也是家喻户晓。金国上至皇帝，下至草民，都喜欢苏东坡与黄庭坚的诗、书、画。

不仅如此，与亡国的宋徽宗形成鲜明对照的是，金朝的皇帝金太宗还诏令在金国范围内大量刊印苏、黄的诗词作品。据说金太宗还同时宣告，金之所以灭宋，是因为北宋重用蔡京等奸佞之徒，残害苏东坡等忠烈之臣，以致国穷民弱，大金国是在替天行道。

当然，此说如果属实的话，也只能说金太宗比较聪明，巧妙地利用了老百姓对苏东坡的热爱，这种舆论对于争取民心、巩固统治大有好处。但从另一个侧面也说明，宋徽宗之所以得了个昏君称号，蔡京之所以被列为史上有名的大奸臣，实在与他们违背民意、一意孤行有很大关系。

被金国赶到江南的偏安小朝廷终于反应了过来。宋高宗赵构赶紧给苏东坡"平反"。

1128年五月，宋高宗追复苏轼为端明殿学士，尽还该得的恩赦，三年后又特赠其朝奉大夫、资政殿学士。

1170年南宋皇帝宋孝宗敬重苏轼高风亮节，赐谥文忠，感念苏轼生平，再崇赠太师。

1173年由宋孝宗下令重新刊印《东坡全集》，御笔亲撰序赞，书赐苏东坡之曾孙苏峤。

苏东坡的后代，包括苏迈、苏迨、苏过三支，在1102年苏东坡归葬郏县小峨眉山时，原已一起随同北上，与苏辙一家人定居在一处。但是后来因为朝堂政局持续恶化，以及金军南下等原因，不少后裔又搬了回来。据《毗陵苏氏宗谱》记载，苏东坡长

第五章 乡"归"

子苏迈卒于1119年，官驾部员外郎，其长子苏箪跟苏东坡生活过很多年，对苏东坡感情很深，苏东坡为其取名为楚老，因体格硕壮，还戏之曰可以"负犁"。这个苏箪生了两个儿子，次子苏嵩及其后裔一直住在常州，此支即后世所称"西苏"，也就是来自长房苏迈的一支。至九世孙苏大安，始迁常州城西北四十里之前舍里，即今安家镇前舍苏家塘。

苏东坡次子苏迨，病逝于1126年，是三个儿子中最后一个去世的。靖康之难后，苏迨夫人欧阳氏带领一家老小移居阳羡，南宋韩元吉在为其孙子苏岘所写的墓志铭中说："始文忠公爱阳羡山水，买田欲居，仅田数百亩，屋数楹也，而家居许昌。至离乱，驾部即世，欧阳夫人始居阳羡。"南宋周必大在《乾道丁亥泛舟游山录》中也说"昔东坡买田阳羡，凡九百斛，三子之裔共享之"。苏岘这一支来自二房，也就是说二房继承了苏东坡在阳羡所购宅院田产，并在这里开枝散叶，绵延不息。

苏东坡最小的儿子苏过，是跟随苏东坡时间最长的，也是最像苏东坡的，逝世于1123年，据说是在上任途中被山匪所劫，因不肯同流合污，在匪窝中面不改色饮酒一夜而死，极具传奇色彩。苏过的第三个儿子苏籍居常，其后世即为"东苏"一支。传至第七世孙耀宗、振宗兄弟，耀宗迁常州城东兰溪岸村，即今无锡杨墅镇兰溪村。振宗迁姑苏洞庭西山慈里，即今苏州太湖中西山镇慈里村。近百年来，迁居此三地的苏姓子子孙孙，至今已衍至三十六世。

而远在郏城县钧台乡上瑞里的苏坟，据《郏县康熙县志》记载："《金史》谓二苏及东坡之子过皆葬于郏之小峨眉山。其地，宋所谓钧台乡上瑞里也。元邑令杨允作老苏衣冠葬其上，号曰三苏墓。迨其后，兵乱相寻，墓为狐兔穴……建石表墓前，书东坡

《狱中寄子由》'是处青山可埋骨，他年夜雨独伤神'之句，读者壮而悲之。"

九百余年的时间太长了，苏坟毁了又建，建了又毁，风光时万人景仰，萧条时狐兔作穴。每一朝每一代，在不同的时间经纬里，都对苏东坡及其背后所承载的辉煌文化，给出了各自不同的回答和回应。

是处青山可埋骨，他年夜雨独伤神。

据说当年苏东坡由定州贬往岭南时，曾路过这里。他与苏辙同登嵩山之阳的钧天台，北望莲花山，见莲花山余脉下延，"状若列眉"，酷似家乡峨眉山，遂商定此地为归宿之地。

1112年苏辙逝世后，也葬于此。

从此以后，苏氏葬地分成了两个地方。一处就是老家眉山，那里葬着苏东坡和苏辙的父亲、母亲，还有"料得年年肠断处，明月夜，短松冈"的苏东坡发妻王弗；另一处就是嵩山之阳的小峨眉山了，苏东坡、苏辙两兄弟长眠于此，苏东坡的第二任妻子王闰之也在，还有苏过，也有可能葬于这个地方，只是迄今尚未发现。

其实对于苏东坡而言，还有第三个地方，那就是"曾见南迁几个回"的岭南惠州，那里还有陪他一起南下最终没有回来的王朝云。

还记得苏东坡临终之前在常州的孙氏馆，也就是今天的藤花旧馆，一字一句地抄写给常州人钱世雄的那《江月五首》诗吧，从一更到五更，字字都是来自历史深处的沉默和叹息：

一更山吐月，玉塔卧微澜。
正似西湖上，涌金门外看。

第五章 乡"归"

冰轮横海阔,香雾入楼寒。
停鞭且莫上,照我一杯残。

二更山吐月,幽人方独夜。
可怜人与月,夜夜江楼下。
风枝夕未停,露草不可藉。
归来掩关卧,唧唧虫夜话。

三更山吐月,栖乌亦惊起。
起寻梦中游,清绝正如此。
驱云扫众宿,俯仰迷空水。
幸可饮我牛,不须违洗耳。

四更山吐月,皎皎为谁明。
幽人赴我约,坐待玉绳横。
野桥多断板,山寺有微行。
今夕定何夕,梦中游化城。

五更山吐月,窗迥室幽幽。
玉钩还挂户,江练却明楼。
星河澹欲晓,鼓角冷知秋。
不眠翻五咏,清切变蛮讴。

那一年那一月的那一晚,苏东坡彻夜难眠,他有过"西北望,射天狼"的凌云壮志,有过"大江东去,浪淘尽"的激情豪迈,有过"十年生死两茫茫"的柔肠寸断,有过"但愿人长久,千里共婵娟"的深情思念,有过"只恐夜深花睡去,故烧高烛照红妆"的孤独寂寞,有过"枝上柳绵吹又少,天涯何处无芳草"的人生如寄,也有过"小舟从此逝,江海寄余生"的四海为家,还有过"一蓑烟雨任平生"的顺其自然,人生的每一种体验每一种感悟,都在这个伟大的天才身上发生过,体验过,升华过。他坦然地接受,微笑地面对,艰难地走过,乐观地开脱,顿悟地超越。

也许,通过本书,我们可以铭记:

一段悲壮的历史,一颗济世的良心,一种漂泊的人生,一个遗世的灵魂,一座文化的丰碑。

斯人已逝,唯有浩气长存,永留天地之间!

(全书完)

后　记

创作《乡归——苏东坡的第二故乡之毗陵我里》这本书时，实在感觉到诚惶诚恐，因为研究苏东坡的专家和专著犹如"天上星，亮晶晶"，不仅人数众多，而且名家辈出，比如林语堂、余秋雨等等。作为喜欢苏东坡的新来者，由于此前研究得并不深入，既怕没有新意，又怕由于史料掌握不够，又或者查证不实出现较大的纰漏，而苏东坡又是中国传统文化最优秀最杰出的代表之一，其中的压力可想而知。

不过最终我还是选择了迎难而上，原因无他，就是两个字"喜欢"。喜欢苏东坡的旷达，无论身逢何种逆境甚至绝境，他都能含笑面对，哪怕是被贬到了九死之地海南，没有吃的，没有住的，当地人贫困落后甚至吃蝙蝠和老鼠，他依旧满怀对生活的热爱，没有放弃对人生价值的追求，在当地推广和普及文化知识，为老百姓看病，还发明了烤生蚝这种美味吃法；喜欢苏东坡的真挚，他对待朋友、对待亲人至真至诚，在"乌台诗案"出狱后被押送黄州的路上，在自身难保的情况下，他依旧记挂着好友文同死后无钱归葬，专门绕道文同客死的地方，帮助协调归葬事宜；喜欢苏东坡的才情，唯有悟透人生哲理，方能写出"一蓑烟雨任平生"和"此心安处是吾乡"这样的经典诗句，而苏东坡的经典诗句又是如此之多，绽放并璀璨了中国古代文学的半个星空。

除此之外，创作《乡归——苏东坡的第二故乡之毗陵我里》这本书，如果还要说其他原因的话，似乎还可以归结为四个字——"殆是前缘"，这也是苏东坡评价他与常州结缘的原因。

人世间的许多事似乎都讲究一个缘分。不少人都说，黄州是苏东坡生命的转折点，是真正的苏东坡的起点，从这里开始，他一步步走向了田园，并最终走向了常州。创作苏东坡这本书前，我并没有意识到黄州的这个意义，我的老家就在湖北的黄冈和安徽的太湖县交界之处，所说的方言全部都是黄冈话，母亲和外婆一家也都是黄冈人，而黄冈，正是当年的黄州。如同当年的苏东坡一样，我也从黄冈来到了常州，并把根扎在了常州，成为常州的一个新市民。

时隔九百多年，当我在常州创作《乡归——苏东坡的第二故乡之毗陵我里》这本书时，忽然发现了这一段相似的人生轨迹，我仿佛看见了苏东坡砥砺前行的背影，从眉山出发，又从黄州走向常州，孤独着，却温暖着每一位与他同行的人，以及与我一样普普通通的后来者和前行者。

只能用"殆是前缘"来形容了。

不仅如此，我大学以前的求学经历，就在与黄冈相邻的安徽太湖，这里还产生了一位当代研究苏东坡最杰出的无冕学者孔凡礼，他研究编撰的《三苏年谱》，迄今依旧是国内苏东坡研究绕不开的权威著作。他的严谨的治学精神和仰苏情怀，在我创作《乡归——苏东坡的第二故乡之毗陵我里》这本书时，影响着、感动着、鼓舞着我，对我起到了很大的感召作用。

苏东坡的终老之地常州，有着两千五百多年的文化传承，尤其是其下辖的天宁区，是公元前547年延陵季子的受封之地。该

后　记

区迄今还保存着苏东坡泊舟上岸的舣舟亭、最后生活的地方藤花旧馆以及众多遗迹比如洗砚池等等。常州市天宁区政协对苏东坡遗迹的保护、散佚资料的收集和汇编，以及苏东坡文旅资源的整合等做了大量工作。此次创作出版《乡归——苏东坡的第二故乡之毗陵我里》这本书，也是在天宁区政协教文卫体和文史委员会的组织策划下实施的。实施过程中还得到了常州市苏东坡研究会的大力支持，顺利完成了相关城市苏东坡遗迹的调研，获得了常州市苏东坡研究的第一手资料。

作为本书的创作者以及天宁区政协委员，开展文史研究亦是职责所在，在此特别感谢常州市天宁区政协和常州市苏东坡研究会的大力支持。对苏东坡研究专家邵玉健、徐瑞玉以及苏东坡后人苏慎、苏东等人的无私付出，在此一并表示最诚挚的谢意。